U0145083

革新與組織改造

劉昊洲 著

五南圖書出版公司 印行

自 序

　　組織是人與人之間有機的連結，不只是眾人在一起而已，而是彼此之間有共同目的，也有一定連結；此乃組織與社會之區別所在。政府組織是一國之內最大的組織，既是國家得以成立與有效運行的憑藉，也是代表國家行使主權、治理民眾的實體；其重要性遠遠超過大型企業或非政府組織。如果政府組織結構不佳，運作不良，不能以民眾福祉為依歸，這個國家統治人民的合法性與正當性，就亮起了紅燈。

　　為提升政府效能與國家競爭力，將大有為的萬能政府改造為小而美的企業型政府，我國早於民國82年2月，連戰就任行政院院長時，即提出行政革新方案；86年9月蕭萬長接任後不久，復提出政府再造綱領，積極推動政府組織再造及相關事項。其後歷經三度政黨輪替，民進黨與國民黨輪流執政，儘管政黨理念與施政重心不一，但對於組織改造同樣十分關注，故能持續的推動改造工程。以中央政府機關組織與職掌的調整為例，迄至109年2月為止，尚有內政部等六個部會級機關組織法案尚未經立法院審議通過，其過程可謂漫長而艱辛；但正因為朝野政黨願意捐棄成見，共同努力，才有這個看來還不算差的成績。

　　筆者自民國71年元月高考及格，分發教育部任職以來，即長時間在政府機關服務，對於政府組織的調整改造一向極為關心。特別是88年3月至98年8月在立法院法制、司法及法制委員

會擔任專門委員與主任秘書期間，以議事幕僚的身分，第一線參與臺灣省政府組織精簡及行政院組織調整的相關法案審議。親身歷其境，更能深刻體會改造工作的艱辛困難；事到用心處，也難免有些粗淺的心得感想。公餘之暇，不畏恥笑，撰述成文，多數曾在相關期刊發表；多年以來，筆者即有意予以彙整修正並加以補充，奈何公務纏身，心餘力絀，兼以法案變動不居，難以定筆，故一再拖延。直至去（108）年元月自保訓會卸任後，無職一身輕，終於將心動化為行動。惟因各篇章撰著期間橫跨將近三十年，一些不合時宜者，必須刪去或以目前語氣修正調整，且不足之處，必須配合現況增刪篇節及內容；所費時間心力甚多，不免再有延宕。雖然筆者期盼將儀容打扮到最妥適合宜，才出來見客，但黔驢技窮、江郎才盡，也只能硬著頭皮上陣了。

全書計分八篇五十二節，各節原都是獨立文章，為保持其完整性，不免有些許重複之處。除緒篇與結篇外，主要分為革新、再造、組織、員額、法人與附篇等六篇，其中革新篇十節原曾收錄於拙著《革故鼎新──進步的行政》一書，以該書早已售罄；法人篇六節亦曾收錄於《民主與法治的出路》一書中，因大眾反應不差，且這些均與本書宗旨相符，爰予以修正後移列，以示其一脈相承之旨。

本書能夠付印出版，首先要感謝父母的生養教誨，感謝妻女弟妹的體諒與扶持，也要感謝求學期間許多師長的教導，同窗好友的切磋，在職期間諸多長官的厚愛與新舊同事的協助。對於陳前資政庚金、關前院長一中、伍院長錦霖、李副院長逸洋的殷殷教誨與關懷，特別要致上虔誠的敬意與謝忱。此外，行政院宋副祕書長餘俠慨允提供許多寶貴資料，讓本書益見光采；五南圖書公司楊董事長榮川、楊總經理士清、劉副總編輯靜芬，在出版上的諸多配合與協助；姪女育彤與小女侑竺在出

版期間幫忙繕打及修正文稿，也要藉此表達謝意！

　　去（108）年12月，家母不幸因病辭世，留給家人無盡傷慟與思念之情。謹以此書獻給在天上的媽媽，並永誌紀念！

　　古詩有云：鐵甲將軍夜渡關，朝臣待露五更寒；山寺日高僧未起，算來名利不如閒。筆者不才，任期屆滿解甲歸田以來，每天所為就是「讀書、運動、滑手機」三事。曾經的委屈漸淡，志氣不再，那種效法「文王幽而演周易」，「司馬遷受宮刑之辱，發憤而作史記」的宏願，只是曇花一現；不過，趁此「人生的第二黃金階段」開始之際，以自由人的身分，彙集成書的想法卻始終沒變，也一直持續行動。雖然筆者才疏學淺，本書錯漏之處必多，但面世後，如能稍有益於政府機關與社會大眾的認知及思考，則初衷已達，再無遺憾！倘蒙諸方家先進不吝鞭策賜正，讓筆者再有成長與進步的空間，更是榮寵之至，曷勝欣幸！謹誠摯的期盼—

劉昊洲

謹識於新店美麗新天地社區

民國 109 年 7 月 18 日

目　次

自　序

第一篇

緒　篇

壹、革新的理念

在經濟繁榮、教育普及、政治民主快速發展後，臺灣社會結構已日趨複雜、分歧與多元。在這些新舊雜陳、紛然不一的環境中，許多人腳步動得很快，很忙；但也有人怡然自得，以事不關己的心情過生活，顯得優閒不已。有人天天求新求變，尋求新鮮刺激與特別；也有人以不變應萬變，以玩世不恭的態度面對紛擾的萬象世界，當然絕大多數人都介於這兩極之間，有所變也有所不變，變的不多，也不一定很快。

從宇宙運行的角度觀之，世界上沒有任何兩樣事物是完全相同的，也沒有完全不變的事物。因為時間不可能停止不動，所以縱然事物的空間與本質因素不變，相對關係不變，在時間的意義上也有所不同。因此有人說：「一切都將改變，也終將過去」；「世界上唯一不變的，就是『變』」；「『變』是唯一的，也是必然的發展趨勢」。

革新（reform），革故鼎新之意。就是源自於變的觀念，相關的

用法很多，主要有改善、改進、改革、改造、再造、維新等名詞。改變本身是中性的、未具有特別意義的，不論自覺的改變或被動的改變，均須視當事人或觀察者的立場與角度，才能定其價值的高低好壞。這也就是說改變的原因、過程與結果不必然是好的，是好是壞，完全看個人的觀察與解釋而定。然而革新基本上是正面的說法，指的是自覺自發的改變，而且朝著好的方向改變。革新的前提必然是有權者認為被改革的課題有所缺失或弊端，非改不可，而且主觀的認為改革一定可以成功，改革的結果一定比較好，才會下定決心，透過權力推動改革。不過觀諸事實，從結果看，並不盡然如此。好的、成功的改革，固然有；卻也不乏許多失敗的實例。

首先，並非所有冠上「革新」之名者，出發點都是對的、好的。就被改革者而言，不論改革的幅度如何，又是如何兼顧與維護他們的權益，他們的權益必然受損，站在本位主義立場，焉有贊同革新之理？就相較的競爭者而言，也不願見到改革成功，迫使自己居於劣勢，甚至慘遭淘汰，所以勢必搬出許多冠冕堂皇、似是而非的道理反對革新。而歷史上也有不少事例顯示，許多有權者假藉「變法」、「維新」之名行「鬥爭」之實，必將政敵去之而後快，革新的理由不一定充分，革新的目的表面強調非得達成不可，但暗地附帶的鬥爭目的才一定要達成，否則自己可能就成為被革被鬥的對象。

其次，革新並不一定按照既定的計畫方向發展。通常革新的立意與構想都好，縱使暗藏玄機，別人也不一定能發現或識破。所以改革之初，泰半能夠獲得多數人支持，儘管少數人內心不服或不滿，也因為欠缺足夠的、正當的理由，而不便公然反對，頂多只是暗中作梗而已。但隨著時間的遞嬗，許多意想不到的變數紛紛出現，改革者操控大局的能力受到質疑與挑戰，如果相關人員的配合

情況不盡理想，對既得利益者的妥協過分讓步，甚至完全屈服，改革的計畫方向不但可能變形，且可能退回原點或朝反方向發展，造成無可挽回的失敗。

復次，革新不一定能夠達到預定的成效。雖然改革者都想成功，因為改革而受益者也希望改革能夠成功，然而改革所面對的是不可確定的未來，改革的結果不論成功或失敗，都將發生權力與資源的重新分配。再加上人類理性有限及習於維護既得權益，大多數因改革而受益者，可能因不知有什麼好處而不表支持，但小部分被改革者因既得權益受損，勢必堅決反對。更何況還有許多人既非直接受益，也非直接受害，他們對現況也許不滿，不過改革之後是否一定更好？他們也不敢肯定，對於改革遂抱持事不關己的態度。這些人員初始的態度雖非改革的阻力，卻也不是助力，不過因為輿論的影響，或同情被改革者的處境，如果不能善加引導，在一陣發酵後就可能發展成為阻力，益添改革的困難度，使改革更不易成功。

由上所述，可知改革或革新雖是有權者自發的，至少是獲得其首肯與支持的，且是有目的與計畫的行動，但因牽涉廣泛複雜的社會人心，因此在實際推動時往往變樣走調。權力雖是改革的憑藉與後盾，卻不能保證改革的成功，只有讓大多數人瞭解改革的好處與必要性，讓他們由衷的支持，才是改革成功的最有力保證。而因為改革過程中的變數非常多，所以主導改革者除應有超然客觀、公正無私的精神，事先備妥周密完善的規劃方案外，執行改革者的操守、能力、態度，能否得到人民的信任與支持？主導改革者能否善用輿論力量，因勢利導，爭取中間人民的支持以及原先反對者的諒解？也都是改革能否成功的關鍵因素。

總之，一般所謂的革新或改革，牽涉層面既廣泛且深遠，不若改善或改進，只是個別的，局部的，範圍既小，影響也不大；所以

在本質上革新本就不易成功。雖然絕大多數的革新或改革,均係針對當前的弊端與缺失而出發,其原始立意與構想也都很好,然而因為牽連的問題很多,所以不一定能夠獲得大多數人的支持,執行的結果也不一定成功。這是有心推動改革者在未改革之前,不能不先因應防範的重要課題。

貳、行政革新概說

如上所言,革新或改革是源自變的觀念,基本上是指有權者針對特定的社會事務,予以有計畫的變革。革新的面向很多,行政革新是其中很重要的面向。

一、行政革新的意義

行政革新(administrative reform)既可說是一個時麾的名詞,但也可說是非常傳統的概念。何謂行政革新?就是政府針對現行的制度措施,予以全面的、積極的、和平的、有計畫的變革,以達除舊布新的效果。也就是有意識的誘發與指導政府機制中的變革。(Caiden, 1991: 63)行政革新不同於政治上的革命,歷史上革命很多,但革新卻很少,革命是一面作戰,一刀兩斷式的,其目標、對象很明確;而革新是一種和平漸進式的改變、演變。這就是說,行政革新是在憲政體制之下,對於行政事務的缺失,予以大刀闊斧的檢討改進,以革除積習弊病,達到創新致遠的功能。

二、行政革新的由來

歷史上較大較有名的行政革新實例,如戰國時代的商鞅變法、西漢末年的王莽變法、北宋時期的王安石變法、明朝時期的張居正

變法；雖然這些都是針對當時需要而來的革新運動，但較為成功的，只能算戰國時代的商鞅變法。清末西風東漸、列強侵略，於是也有所謂的海防運動、維新運動，但都沒有成功。民國成立之初，由於政治上的不安定，無法談到革新；政府遷臺後，銳意於經濟上的發展。不過後來發現，經濟發展如果沒有行政的配合，終究難以為繼，甚至衍生另外的問題。於是在民國60年代，當時的行政院長蔣經國先生首先提出十大革新要求，此乃近代最早提出行政革新的顯例。82年連戰院長上任後，所謂全方位內閣提出行政革新方案的具體計畫。嗣後政府相關部門亦提出教育改革、政府再造、金融改革、司法改革、憲法改革等諸多改革措施，益見革新或改革的重要性與迫切性。

三、行政革新的目標

從組織的理論來講，政府機關應達到其組織設立的目的，完成其應有的施政作為，並適應時代、環境、潮流的不斷變化，達成內部整合，維持模式等功能。以行政革新而言，其目標有三：1.廉潔、2.效能、3.便民；此三個目標非常明確。大凡一個有為的政府，其施政最重要的是為民服務，而為民服務，必須有效能和便民的要求；但在公務員為民服務的過程中，可能發生一些品德上的流弊缺失，這些流弊缺失的改進就是政府要達到的廉潔目標。所以說：便民、效能是積極的目標，廉潔則是消極的目標。如果公務員都能奉公守法，依法行政，發揮效能，以民為重，則行政革新的大目標就可確立。

要之，行政革新是針對行政事務予以有計畫的、和平演進式的改革；雖然歷史由來已久，但除商鞅變法外，都不能說是成功。這次行政革新的目標十分明確，就是廉潔、效能與便民。

參、政府再造的重要性

　　「政府再造」（reinventing government）曾是各民主國家最熱門的話題，也是最流行的政治圖騰。自1980年代以降，為因應政府預算不斷成長上升，行政品質與效能低落不前，人民對政府施政滿意度逐年下滑之事實，各主要先進國家遂興起一股政府再造之潮流。例如美國成立「全國績效評鑑委員會」（NPR）、英國推動「續階方案」（NSR）、德國提出「新領航行政模式」（NS）、紐西蘭倡導「行政文化重塑運動」（RAC）、澳洲採行「公共服務改革」、加拿大推出「行政改革白皮書」、日本成立「行政改革推動本部」、中共對政府體制的大改革均是。（呂學樟，2020：4）此一現象充分說明「政府再造」已是舉世不可抗拒、沛然莫之能禦的時代洪流。各國政府瞭解，惟有力行改革，才能面對跨世紀的挑戰，並在日趨激烈的全球競爭中脫穎而出。

　　我國的政府再造運動，可溯源自民國86年7月，國民大會三讀通過第四階段修憲，在憲法增修條文第3條明定：得以法律為準則性規定，調整國家機關組織及總員額。此一規定可謂為政府再造提供明確的憲法依據。同年9月蕭萬長接任行政院長，在首次赴立法院提出的施政方針報告中，明白表示將「政府改造」列為優先的施政項目。87年1月行政院第2560次會議通過「政府再造綱領」後，各項再造工程便如火如荼的展開。嗣後，民進黨亦以「政府改造」為89年總統大選的競選主軸。可見得政府再造是當時不分黨派都重視的大事。

　　所謂「政府再造」，行政院最早稱為政府改造，現在通稱亦然，也有學者稱為新政府運動或勵革運動（RECO）；其性質及內涵，與一般熟知的行政革新、政治改革等概念相去不遠，但又不盡相同。主要係指政府部門引進企業管理精神，從根本改革政府組織

結構與職掌分工，從理念改進公務員工作態度，活化法規制度與時俱進的生機，讓政府有更好的服務績效，也更能適應環境的變遷。其重點在注入企業化精神，以顧客為導向，以提升效能，強化國家競爭力為標的。其目的則是建立一個創新、彈性、有應變能力的「小而能」政府，而非傳統的大有為政府或萬能政府。

由上所述，可知政府再造的本質是改革，並以整個政府組織體制及全體公務員為範圍。其作法是強調企業精神、競爭概念與效能指標，而人民對政府施政滿意度，則是衡量政府再造是否成功的關鍵因素。

我政府當局何以必須傾全力推動「政府再造」呢？其主要理由不外以下六點：

一、改變政府的角色

傳統的政府是官僚體系的組成，凡事都管，政府是獨占的、無所不能的，雖強調民主精神，但在決策時卻有集權壟斷的傾向。政府再造是企圖將政府打造成「企業型政府」，意圖借用民間資源，廣泛運用市場機能，授權並鼓勵社區積極參與，強調顧客導向，重視民眾對政府的施政滿意度，以競爭取代獨占，以領航替代操槳，將企業精神注入公務部門之中，使政府的統治更具有合理性，更能夠為民眾所接受。

二、減少預算浪費

政府是全國規模最大的公共服務業，也是一種絕對獨占、享有優勢權力的事業體。由於欠缺競爭，效能難以評估，因此無效率、浪費，甚至貪瀆情形時有所聞。政府再造的意圖與作法是：精簡政

府機關組織層級，重新合理調整機關組織職掌，靈活而有效的管理各機關員額，同時檢討各項作業的流程，要求各機關首長負起成敗責任。此一措施作為，不獨可以減少人事經費的支出，也因為建立適度規模的經濟體系，成本與效率觀念的強化，而減少浪費與無效率情形的發生。

三、提升品質效能

　　做為一個獨占的、全國最大的公共服務業，政府體系內的公務員一向安於現狀，與社會脫節，疏離群眾；不但不受市場機能的影響，也企圖擺脫民主的制約。追求自我目標多於社會目標，因此服務品質與行政效能，屢屢受到嚴厲的抨擊。政府再造運動在理念上要求以顧客為導向，強調為民服務，重視民眾的感受，在實務上積極檢討各項行政作業流程，儘量給予民眾方便，減少不必要的管制。例如推動單一窗口化服務、設立電子信箱、建立政府資訊網際網路、各機關編印為民服務手冊分送民眾參考使用等。期使政府施政趨向透明化、便利化，這對於行政品質與效能的提升，自有正面的助益。

四、改善政府形象

　　政府雖係為人民而存在，但早期係以管制人民為重點，現今則強調服務人民，以民為主；民主的真義即在於此。然而民主不應是漂亮的口號，而是踐履的標準。透過政府再造，使政府更接近民眾，公務員與民眾融為一體，以全民福祉做為施政主軸。「民之所欲，長在我心」，輔之以溝通、協商與參與，人民對於政府的信任感將大為提升，而政府的外在形象也因而有所改善。

五、適應時代潮流

　　行政當局之所以大力推動政府再造運動，除內部因素外，也有來自外部的考量。如前所述，自1980年代起，全球各主要國家均興起一股改造或革新政府之風潮，紛紛向企業界學習經驗，汲取私部門組織的管理策略，利用各種方式推動「民營化」，「使政府像企業」。我國政府無法自外於此一國際潮流，也不能不積極面對這種環境的變遷，職是政府再造運動遂如火如荼的展開。

六、提高競爭能量

　　前總統李登輝說：「全球化、民主化、資訊化」是21世紀必然面臨的趨勢。在地球村的概念逐漸成形之際，面對此一趨勢潮流，各國之間一方面更互相依存，一方面也更為競爭。為使我國永久適存於國際社會，勢必要推動政府再造工作，從根本改善政府組織結構，才能蓄積政經力量，善用民間資源，從而大幅提高國際競爭能力。

　　由上所述，可知不論從內在或外在的角度來看，政府再造運動既是必要之舉，也是無可抵擋的趨勢潮流。就政府本身言之，改變政府角色、減少預算浪費、提升品質與效能、改善政府形象等四個理由，促使政府自發性的大力推動政府再造運動。而就國際局勢言之，適應時代潮流、提高競爭能量等兩個理由，也逼使行政當局非進行政府再造不可。

　　當大家都能瞭解政府再造的必要性，自能全力支持政府再造的政策與作為，明日的臺灣才會比今日更為美好。

肆、從行政革新到政府再造的轉變

行政革新，曾經是國內行政界蔚為風潮的改革運動，如今不聞其名已久矣！它顯然已成為過去式。政府再造，也曾經是政府各機關積極推動的改革工程，對全體公務員言之，不但可以琅琅上口，而且身在其中，目前可謂是尚未完成的進行式。

行政革新原是行政現代化運動的泛稱，泛指一切有關行政事項的改革或改進措施。但前行政院院長連戰在民國82年3月指示研提行政革新方案後，似已專指這段期間依此一方案執行辦理的各項措施。行政革新的主要目標是建立廉能政府，以廉潔、效能、便民作為革新的重點，將革新要項分為檢肅貪瀆、增進行政效能、加強為民服務等三部分；並以「健全機關組織、精簡現有員額」列為重點工作（行政院研究發展考核委員會，2000：58）。為落實執行，行政院組設行政革新會報，院長親任召集人，行政院研究發展考核委員會（簡稱研考會）主委擔任執行秘書，負責整體規劃推動事項；另責成院屬各機關、省市政府暨縣市政府分別組設行政革新執行小組，負責各該機關革新工作之推動，暨各實施要項之執行及績效追蹤事項。

政府再造，或稱政府改造，與當前其他民主國家推動的新政府運動性質相若，原意係指引進企業精神，對政府組織結構、職掌及各項行政作業程序，進行全面的、根本的改革。不過民國86年9月蕭萬長接任行政院長時明白宣示，並在87年1月通過政府再造綱領後，政府再造已專指依據此一綱領推動的改革措施。其目的是建立一個創新、彈性、有應變能力的小而能政府；重點是以顧客與績效為導向，以提升效能，強化國家競爭力為標的；內容則分為組織再造、人力及服務再造、法制再造三部分。為落實執行成效，行政院成立政府再造推動委員會負責辦理，院長親任召集人；並設政府再造諮

詢委員會，遴選社會賢達參與提供諮詢意見。推動委員會之下復分設三個工作小組，分別由研考會、行政院人事行政局（簡稱人事局）及行政院經濟建設委員會（簡稱經建會）推動辦理，並協調相關機關共同辦理。（行政院研究發展考核委員會，2003：12）

　　從行政革新方案到政府再造綱領，其間僅相隔數年，主其事者均為前後任行政院長，其目的都在求新求變，藉由行政改革，帶動國家社會的進步。方案已變，但一樣喊得滿天價響，其環境基礎有無不同？主要內容是否大幅變動？或者只是舊瓶新酒，了無新意？而其執行成效如何？前者是否已執行完成？後者在執行後究竟有多少成效？在在值得探討。大體言之，兩者有所不同，但有其延續性與相關性，也同樣將當時的重要施政項目放在此一方案或綱領之下，為製造業績而勉強湊合。茲分就組織、目標、作法、重點，內容、效果及進程等七項，比較說明如次：

一、就組織言之，行政革新的推動組織規模較小，政府再造的推動組織規模較大

　　行政革新與政府再造的推動組織均以任務編組的方式組成，並在行政院內部設立，由院長親任召集人。但所不同者，行政革新係在院屬各部會級機關、省市政府暨縣市政府組設行政革新執行小組負責推動；而政府再造係在推動委員會之下分設組織、人力及服務、法制再造等三個工作小組，由研考會、人事局及經建會協調相關機關辦理，院屬各部會級機關則視情況組成政府再造服務團、人力及服務再造工作圈、業務改革小組、工作圈等。此外復在行政院設政府再造諮詢委員會，遴選企業人士及學者專家參加，提供政府再造建言。顯然可知，政府再造推動組織規模較大，也較為複雜。

二、就目標言之，行政革新的目標是建立「廉能政府」，政府再造的目標是建立「小而能的政府」

　　行政革新與政府再造皆為因應國情環境、順應國際潮流的產物，皆為新任行政院長在就任之初，為宣示其改革的企圖與執政的魄力而提出，目的都為提升政府的效能而來。然而兩者所揭櫫的目標仍有明顯的不同，行政革新是建立「廉能政府」，強調公務員依法行政的理念、注重公務員操守廉潔與行政能力；至於政府再造是以建立一個創新、彈性、有應變能力的政府，即「小而能的政府」為目標，所以組織要精簡靈活，人力要精實幹練，業務要簡化興利，不再強調廉潔，但更注重效能。

三、就重點言之，行政革新兼及廉潔效能，政府再造則只重視效能

　　如前所述，兩者均重視政府效能的提升，但行政革新也重視公務員的廉潔，因此以廉潔、效能、便民作為革新的重點，以檢肅貪瀆、增進行政效能、加強為民服務作為革新的要項。至於政府再造僅著眼於現代化與高效率，以提升國家競爭力為主軸，以創新、彈性及應變能力為指標，以顧客及績效為導向；因此再造的重點僅侷限於組織、人力與業務面，完全以效能為考量，便民雖也可包括在內，但廉潔則略而不顧。

四、就作法言之，行政革新純為行政改進，政府再造則引進企業精神

　　公部門與私部門有其本質上的差異，行政學與企業管理探討的對象當然不同。行政革新的作法只限於行政業務面的改進，雖也有增進效能、加強為民服務的積極作為，但主要係就容易犯錯的局部

細節特別強調，似偏於消極防弊與限制措施；而政府再造則將彈性、成本、競爭的概念納進來，所以要法令鬆綁，減少限制，鼓勵創新與勇於改變，其積極作為面殊值肯定，但也難免因此而忽略法治的要求。

五、就內容言之，行政革新只限行政業務，政府再造則深及制度結構

大致言之，行政革新事項僅限於行政部門的業務改進，不涉其他國家權力部門，雖包括實體與程序事項，但僅須以行政體系內部的職權命令即可處理。然而政府再造的內容既廣泛且深化，不但牽涉考銓業務，而且深及制度結構，許多事項必須立法機構配合修法，始能成之。這也就是說，行政革新是縱向的，由中央至地方的行政機關都包括在內，但改革的層次是表面的；政府再造則是橫向的，除組織再造中的精簡臺灣省政府組織、調整地方政府組織兩項外，再造事項泰半限於中央政府，但卻較為深入。

六、就進程言之，行政革新工作大體已告結束，政府再造運動則仍在進行中

行政革新方案並未明訂其實施期間，許多一次性工作早已辦結，而繼續性事項中，有的已隨著連前院長離任不再被提起，有的則被吸收納進政府再造綱領中繼續實施。易言之，行政革新已是過去式。至於政府再造，雖承續行政革新的改革理念與部分內涵，但卻是以新的面貌出現，透過行政力量，由上而下積極推動辦理，迄今尚未完成，的確是不折不扣的現在進行式。

七、就效果言之，行政革新自控性高，較易成功，政府再造仰賴其他機關配合者多，風險性較大

行政革新既以縱向的行政機關為主，革新事項僅限於業務改進事項，並不牽涉法律，在地方自治呼聲不高之際，行政院幾可完全決定，行政革新的要求較易貫徹，也容易看到革新成效。政府再造雖也由行政院主導，但因牽涉考銓機關與立法機關的權責，如果不予配合，政府再造的成效就得大打折扣，成功的風險性相對較高。

總而言之，行政革新與政府再造兩者俱屬因應國情環境、順應國際潮流的改革運動，名稱口號儘管不同，但其著眼點都希望政府更好、更有效能。從行政革新到政府再造，僅數年之距，也都是主政者因應國內外情勢的變遷而推出的重大施政方針，不過在組織、目標、重點、內容、作法、進程、效果等七方面已明顯有所落差。因此政府再造與行政革新雖有延續性與關聯性，卻不能偏差的誤認為兩者具有同一性。

伍、行政革新與政府再造的相關性

行政革新是一個曾經熟悉的熱門名詞，因主政者的更迭，現在不聞其名也久矣！政府再造也是一個曾經在熱頭上的改革運動，不出數年是否也將銷聲匿跡？兩者有何相關性？是否會走上相同的命運呢？這是一個引人高度興趣的課題。

前言之，行政革新，原是行政現代化運動的泛稱，也就是指政府機關為革除既有的行政積習，而進行全盤的、有計畫的、和平的改革。原未針對特定時期或特定事件，但民國82年3月行政院前院長連戰指示規劃行政革新事項，並於同年9月提出行政革新方案之後，

似已專指依此一方案所推動的各項行政改革措施。大致言之，此一革新的目標是要建立「廉能政府」，重點是「廉潔、效能、便民」，革新要項分為檢肅貪瀆、增進行政效能、加強為民服務等三部分；並成立任務編組之組織，在行政院組設行政革新會報，所屬各機關、省市政府及縣市政府分別組設行政革新執行小組，由首長親任召集人，至於推動方式則是採人人參與、上下一體之方式為之。

　　政府再造，有稱為政府改造或新政府運動者，源起白1980年代美國學者歐斯本（David Osborne）與蓋伯勒（Ted Gaebler）倡導的再造政府運動（Reinventing Government），原意係指引進企業精神，對政府組織結構、職掌及各項行政事務，進行全面的、根本的改造，以提升國家的競爭力。民國86年9月蕭萬長院長接任後，凜於世界美、英、日、澳、紐等先進國家積極推動政府再造工程，我國如不順應潮流趨勢，勢將被時代所淘汰之認知，遂於87年1月通過政府再造綱領，並依據此一綱領積極推動各項改革措施。此一政府再造運動的目的，是要建立一個創新、彈性及有應變能力的小而能政府；重點是以顧客與績效為導向，以提升效能，強化國家競爭力為標的；內容則分為組織再造、人力及服務再造、法制再造等三部分。至於推動組織亦採任務編組方式，在行政院成立政府再造推動委員會負責辦理，並設政府再造諮詢委員會，遴選社會賢達參與提供諮詢意見；推動委員會之下復分設三個工作小組，分別由研考會、人事局及經建會推動辦理。

　　從行政革新到政府再造，不過數年之遙，前者雖是過去式，但餘溫猶存，其精神、原則，甚至內涵依然清晰可見；後者則屬現在進行式，雖已歷經三度政黨輪替，但在部分修正調整後，仍然繼續執行，目前已接近完成階段。兩者固然有所不同，卻也一脈相承，

具有許多共同特性，也都為求新、求變、求好而來。傳承之間，有六點值得特別說明，謹分述如次：

一、變革的主軸

不論行政革新或政府再造，都是以變革為其主軸，主動追求變革，「變」的理念貫穿整個方案或綱領，不但針對現狀加以改革，而且有計畫的，全盤的勾勒願景，朝向美好的方向前進。因此可以說，如果欠缺變革的意願與動力，也就不會有行政革新或政府再造。

二、招牌的翻新

眾所皆知，行政革新是連戰全方位內閣的施政重心，而政府再造則是蕭萬長就任行政院長以來積極推動的施政方針。兩位雖都是國民黨籍的行政首長，改革事項也都直指政府本身，但為表示主政者不同，改革主題有別，以成就另一番美名與事功，改換招牌即為不得不然之舉矣！

三、政策的延續

在歐美先進國家，政黨的主要功能是提供候選人與政策。政黨政策的形成，往往是長時間廣泛討論的結果，一旦形成，即不容易更動。除非政黨輪替，否則同黨籍的執政者雖有更迭，也不會改變政策。蕭萬長接替其同黨籍的連戰為行政院長，所著重的改革事項雖有不同，改革招牌也已改變，但觀諸再造綱領內容，仍斑斑可見政策延續的痕跡，政策方向可謂沒有改變。

四、目標的堅持

行政革新的重點是廉潔、效能與便民，目標是建立廉能政府；而政府再造是以顧客與績效為導向，以建立一個創新、彈性及有應變能力的小而能政府為目標。兩者在說法上雖略有不同，然而考慮人民的感受，提升政府本身的效能，卻屬一致。這也就是說，不論行政革新或政府再造，對於民主與效能這兩個目標的堅持，都是無庸置疑的。

五、內涵的修正

行政革新方案與政府再造綱領的主軸雖然未變，政策方向亦屬一致，然而終究是兩個不同的事物，不但招牌已更換，更重要的是內涵已大幅變動。許多革新方案中的事項已辦理完結，也有部分雖未辦結，但因種種原因不宜再續辦者，這些當然都不會在再造綱領中出現。不過也有許多是原已在辦理中，現在只是換個名義繼續辦理而已，例如原先推動的辦公室自動化，現在已更名並擴大為建立電子化政府，其執行進度雖有不同，內涵也有所修正，但執行事項並無二致。正因為這種修正內容後，納入再造推動計畫中再繼續執行的情形，比比皆是，所以很難說行政革新已完全過去。

六、範圍的深化

行政革新與政府再造的提出時間雖僅數年之遙，可謂極為接近，但所面對的環境卻有重大的變化。行政革新推出時正是動員戡亂體制結束不久，威權與官僚心態猶存，貪污收賄情形時有所聞，社會現象也較為混亂，因此革新的動力來源是自發的，革新的範圍也僅以既存的積弊為主。政府再造推出時則是政經發展已較為穩定之際，積弊雖有，但較不嚴重，然而面對國際競爭的壓力卻與日俱

增，如果不能迎頭趕上，即有沒頂之虞，所以說再造的動力來源是外力的，再造的範圍不再侷限於政府事務，而變得更為深化及擴大。

　　綜上所述，行政革新與政府再造雖是不同的兩件事物，在招牌、內涵、範圍方面改變許多，但俱為政府當局推動改革的主要措施；至於兩者在主軸、政策與目標方面並無明顯不同。從行政革新到政府再造，可謂一脈相承，關係極為密切。不是嗎？

壹、革新與革心的關係

隨著經濟富裕繁榮、教育水準提升、政治民主開放的腳步,臺灣處處可謂都有長足進步。較之二次世界大戰之後的殘破凋敝景象,自不可同日而語;而今日臺灣的種種成就,與其他先進國家相較,亦相去不遠。這也讓臺灣得以躋身已開發國家之列,此一「臺灣經驗」也因此被譽為世界奇蹟。

然而不可否認的,在奇蹟的背後,仍潛藏著許多不合乎公平正義原則,不順乎時宜環境,甚至不符法治的亂象。這些亂象若不能有效導正,勢將斲傷臺灣原有的活力與生機,不但阻斷再進步的去路,甚且可能埋下倒退衰敗的因子。因此有志之士紛紛提出革新或改革的呼籲,政府相關人員也意識到非改革不足以應付各種變局,於是行政革新、司法改革、教育改革、憲政改革、心靈改革、政府再造、年金改革等各種改革措施相繼出籠,革新運動也如火如荼的展開。一時之間,改革之聲高聳入雲霄,許多人不只認為改革有其必要,甚且直覺的認為「改革就是對的、就是好的」。

綜觀這些改革，大多數都有詳密規劃方案，也都付諸實際行動；大眾媒體與各級民意代表雖偶有批評之聲，但大體上均表支持與配合。因為他們多數認為，政府機關提出改革方案或措施，至少表示有心做事，也看到問題癥結。不過一般基層人員與社會大眾往往抱持事不關己的冷漠態度，使得改革呈現「雷大雨小、上熱下冷」的現象，再加上「五分鐘熱度」的心理，許多改革均難以持續進行，隨著主政者的去留，也有改弦更張、另起爐灶的情形；改革成效因而大打折扣，有些改革項目甚且淪落至無疾而終、不了了之的地步。

改革之所以不易成功，原因固然很多，例如並非所有冠上「改革」或「革新」之名者都是對的、好的；改革也不一定獲得多數人的支持與配合，歷史上不乏慘烈的權力鬥爭是藉著改革之名而進行的實例。再如改革勢必遭致既得利益者的頑強抵抗，也可能面臨同一陣營者的掣肘，使得改革者必須分散實力而延長戰線及兩面作戰。又如改革所面對的是不可預知的、不能確定的未來，變數甚多，改革者有無足夠的理性與能力？是否能夠操控局勢的發展？在在令人懷疑。再加上人性習於被動、保守與惰性，通常不太喜歡變革。這些因素都將在改革過程中增添阻礙，使改革易敗難成。然而真正關鍵的決定因素非「人」莫屬，其中尤以人的思想觀念最為重要。

大體言之，改革有三個不同層次，器物改進的層次最低，但具有明顯的實用價值，較易被接受，最容易成功；晚近電腦及智慧手機的出現，幾乎顛覆改變人際之間的聯繫交往、休閒娛樂與資訊取得及運用的方式，即是顯例。制度改革的層次居於中間，被改革對象的缺失不容易發現，而改革的成效也不一定被肯定與接受，改革的困難度增加，成功的可能性隨著減低；例如教育改革的成果，固

有掌聲，但批判之聲也不小。思想觀念改變的層次最高，看似簡單易改，實則人性一旦定型，便難以變更，所謂「江山易改，本性難移」，正說明思想觀念的改革困難度最高。綜觀臺灣過往與目前各種改革運動，除李登輝前總統倡導的心靈改革，屬思想觀念改革的層次外，其餘均屬制度與組織層次的改革。正由於人性畏於更迭，不願接受新制度的內在抗拒，使得這些制度與組織的變革不易成功。

近百年來，美國政府當局與有識之士不遺餘力推動種族平等政策，各種不得歧視有色人種的法規措施，絕大多數人都瞭解，然而因為白人潛意識裡的優越感始終揮之不去，所以所謂種族平等云云，執行成效仍然有限。我國歷來因為「重男輕女」的觀念根深柢固，在推動性別平等與維護婦女權益方面，也備極辛苦，成效依然不彰。這兩個實例充分說明思想觀念的難以改變，並非一紙法令或外在強制力量所能撼動。

在締造中華民國的歷程中，孫中山也遭遇許多困擾與橫逆，他深知人心懼難畏行是最大的障礙，因此積極倡導心理建設。他說：「國者人之積，人者心之器」。為改正國人「知之非艱、行之惟艱」與「只知坐而言，不能起而行」的心理弊病，他提出「知難行易」學說，勉勵國人身體力行、有志竟成。（孫中山，1981：420）依孫中山的看法，人心最為重要，心理建設最是根本，精神遠勝於物質。

所謂「心」，其實是腦，指的就是一個人潛藏於內在的觀念想法。「革心」也者，就是革除內心舊有的藩籬與屏障，代之以新的、好的觀念想法。此與孫中山所稱「心理建設」的意義雷同；所不同者，惟時代背景而已。由於積存於人類腦海中的舊有觀念想法去之不易，年紀愈長更是根深柢固，所以外來意見雖然較好，卻也

無空間容納。而在新舊觀念之間，如果無法統整並取得平衡，新觀念仍然難以內化成為自己心理認知的一部分，有時便會無意的出現排斥現象，對於行為態度自然有著深遠的影響。因此，將舊有不佳的觀念想法去除，以便騰出腦容量接受新的、好的意見，遂顯得十分重要。

要之，革新攸關未來的生存發展，吾人自應積極支持各種正面的改革。然而革新不是空泛的口號或標語，而是應該加以落實的具體行動。歷史上許多維新變法的失敗，現今許多革新行動所以成效不佳，不在欠缺良法美意，也不在主政者沒有強烈的企圖心，而在於未能獲得廣大民眾，特別是相關人員的有效支持。而廣大民眾之所以不予支持，相關人員之所以抗拒變革，他們內心不願接受，正是主要原因。一個人的思想觀念不但影響他的舉止行動，甚且影響革新運動的成敗。有志革新者或革新運動的主政者，豈能不先從「革心」下功夫呢？

貳、革新與革命的區別

革新曾經是個時髦的名詞，晚近亦不斷的受到重視，屬於行政學的範疇。國內近年來隨著經濟繁榮、教育普及、政治民主、社會開放的腳步，在目睹制度結構與實際情形逐漸腐壞與叢生弊病之際，要求革新之聲鵲起，行政革新、政治改革、憲政改革等改革措施一時之間紛至沓來，令人目不暇給。若不知革新之具體內涵為何者或有可能，但若未聞革新之名，恐怕就是對國家社會漠不關心，自外於這個社會的放逐人士矣！

革命（revolution）是個美麗的名詞，其實與造反、叛亂殊無二致，為政治學、歷史學的研究課題。除開18世紀英國的光榮革命等

少數特例外，均不免有流血的戰爭行為出現。中共以武力奪取政權，名為解放，我政府當局則以叛亂視之，實則也是革命。毛澤東發動文化大革命，將矛頭直指劉少奇等反動派分子，在「革命無罪、造反有理」的口號下，更是搞得天翻地覆，血流成河。在臺灣，由於經濟發展有成，民主運作得宜，法治觀念落實，故雖外有強敵環伺，內有統獨意識之爭，但未聞戰爭、革命亦已久哉！

　　回顧過往歷史，革新與改革雖多，但成功之例卻極少。勉強說來，只有戰國時代商鞅變法稱得上成功，其他如王莽變法、王安石變法、張居正變法、百日維新等歷史盛事，在當時社會雖然造成轟動，影響人心至鉅，最後卻都以失敗收場。至於革命與造反，成也多，敗亦不少，成王敗寇而已，歷代的改朝換代，可說都是革命成功的實例。革命固然不易成功，但相較之下似較改革稍易，何以改革更不易成功呢？這主要是其本質所使然之故。

　　大致說來，革命是體制外激烈且大規模，甚至全面性的變革，不但使用武力，而且目標明顯，只要面對前方作戰即可，故較易號召內部團結對外，敵我之間存在零和關係，有我無敵，有敵無我，亦即所謂的漢賊不兩立、一山不容二虎。由於革命的結果一定拼個你死我活，因此革命並非易事，孫中山革命歷經十次失敗，終於在辛亥武昌起義，推翻滿清統治，即為明證。改革，不論前朝所稱的變法、維新，或今人所謂的革新、改造，都是指體制內和平的、緩慢的、有意識的、局部的制度性變革。因為改革要面對被改革對象的反抗，又得提防既得利益者的掣肘，斯即所謂兩面作戰；加上未來難以掌握的不確定因素，所以較之單面的革命更難成功。

　　革新固然極為不易，但卻有其必要。語云：滾動的石頭永不生苔，靜止的池水必然腐臭。如果社會只是因循既往、墨守成規，而不知因應環境變遷，與時俱進，終將因慣性而產生惰性，因惰性而

腐化，因腐化而面臨滅亡之境。因此檢討反省的社會機制必須建立，追求進步的原動力務必永遠保持，方能確保國家社會的活水源頭。至於革命，雖不必要，卻不全然可以避免。雖然遭遇危機困頓，只要社會安定，改革成功，革命仍然不會發生；但若改革失敗，勢必加速革命的提早來臨，被革命之禍也將無法避免。

革新是見微知著、防微杜漸的內省工作，社會大眾若有普遍性的怨懟不滿，往往轉化成為改革的動力來源。改革若有成效，必能疏導民眾的情緒與能量，轉危為安，導入國富民強之境。日本大化革新與明治維新兩次成功的改革，便是顯例。改革如果失敗，便繼續蓄積不滿與失望的能源，終致爆發革命，或為外敵滅亡而後止。因此只要尚存希望，非到澈底的失望與絕望，革命是不會發生的。革命的臨界點較之改革顯然更高，爆發力自然更為驚人。滿清末年，孫中山目睹政治腐敗，列強欺凌，一心救亡圖存，不料上李鴻章書石沉大海，而百日維新澈底失敗，戊戌六君子均慘遭殺身之禍，終於深刻體認非進行革命不可，也因此走上武力革命之途。倘若當年維新有成，滿清政府或許即可免於覆亡之命運。

革命是壯士斷腕，先破壞再建設的外力改造，革命者往往以正義的化身出現，義正辭嚴，凜然雄姿，力量不一定夠大，卻有「雖千萬人吾往矣」的雄心壯志。但革與被革之間作殊死戰，鹿死誰手，難以逆料，因此非到存亡絕續關頭，現有社會腐敗至極點，基於人性之常，誰也不願以自己及志同道合人士的身家性命財產作為賭注。不過一旦革命風雲起，便無可阻擋，非得一方敗退，絕不歇手，革命的畏懼與可怕，即在於此。革新除要針對現狀的弊病提出針砭改進之道外，尤應注意溝通、建立共識，這也就是說在目的與實體外，也得注意程序與手續，方能化阻力為助力，增加朋友而減少敵人。改革的倡導者必須講究優先順序，重視技巧與手腕，也得

保持彈性與適應性，方能分散和化解社會的裂縫，達成改革的目的，使改革成功。然而革命只要瞭解社會的弊病，並進一步的揭露或醜化，一切先破壞再說，至於要如何做，那是下一步的重建工作，並非革命的當務之急。因此革命的倡導者要有決心與魄力，能鼓動大眾情緒，使大家願意跟著他走；有無溝通、折衝能力反而是次要事情。革命的追隨者與擁護者也得把政治兩極化、簡單化、情緒化，割裂並加深社會大眾的裂縫，方有可乘之機，革命成功的可能性隨之提高。

總之，革新與革命雖都是企圖改變現狀，引導社會大眾走上更好的道路，但兩者在本質、手段、策略考量上都有很大的區別。所以將革命視為革新，固無必要；而假革新之名行革命之實者，亦有魚目混珠、混淆視聽之嫌，一樣不應該。不是嗎？

參、行政革新的目的

如上所述，行政革新者，政府行政全面的、積極的、和平的、有計畫的除舊佈新之謂。從歷史角度觀之，行政革新就是變法；以現代意義言之，行政革新即為行政的現代化運動。若從系統的角度談，行政革新就是政府行政部門為因應時代與環境變遷，對外在環境的輸入因素加以適應與調整，以各種較為創新的作法與安排，求取更好的產出過程。

行政革新的內涵，可從組織、法規、程序、人員四個角度切入。就行政組織而言，由於機關組織效能欠佳，調適機能不良，隨著時間的久遠，往往暴露許多缺失。就我國行政組織現象觀之，常被提及之缺失，約有名稱紊亂、設置重疊、層級過多、結構欠妥、規模龐大五者。其中規模龐大、結構不妥者，並不全是因為業務之

需要而衍生，部分係因呆人（無效人力）過多，不得不再進用新人所致；而組織結構率由舊章，不能配合業務情形調整改進，以致新舊雜陳，亦影響組織的正常發展。就法規言，在民主法治社會，任何問題最後都得透過法律手段解決，所以法規法制是否完備健全，人民與政府是否知法守法、重視法律，都是非常重要的課題。

就程序言，事權上移、手續繁雜、溝通不良、授權不足、監督不周、決策草率等六項，是行政學者經常提及的行政程序缺失；環顧我國當前各級行政機關之運作，亦不難發現類似的情況。就人員而言，只有健全的人員才可望有良好的行政運作，雖然公務員的素質與結構不是短時間能夠調整改善的，但普遍存在的消極保守心態，卻應透過培訓與考核等人事作為極力改進，否則連環效應一旦發生，落入惡性循環之中，則行政革新便更加困難。

以上組織、法規、程序及人員四方面的缺失，即一般常見政府機關的病象，都是行政革新的主要內涵。透過全面的、和平的、積極的、有計畫的革新，不僅要解決現存的問題，而且可以規劃未來發展的願景。申言之，行政革新欲達到的目的，其實就是帕森思（Talcott Parsons）在系統分析理論所提到的組織生存與發展目的，（姜占魁，1990：281）主要有四：

一、目標達成

任何組織皆為達成既定的目標而設，一旦組織目標不能達成或模糊不清時，就必須透過行政革新的手段，促進組織目標的達成。

二、適應環境

社會環境不斷變遷，行政組織也必須因應內外在環境的變動而

調整適應；行政革新就是透過有計畫的手段，使機關組織更有效的適應環境。

三、模式維持

不同的社會有不同的文化型態和價值體系，如何在追求進步完善的同時，仍能維持社會的基本價值與傳統優良的行政文化，也是行政革新的重要目的。

四、內部整合

機關組織內部的結構與關係必須不斷的調整，藉以維持其均衡與穩定，以達到內部整合的功能，亦是行政革新的目的之一。

綜上述之，行政革新的目的不論是促進行政的現代化，或達致行政的進步發展，從帕森思（Talcott Parsons）社會系統理論的觀點言之，不外上述目標達成、適應環境、模式維持與內部整合四者而已。

誠然，行政革新是重要的，設若人人心存行政革新的理念，堅持行政革新的作為，則政府機關行政效能必將大幅提升，民主政治的堅實基礎也將奠立。

肆、行政革新的要領

改革，或稱革新，係指大規模的、有計畫的、和平的、緩慢的制度性變革。長久以來，由於拜行政革新、憲政改革、教育改革、政府再造、年金改革等各種改革運動，迭受媒體青睞，大力廣為宣

導之賜，改革之名人人琅琅上口、耳熟能詳，改革似已成為顯學。

　　改革，旨在時時反省檢討，將不合需要之措施或已衍生弊端之規範，予以革除或修正，並以新措施規範替代之。由於環境變遷迅速，時代不停的往前進步，因此人為制度規範及人的思維與觀念，也必須因應調整，才能適應，甚至主導時代環境的變遷，而不致被淘汰。然而人性皆有習於現狀的傾向，畏懼改變之後不可知的未來；蕭規曹隨、率由舊章，成為處事的常規，如果碰上腐化與墮落，則後果不堪設想。職是，對任何國家社會言之，改革都是相當重要的事情。

　　既然改革如是重要，那麼究應如何，改革才易有成效，容易成功呢？下述九點或有值得參考之處：

一、認定問題

　　由於現實社會中資源有限，但人類慾望無窮，難以盡如人意，因此形形色色、大大小小的問題，難免紛雜充斥在社會上的每個角落。改革者首先應透過不同管道，瞭解各種問題的資訊，並研判問題的嚴重程度與影響範圍。問題雖然客觀的存在，但是否予以處理與改進，仍得視改革者或社會大眾主觀的認知而定。語云：認定真實問題，已解決問題的一半。縱然問題十分嚴重，但如果有關人員不認為是問題，當然仍不會予以處理；反之，儘管是小問題，也可以視為大問題處理。如何發現與認定問題，縮小客觀存在與主觀認知的差距，將是改革者的首要之務。

二、找尋癥結

　　凡是問題，必有癥結，癥結就是問題之核心。找到問題的癥

結，方能對症下藥，一舉中的。從問題的性質觀之，難免有難易大小之別，浮現的表面也不是問題的全部，加上個人觀點不同，對於問題的瞭解程度也不盡一致，所以癥結的掌握顯得格外重要；特別是複雜的問題，更須主動積極的、層層剝開的探索。切中要害，直指癥結所在，不但有助於問題的處理與瞭解，也有益於改革的順利進行。

三、通盤考量

所有社會或政治問題，都不是個案問題，乍看似覺單純，但其實牽涉層面往往至深且廣；因此問題不易根本解決，也不宜採鋸箭法，而必須有整體性的通盤考量。雖有主從輕重之別，但仍應面面顧到，以大多數人的利益與福祉為依據。任何改革方案若能以此為念，當不致因少數人的示威抗議而失去立場、有所偏袒，也不致顧此失彼或因小失大。在改革的過程中，通盤考量的重要性是不難理解的。

四、確定目標

人生必須有目標，方能向著目標努力前進，有所成就；改革也必須確定目標，社會大眾才有遵循的準則與方向，不至於隨波逐流、一變再變，被抨擊為政客或變色龍。改革的最後目標，當然是人民富足安樂、國家強盛進步。然而這個目標太大，也不是一步可達，所以必須考慮手段與目標的連鎖關係，並將理想的大目標區分為許多個明顯的小目標，像燈塔一樣，指引改革者，也引導社會大眾。縱使遭逢困頓險阻，也知如何向前，而不致迷失方向。確定目標之於改革大業的重要性，不言已喻。

五、加強溝通

　　人是社會動物，不能離群索居，政治是眾人的事情，民主政治尤須注重人與人之間的溝通，才能消除隔閡、化解糾紛、強化人際關係、有效解決問題。溝通不只存在於機關與機關之間、單位與單位之間，也存在於上級與下級人員之間、政府與議會、新聞媒體、社會大眾之間。由於多數國人好面子、講人情，所以在溝通的時點，與其事中的協調、事後的疏導，倒不如事前的照會來得重要。許多改革工作最後之所以失敗，往往是主事者未能做好溝通工作，相關人員最後流於意氣之爭，為反對而反對，如此情形焉能不失敗呢？

六、循序漸進

　　許多被改革的弊病往往不是一朝一夕造成的，所謂「冰凍三尺，非一日之寒」。弊端缺失既已存在久遠，欲期短時間完全改善而導之於正途，實非易事。因此，不能操之過急，必須按部就班，循序漸進，由小而大，從近至遠，才能穩定的有所進展、漸有成效。如果不分輕重緩急快慢，想要一次解決、一步登天，反而容易誤事，亦未能達到目的。所謂「欲速則不達」，不正是這個意思嗎？

七、局部著手

　　所謂革新或改革，不論是早期的十大革新、經濟改革、行政革新、教育改革、金融改革、憲政改革，或近期的政府組織改造、年金改革等制度性的重大變革，都是劃時代的大事。牽涉的對象、層面與範圍，往往至深且廣，並非改革者有限的人力、物力，在短時間內可以有效達成。因此必須緊抓問題的癥結核心，從最重要的局

部地方著手，傾注主要力量於此，俟有成效後再推及至其他方面，才能增進人民對政府的信心，風行草偃，日進有功。

八、貫徹執行

改革既是有計畫的、大規模的制度性變革，在研擬改革方案之前，自須妥善加以規劃，設想各種可能遭遇的困難，思考因應與排解之道。一經推動實施，雖可視實際情況與相關反應意見加以調整，但一定得對準目標，全力貫徹執行，絕不因重大挫折而退縮，也不能只是虛應一番了事；否則半途而廢，不但前功盡棄，甚至危及既有的基業與威信，改革當然無法成功。

九、繼續檢討

若要改革順利成功，除應注意前述各點外，事中與事後的隨時檢討，以做為改進的依據，也是十分重要的。因為環境與社會變動不居，事先再完善周密的規劃，難免都有疏漏之處，所以照表操課固然重要，但如有窒礙難行之處，也必須適時檢討改進，才能避免誤入歧途，最後弄得滿盤皆輸的地步。職是，檢討之於改革大業，是重要的，也是必須的。

總之，改革並非兒戲，而是攸關國家社會興衰存亡的大政方針。改革成功，不但可以振衰起蔽，而且可以奠定長治久安的基礎；改革失敗，正說明此一國家社會的積重難返，覆亡之日已不遠。因此，有為者莫不注重國家社會的改革。然而改革並非口說之辭或即興之作，自應有一套完整的方案，也應講求方法技巧，才能使改革的阻力減至最低，相對的增進改革成功的可能性。正如行政三聯制——計畫、執行、考核的要求，不也有異曲同工之處嗎？上開所提改革的要領，對於一翻兩瞪眼的革命或無助益，但對於平穩

的改革大業當有參考價值。對照當今因改革而產生的亂象，吾人不免有所感慨！

伍、行政革新的組織面

一、前言

　　所謂組織，是指一個結合中的構成部分與其全體間，具有一致有效而不可分離的關係或配合。行政組織者，即指國家為推行政務而成立機關，並進用人員，兩者之間所構成的配合。

　　分論之，行政組織的意義可從四方面觀察：一是結構的，即靜態的，行政組織就是一權責分配體系；二是功能的，即動態的，行政組織乃是若干人為達成一定行政任務或目的，所作的集體努力或合作狀態；三是發展的，即生態的，把組織看成一生長之物，行政組織乃是隨時代的要求、環境的變遷，而不斷的自求適應、自謀調整的行政發展體；四是精神的，即心態的，把組織看作是一人群心理狀態，行政組織就是行政機關裡許多職員的責任心、工作意願、團體意識、合作觀念、服務精神、對權責的瞭解與認識等心理活動及其所形成的機關風氣、團隊精神或心理狀態。（張金鑑，1979：176；張潤書，2010：111）

二、組織面的缺失

　　人類之所以成立組織，其目的不外利用個人的才能，以合作方式，實現共同目的，藉組織以彌補個人的缺點，發揮個人的優點；行政組織的目的亦然。更明確的說，現代行政組織所要達成的目的有四，分別是目標達成、適應環境、維持模式與內部整合。為達成這些目的，行政組織必須維持常新、促進新陳代謝，並保持適當的

人員與配備，藉以適應環境的變遷，完成組織的功能。否則，行政組織即難免要走上裁撤或歸併的命運。

　　從整體而言，我國行政組織有何缺失呢？就一般所見，大致如次：

（一）組織名稱紊亂

　　我國政府機關的名稱，上下內外未盡明確分別，無法望文生義，不僅一般人民不易正確辨認，就是多數行政人員亦感困擾。「局下有處，處下有局」，「處處有處，院中生院」是最常被提及的瑕疵，（繆全吉，1978：24）類如此等名稱混亂、體例不一的情形，實為我國行政組織的一大缺失。

（二）組織設置重疊

　　組織的重疊設置至少說明了組織職掌的重複與衝突、功能的混亂不彰，以及人力、物力的浪費。一般人時常提及的銓敘部與行政院人事總處之間，即有重疊設置的嫌疑。如何釐清兩者的職掌，以發揮相加相乘的效果，顯然是一個有待克服的困難。

（三）組織層級過多

　　我國政府組織早年分為中央、省（直轄市）、縣（市）、鄉（鎮、市）等四級，層級數不少，公文層轉耗時，也浪費人力。雖然臺灣省政府已虛級化，但仍有三級，較諸日本的二級政府，仍然嫌多。故廢除鄉（鎮、市）自治地位的呼籲之聲，始終不絕；良非無因。而機關內部公文承轉陳核的層級數，由首長以至承辦人員，一般均超過四級，亦屬過多。

（四）組織結構不妥

　　組織結構理應隨著業務的演進、任務的調整、環境的變遷而不斷修正與改進。然而事實並非如此，多數行政組織在客觀環境改變後，組織結構仍因循既往、率由舊章，不知配合改進，以致新舊雜陳，影響組織的正常發展。

（五）組織規模龐大

　　組織規模如何，始稱充當，固無定論，但總以組織目標的有效達成、組織功能的最大發揮以及機關首長的正常控制而定。我國行政組織固然有大有小，但一般都在一百人以上，且人數都在膨脹之中，此雖有因業務之需要而增加者，但亦有因呆人（無效人力）過多，不得不再進用新人處理業務，致顯臃腫肥大。

（六）組織功能欠佳

　　組織之目標，即組織正功能之所在。行政組織理應加強正功能之發揮，克服反功能之發生。然而我國諸多行政組織之目標並未受到重視，以致日漸模糊，預期之正功能沒能達成，反功能時有發生，而非功能則處處充斥也。

三、組織面的改進之道

　　既知我國現行行政組織有上述六點缺失，究應如何改進呢？主要不外下述六點：

（一）在組織名稱方面

　　同一層級的機關名稱，應予統一規定，不同層級的機關名稱，

應該加以區別，以明歸屬，以定地位。而在釐正名稱之前，似可由專責單位或指定專人，就目前各機關名稱之現況澈底加以瞭解，並廣徵社會大眾及有關機關之意見，以解決當前名稱紊亂的問題。

（二）在組織設置方面

新成立之組織，應經嚴格評估，如確有實際需要，始准設立；而現有的組織也應三至五年定期考核，如業務縮減，應即調整組織或裁減人員；如業務與其他機關重疊，應即協調釐清彼此權責關係，或即劃由某一機關處理，方能減低衝突與浪費。

（三）在組織層級方面

在臺灣省政府虛級化後，公文層轉的人力與時間已大幅改善。此外明訂自治權責，不宜事事請釋；惟如涉及政策或法令解釋或其他重要事項，必須層轉中央部會核辦時，似可以抄送副本之方式辦理，以節省公文層轉之時間。

（四）在組織結構方面

組織結構的具體表現是組織系統圖與員額編制表，在組織法（條例、規程）規範的最大範圍內，組織結構應保持適度彈性，隨著業務的發展時時加以調整，單位容或不能增減，但員額則可彈性的安置於各單位中。惟有如此，方能配合業務發展需要，避免機關的僵化。

（五）在組織規模方面

組織規模大小究以何者為適當，歷來說法不一，但總不宜過大或太小。如組織規模過大者，似可考慮分設；如組織規模太小時，

亦可考慮合併性質相近的二或三個機關為一個機關。至如組織具有綜合性或地域性，如省政府、縣政府等，不宜分設者，則在控制幅度與單位層級之間，允宜取得平衡，並增加幕僚人員協助首長處理事務，避免組織規模龐大，徒生紛擾與不便。

（六）在組織功能方面

組織目標必須明確的讓每個成員瞭解，並定期舉辦公文及業務講習，使每個人都知道他的工作重點，也能不斷的吸收新知識。如此方能使組織有效適應外在環境的變遷，自然也能增強組織的正功能，並減少反功能的出現。

四、小結

要之，行政組織的缺失是政府機關中最常見的病象，也是行政革新的首要對象。因為人類之所以成立組織的基本動機，就是要藉著合作方式，以實現共同目的。然而一個處處可見病象的組織，卻無法達到這個目的；惟有行政組織健全有效，始能達成實現目標、適應環境、維持模式與整合內部的目的，也可以避免人力、物力與財力的浪費。

陸、行政革新的法規面

一、前言

現在是民主法治的社會，民主以法治為基礎，法治藉民主而表現。如果空有法治而無民主，難免流於權威專斷，但如果只有民主而無法治，勢必陷於放縱暴亂之境，所以民主與法治乃一體之兩面。兩者相輔相成，國家社會安定進步指日可待；但如果偏廢其

一，則國家社會未來的發展不免令人憂心。環顧當前社會情況，部分人士不知法律為何物，部分人士則藉民主之名，行破壞法治之實，部分人士在指責法治之缺失後，更直接挑釁法規的權威，這樣的發展怎不令人擔憂呢？

固然現行法規有所缺失，正如沒有一個十全十美、有利無弊的制度一般，但這些缺失並非病入膏肓、無可救藥。因此，不但要知病，更要去病，方足以去除有心人士的藉口，彰顯法治的重要功能。是以先探討現行法規的缺失，復提出改進之道，藉供參考。

二、法規面的缺失

現行法規有哪些缺失呢？主要不外以下五項：

（一）制法耗時

不論是法律或行政命令的制定或訂定，政府機關通常在感受到問題嚴重之時，才開始草擬條文；在定稿後始送請立法機關或上級機關審議；在審議過程中，又經過冗長繁複的討論，然後姍姍來遲的公布或發布。這時距離問題發生之際，至少已過了四、五年，問題自然更為複雜惡化，顯然的，在社會機制的調節反應上，自有不及之處。

（二）法規繁雜

多毛的牛一定健康嗎？當然不一定。同樣的道理，法規繁多的國家也不代表該國法制健全、社會安定進步。遺憾的是不少公務員迷信法規的威力，以為只要訂頒法規付諸施行，問題即可解決；於是拼命製造法規，不但使立法院的法案審查為之途塞，也使一般人

民難以瞭解法律，甚至主管機關非該業務的承辦人員也不瞭解。既不知法，就不必多談守法矣！

（三）缺乏彈性

法規是社會現象的抽象規範，也是公務員與一般人民立身行事的主要準則。然而，「法條有限，社會事務無窮」，再多的法規也無法規範社會的所有事務。因此，保留適度彈性，在原則之外另做例外的規定，固然應儘量避免，卻也不能沒有。不幸的是現行法規往往既嚴格又欠缺彈性，所以「合於情理、違背法令」之事時時可見，而「立法太嚴、執行寬濫」的批評，也不絕於耳。

（四）消極防弊

在民主國家，政府的要務是服務人民、為人民謀福利，所以制頒法規理應以積極興利者為主。然而，目前我國的法律規範多數仍屬消極防弊的性質，為防止人民做壞事而訂頒，類如「促進產業升級條例」之鼓勵人民者幾希？由於防弊多於興利的法規現象，以致衍生「多做多錯、少做少錯、不做不錯」的錯誤觀念，實為始料不及。

（五）目標錯置

法令規章之制頒施行，原為達成社會目的、發揮組織功能的手段而已，但由於法令規章過於複雜，且防弊多於興利，致法令規章的本身變成目標。公務員不敢也不願多做，只是一味的死守法令規章，真正的工作目標反而置諸腦後矣！

要之，法令規章在現代民主法治社會中實有重要地位，然而由

於制法耗時，且過於繁雜、欠缺彈性、只重防弊而不能積極興利，往往形成目標錯置的現象，不但不能奠定法治的堅實基礎，反而成為行政上的重大缺失。這種現象自然值得我們重視，也應該檢討改進。

三、法規面的改進之道

在法規面應如何改進呢？以下六點淺見，或許值得參酌：

（一）強化法制作業

孫中山在五權分立學說中主張專家立法與專業立委，果真能做到這個地步，則「外行做決策」、「受制於利益團體」的批評當能減少。然而，目前憲法對於立法院組織與職掌的設計，並非如此。因此，惟有加強各機關的法制單位，充實立法機關的專業幕僚人才，也充分尊重法制人員的意見，方足以強化法制作業的水準，提升法律規範的品質與立法進度的效率。

（二）簡化法令規章

對於現行法令規章允宜時時檢討，已逾時或環境政策已有變更者，應予廢止或修正；而法規之間有重複或牴觸者，亦應予以簡併或配合修正。其次給予法規適度的彈性，以應實際需要；也可避免客觀環境稍有變化即不適用，而必須馬上修正的窘境。

（三）建立聽證制度

在制定或修正法規時，最好能夠廣聽各界建言，對於因修正或制定法規影響的人民或利益團體，允宜加強溝通或宣導，甚至舉辦

聽證會，讓他們有一個反應意見的機會。至於聽證會的形式與方法，則可因時因地因個案而不同，藉供行政決定之參考，避免閉門造車之舉。

（四）設置調節系統

一個重大問題的解決或一項重大政策的決定，往往不是單一法規可以完全涵括，而須藉由相關法規配合。因此，某一法規雖已制定或修正通過，仍不能據以執行，在法效上顯有不足。最好的辦法是，目前以單一法案為中心的立法方式，修正為以政策或問題為導向，當審議某一政策時，即由幕僚人員提供所有相關法規條文，一併研議修正或制定，期使法規相互配合及加強時效。（繆全吉，1978：10）

（五）培養法治觀念

對於法律的正確認識，是建立法治社會的根本之道。然而，目前一般人士對於法律的認知是紛歧不一的，上下認知差異極大。一旦法規未能落實施行，在上位者往往認為是下級人員執行不力，而在下位者則認為是上級制定的法律不切實際、難以執行；觀念差距如是之大，夫復何言？此外，對於法律的位階性、工具性及積極性等，也應有正確瞭解，方有助於法治社會的建立。

（六）致力法治教育

誠然法治是重要的，為使社會大眾及各級學校學生正確認識法律，免於誤蹈法網，普遍性的法律教育是必須的；而為培養法制人才、加強法制研究、提升法律品質，高深的法律教育也是不能缺少的。惟有致力於法治教育，前述的法規缺失才可望根本解決。

四、小結

總之，現在是法治社會，任何問題最後都得透過法律手段解決，因此法律規範在現代社會中顯得格外重要。然而無庸諱言，現行法規不無缺失，值得留意，也應檢討改進。

柒、行政革新的程序面

一、前言

行政者，乃為實現國家目的而為之作用。廣義言之，行政包括政府作用之全部；狹義言之，指政府立法、司法、考試、監察作用以外之其他作用，相當於一般所謂之執行。凡政府必有行政，行政範圍雖然極其廣泛，但最重要的莫如靜態的行政組織與動態的行政行為。行政組織就是國家為推行政務而成立機關，並進用人員，兩者所構成的配合。組織雖已成立，但若沒有行政行為，國家目的仍然不能達成。職是，行政組織設立後，即應積極展開各項行政行為。

所謂行政行為，即政府公務員為達成國家目的或任務，各依職責所作的分工合作活動。各機關的業務性質固有不同，但就行政行為的本質論之，仍不外計畫、領導、授權、決定、溝通、協調、監督、管理等項。行政程序就是辦理前述行政行為的過程。一般言之，新成立機關由於前無章法可循，行政程序難免變動不居，較為紊亂，而老機關則習於固定的行政程序而不自覺。但不論新舊機關，行政程序的民主、有效、客觀與明確，對於行政目的的達成與行政功能的發揮，都是十分重要的。因此，不但應重視行政程序的建制，也應認真檢視現行行政程序的缺失及改進之道。

二、行政程序面的缺失

到底我國一般行政機關在行政運作程序方面有何缺失呢？下列六點或有值得檢討之處：

（一）威權領導，事權上移

我國行政權機關多數為首長制，且稍偏於中央集權。機關首長或由於個人喜歡抓權，或由於部屬遇事不肯負責、往上推諉，終致愈來愈形忙碌，愈來愈像威權領導。除首長之外，似乎誰都不敢負責，也不願負責。

（二）決策草率，授權不足

政府任何決策，均攸關人民權益至鉅，自應仔細評量、慎重決定，始不致引起民眾的疑慮與抗拒。然而有一些事例，卻讓我們清楚看到首長授權不夠，致部屬未能充分參與，也不敢放手去做，而首長又無暇或無能細想，決策品質自然差矣！

（三）欠缺計畫，監督不周

事先計畫，可以掌握執行的進度，避免失敗與浪費，不只對行政機關非常重要，對於個人亦屬重要。然而目前我國除重大工程建設的事先計畫較為確實之外，其他業務不是欠缺計畫，就是天馬行空，不著邊際。

（四）手續繁雜，費時耗事

行政機關辦事程序之繁多與複雜，往往令一般人民摸不著頭緒，也使「新鮮公務員」如墜入五里雲霧中。即以買貨請款為例，

從承辦單位簽辦開始，先送總務單位、會計單位核章，然後逐級送請上級長官核示，一圈繞下來至少有十來個會章與核章，花個三兩天功夫並不算多。如此情況，怎能不費時耗事呢？

（五）溝通不良，互不信任

目前政府機關不論在高級人員與低級人員之間、不同單位人員之間，均普遍有所隔閡，存在溝通協調不足、互不信任的情形；因此口說無憑，必須形諸文字，公文一再送會。「推、拖、拉」的不良風氣因此產生，行政效率自然低落。

（六）本位主義，各自為政

目前我國政府機關之間的最大弊病之一，莫如自以為是，各就立場自抬身價，充分表露本位主義的心態。遇事相互牽扯，不能精誠合作；有責則互相推諉，毫無團隊精神。

三、程序面的改進之道

行政程序應如何改進呢？針對以上六項缺失，自可從下述四方面著手努力：

（一）加強領導，貫徹分層負責

最有效的領導並非權威式領導，而是與部屬充分溝通後的民主式領導。因此，政府機關首長應檢討改進自己的領導方式；又加強分層負責、強調逐級授權，可以減輕首長的超負荷，增進部屬的責任心與成就感，使事、權、職、責四者密切配合，允應加強辦理。

（二）改善溝通，簡化行政手續

建立制度化的溝通管道，強化上下級機關及相關人員之間的溝通，增進平行機關或單位之間協調聯繫，可以減少隔閡，化解誤會與爭端，允宜加強辦理。又行政手續貴在明確、便利、有效，故能簡則簡，可以達到目的即可。

（三）強化計畫，建立評估制度

事先規劃，可以避免資源的浪費，掌握執行的進度，故不但各機關應加強年度計畫、近程計畫、中程計畫及長程計畫的辦理，且應配合年度預算確實執行。又各單位也應建立評估制度，強化評估問題的能力，乃能輔助機關首長做出正確的決策，提高決策的品質及執行的績效。

（四）推動革新，加強便民措施

行政革新，乃政府機關為因應時代與環境的變遷，不斷的適應與調整，以求取更好的產出。因此，革新是積極的，是永無止息的。惟有不斷的革新，組織才能新陳代謝，避免老化。

四、小結

總而言之，行政程序本身只是過程，只是手段，而非行政的目的，自不能因為行政程序的因素而害於行政目的的達成。然而，由於傳統上行政程序的缺失，不但使行政效率降低，也影響人民對於政府的觀感。職是，行政程序非時時檢討改進不可，惟有不斷的朝著民主、有效、客觀與明確的方向改進，政府行政始能步上健全之途，而行政大國也才有可期之日。

捌、行政革新的人員面

一、前言

　　眾所皆知：廉潔、效能與便民，一直都是衡量行政革新績效的重要指標。在這三大目標中，雖然涵括政府施政範圍中所有可能發生弊端或缺失的事項，不過卻是圍繞著一個中心環節，就是「人」。只有人員才涉及可能貪瀆及強調廉潔的問題，而組織的效能則植基於人員的素質、能力與工作效率等因素；至於便民措施，雖可藉助機具或改進工作程序而得到，但更重要的是人員民主觀念的奠定與服務態度的培養。此故，「人員」不但在行政革新中扮演關鍵性的角色，而且幾乎就是各種行政革新措施的唯一要素。基於行政革新的成敗，攸關人民對於政府施政的滿意度，以及我國能否成為「行政大國」，不可謂不重要。

二、人員面的缺失

　　我國目前各政府機關在人員方面，普遍存在哪些缺失呢？如從人員素質、人力結構、人員心態及工作取向等四方面探討，當不難瞭解。

（一）在人員素質方面

　　一般說來，目前政府機關公務員教育水準普遍的、不斷的在提升之中，大學以上學歷的公務員在各機關所占的比例逐年提升，經由國家正統考試及格取得任用資格者亦不斷攀升；而各機關對於訓練進修的重視，在在有助於公務員素質的提升。不過由於整體教育素質的低落，民間企業人員素質的相對提升，以及年紀偏大、學歷偏低，卻還不到退休年齡者短期之間仍將在職等等因素，使得我國公務員素質，表面上雖提高不少，但實際上仍有值得檢討改進

之處。

（二）在人力結構方面

年齡、性別、專業學識的不同，是政府機關人力結構的重大差異。一般而言，愈晚成立的機關，人員平均年齡愈低，雖充滿朝氣與衝勁，卻欠缺經驗傳承；而老機關的人員平均年齡較大，年輕職員較少，行事作風較趨保守，缺乏活力；若年齡差距太過懸殊，亦難免發生斷層、代溝等難以解決的難題。至於性別問題，由於對性別的重視，女性公務員近數年來快速增加，使得許多機關面臨陰盛陽衰的困擾。從職業自由、兩性平等以及社會觀念進步開放的立場來說，女性公務員的增加，應是值得肯定的現象。但因女性先天條件的限制，某些較具危險性、體力性或外勤性的工作顯然較不合適，如果一個機關女性人數超過一定比例，機關首長在職務安排、工作指派上可能就會發生困難。凡此皆為政府機關人力結構方面有待檢討改進的地方。

（三）在人員心態方面

由於法規對於公務員的過度束縛，社會大眾民主意識的過度膨脹，以及公務員自身安於現狀的惰性等因素，除年輕的新進人員之外，政府機關中普遍存有保守、懶散的心態，畏懼改革，不願更張。是以欲求政府機關之改革與進步，仍待大力推動。又少數與民眾接觸頻繁的公務員，仍然存有「撈一票再說」、「不拿白不拿」、「反正大家都這樣」、「不會被發現」的錯誤心理。以上種種，如不能健全心理建設，欲期達到廉潔的目標亦難矣！

（四）在工作取向方面

目前政府機關中閒人過多、勞逸不均的現象極為嚴重，忙的忙死了，閒的閒死了，因此普遍存有「多一事不如少一事」或「多做多錯、少做少錯、不做不錯」的想法，由於這種效應的擴散，難免影響整體的工作士氣與績效。少部分公務員處理業務過度重視人情因素，對人不對事，有所請託則設法處理，沒有關係則公事公辦，毫無通融的餘地；既欠缺服務的觀念，也難與他人溝通，一付「好官我自為之」的樣子，如此怎能把工作做好呢？凡此皆為公務員在工作取向方面有待改進的缺失。

三、人員面的改進之道

既知以上的缺失，究應如何革新改進，始能知病去病，立下人事革新的宏遠根基呢？應可從下述五點著手努力：

（一）力行考試用人

考試是我國優良的傳統制度，也是一種最為客觀公正有效的選才方式。透過應考資格的規定，可以保證起碼的素質水準，加上考試科目的測試，以及基礎訓練及實務訓練的評量，當能錄取到較為優秀的人才。如能持續的、全面的實施考試用人，加強職前訓練，相信政府公務員的素質，當能有效提升。雖然各種考試的難易程度不見得相同，信度與效度亦不可能百分之百；但相信只要秉持特考特用及考用配合的原則，對於因特殊需要或有特殊限制的及格人員作合理妥適的安排；也因工作性質與程度之需要，申請分發適任之考試及格人員。人事的健全與進步，應已奠定了良好的基礎。

（二）妥善運用人力

　　語云：天生我才必有用。依孫中山之見，人類因聰明才智之不同，可分為先知先覺、後知後覺、不知不覺三等，其適合擔任發明家、宣傳家、實行家之職務角色亦有不同；在政府機關亦然。依其才能、經驗、資績與職等，大體可分為策略階層、管理階層及實作階層等三個層級，復因機關與職務性質之不同，而有技術職、行政職之別，以及主管職與幕僚職等不同區分。機關首長允宜依每個人的才智、興趣、個性、學識等條件，安置於最妥適的職務，並建立職務輪調制度，乃能適才適所；個人工作既充實愉快且有成就感，而機關組織也才能發揮最大的效能，避免「無效人力」的發生。

（三）強化訓練進修

　　政府機關人力素質的提升與改進，主要有賴於人員更替與訓練進修兩方面。人員更替是質的改變，短期之內雖可能大幅提升素質，但因公務員依法受到保障，欲一次進行大量換血，勢不可行。惟有透過訓練進修的方式，進行質的提升，不但加強本職技能、進行第二專長訓練，甚至對於服務態度、民主本質、溝通技巧及道德修為等，亦皆可列入訓練課程。如能加強訓練進修，在一段時間後，行政革新的三大目標——廉潔、效能與便民的效果必可見及。

（四）加強道德宣導

　　儒家文化重視「德治」，倫理道德原是國人生活中的一部分，然而經過歐風美雨的吹襲之後，舊的倫理道德有些已遭破壞，而新的職業道德並未完全建立。處此新舊交替之際，人心難免惶惶茫然，不知如何是好？為今之計，只有重新審思萃取合宜的部分，配合時代環境的需要，建構新的道德規範與社會價值，並大力宣導，務使這些規範內化成為個人堅持的原則與信念。那麼縱使有外界的

威脅與誘惑，亦難以動其心，則優良的「廉潔」與「服務」組織文化之建立，當不難矣！

（五）建立完善法制

固然「徒法不足以自行」、「法律只是最低限度的倫理道德」，然而法律是維持人民生命財產安全與國家社會秩序的最有利保障與最後憑藉，當其他方法對少數不肖人員皆無能為力後，只有訴諸法律的強制力量。另外，在各種行政措施上，如有明確的法律規範，上下其手衍生流弊的機會自然減少。因此建立完善的法律規範是重要的，也是必需的。

四、小結

無可否認的，政府機關因需要而誕生，在成長、成熟及衰退等各個不同階段，難免會有若干問題發生，如何預防、消弭與解決問題，使機關避免弱化、老化及腐化，達到廉潔、效能與便民的目標，不但是行政革新的重點工作，也是民眾殷切期盼的課題。雖然行政革新的範圍異常廣泛，但其成敗關鍵則在「人員」，只要人的革新成功，行政革新必然很有成效；反之，即難有成效。就當前政府機關觀之，雖然在人員素質、人力結構、人員心態及工作取向方面，均有值得檢討改進之處，然而只要力行考試用人、妥善運用人力、強化訓練進修、加強道德宣導與建立完善法制，深信人的流弊與缺失必能減少，而廉潔、效能與便民的目標亦可望順利達成。

玖、行政革新的配合面

行政革新所欲革除的病象，也就是前面提到的組織、法規、程

序、人員等四方面的缺失，這些都是應該極力改進的地方。然而行政革新也還有其他的困難，並非一心向前，即可有成。欲使行政革新落實有效，達到預期的目標，除前述四方面的改進外，仍須有以下四點配合，才能克竟其功。

一、官商關係的釐清

蔣經國總統在位時，不但清廉自持，展現親民作風，且嚴禁黨政人員與富商巨賈密切交往，他如此堅持與禁止，不是沒有道理的。因為商人的基本目標是將本求利，如果官商交往關係太過密切，經常吃喝在一起，當商人有所要求的時候，就很難說「不」。俗諺：「吃人一斗，還人三石」；「吃人嘴軟，拿人手短」，社會現象不是如此嗎？而公務員看到商人大把大把花錢，或許也會產生模仿效應，造成入不敷出，薪水無法應付開銷，則「凡經我手，必留一手」；「以權謀錢，藉錢奪權」；鋌而走險的違法行為就可能出現。貪汙犯法的結果就是鋃鐺入獄，身敗名裂；早知如此，何必當初？

二、民主本質的體認

所謂民主，當然是要透過選舉來實施，這是議會政治、民主政治的重要管道與主要表徵，選民選出地方首長為人民服務，選出民意代表監督政府施政。但看現在的少部分民代，假藉民主之名行要脅政府之實，以遂行其自私自利之目的。此種民主惡質化的現象，令人憂慮。如果民代不能深切體認民主的真義和本質，仍一味對政府公務員施壓，以遂其私益，我們的政府公務員要完全摒除一切不法或不當的干涉，達到行政革新的目標，實在不容易。

三、道德良知的覺醒

　　西方國家、共產國家和封建中國，其政治設計基本上有所不同，西方國家的政治設計是機關與機關之間相互制衡，如國會與司法、國會與總統之間的制衡；而共產國家講的是人與人之間的制衡，如政治局的常務委員各自代表不同利益，採行分工與集體領導方式；在封建中國，既不強調機關的利益，也不強調人與人之間的制衡，而是注重一個人的道德良知。儒家學說對於高層人員的要求是要有道德良知，因為我們的法律並沒有制定機關間相互制衡的良好架構，組織體系也不容許像共產國家集體領導方式，所以一定要強調傳統的道德良知。如果政府公務員，甚至高層公務員只是以守法為已足的話，就無法達到風行草偃的功效。公務員「依法」辦事沒有錯，然法律只是最低限度的道德標準；如能發揮主動負責的精神，嚴格要求自己的道德認知，相信必將獲得大眾更多的肯定。

四、規範措施的配合

　　語云：儉以養廉。這句話非常正確，日常生活如不能節儉，廉潔的風氣是很難樹立的。又所謂「倉廩實而後知禮節，衣食足而後知榮辱」，有時一個人去做壞事，是因為肚子填不飽，以致有偷、搶的違法行為。以公務員而言，一些法制規範的有效配合，如合理的待遇、優惠的福利等等，當可減少或防止貪瀆情事的發生，達到行政革新的要求。

　　行政革新最終的目的就是要求不斷的進步，好還要更好，使國家富強、人民安樂。大家若有榮辱與共的理念，上下一心，革除機關內部的弊病與陋習，使機關各種行政業務的推動，永遠展現蓬勃的朝氣。則我們確信：行政革新必能順利推展成功，真正達到國富民樂之目標。

拾、行政革新的困難

　　革新者，革故鼎新也。但行政革新不同於政治革命，一者行政革新是和平漸進的手段，政治革命是武力急速的方式；更重要的區別是：政治革命只是一面作戰，容易整合內部團結對外，而行政革新則是兩面作戰，既要革除機關組織的病象，復要克服抗拒改革者的阻力。因此，在我國歷史上革命成功的居多，每一次的改朝換代都可說是革命成功的實例。然而革新成功的卻幾乎沒有，勉強說來只有商鞅變法成功而已。

　　行政革新有何困難？為何不易成功呢？大體言之，主要是人的因素使然。「徒法不足以自行」，任何良法美制的改革都要靠人去推動，所以人的因素攸關行政革新的成敗。茲說明行政革新的困難如下：

一、人性習於現狀

　　人性固有積極向上的一面，然而大多數人皆有好逸惡勞、習於現狀、不願更張的傾向。尤其是年紀較大的高級人員，難免沉緬在過去時間取向之中，所看到的未來時間帶較小，通常不願貿然從事改革，去面對一個不可知的未來。人性普遍的習慣現在、安於現狀，就是行政革新的第一個困難。

二、既得利益作祟

　　「人不為己，天誅地滅」，但在追求權力的同時，也應兼顧公益，絕不能利己而損人。任何改革，若不能顧及既得利益者的感受，即難免遭致強力的抗拒，甚至步上失敗的命運。因為面對改革，大家想到的首要問題就是對我的權益有無影響？如有，則千方

百計的阻撓，其理由卻是冠冕堂皇的另一套。所以許多立意良善的改革，卻因既得利益者的作梗，最後只得作罷。

三、昧於時勢潮流

農業社會大體是一個靜止的社會，數千年來變動甚小，然而處此後工商時代，卻瞬息萬變、一日千里。如果不能體認時代潮流的演變，不知因應改進，仍然抱殘守缺，恐將難免遭致失敗覆亡的命運。滿清末年，王公顯要昧於時勢潮流的演變，不知改革的重要性，不但平添自強運動、維新運助的阻力，也加速滿清的覆亡。

四、學識能力不足

學識能力不足，即無法瞭解革新的重要性，也不知從何革新，如何革新。基層承辦人員學識能力不足，只能墨守成規，率由舊章，不知在業務推展、工作方法上求改進；高階主管人員學識能力不足，只能蕭規曹隨，既無開創性，也難以掌握大局。是以，各級行政機關不但應進用具有一流學識能力者充任公務員，在職期間也應加強訓練進修，隨時充實學識能力。

五、單位互相牽扯

各政府機關之間，機關內部各單位之間，難免存有濃重的本位主義色彩，自以為是，自抬身價，往往認為只有本機關、本單位最為重要，所以其他機關或單位都應配合我，支持我。彼此互不信任，互不尊重，溝通協調管道嚴重欠缺，也不能開誠布公的洽談，凡事見不得他人的成功，總要掣肘一番。因為相互牽扯，於是行政革新便增添一重重的阻力。

六、考慮沉澱成本

一個人如在同一機關組織任職時間過久，他所累積投入的時間、精力、血汗與感情必多，往往不願見到組織有所變革；因為他擔心一旦改變，便會影響到長期投入而累積的利潤。例如在我國行之多年的簡薦委制，係以品位為中心，且按照年資升遷，大家均已習慣，並可預期未來升遷的職務；但改為以事為中心的職位分類制，衡量標準改變，沉澱成本增加，部分人員的強烈反對，自屬意料中事。

總之，行政革新是絕對必要的，只有時時的、處處的力求改進，機關組織才能避免老化、維持常新。「滾動的石頭永不生苔，靜止的池水必然腐臭」。然而由於人性習於現狀、昧於時勢潮流、學識能力不足、既得利益作祟、考慮沉澱成本，以及單位之間的相互牽扯，遂平添行政革新的許多阻礙困難。此誠不可不注意，且應力求克服改進者也。

第三篇

再造篇

壹、政府再造的本質基礎

　　最近七十年來，臺灣變得太快太多了，從戰後一個凋蔽落後貧窮的農村社會，蛻變成為一個富裕繁榮進步的工商社會。以平均每人國民所得論之，民國40年只有154美元，民國86年時卻已高達1萬4,163元之譜；107年時則為2萬6,376美元，堂堂進入已開發國家之林。（行政院主計總處，2019：13）以大專院校觀之，當年全國僅有7所，學生亦僅6,665人；民國89年已有150所，學生多達91萬人；108年時為152所，學生數達121萬人。（教育部，2019：45）此一情形若謂之「劇變」，亦不為過。如果有人去國七十年再回來，相信不但他已不認得，恐怕還會懷疑這真的是他的故鄉嗎？

　　這七十年來臺灣變得最多的大概就屬經濟及交通層面，鐵公路、機場、港口、郵政、電信等硬體建設，無一不值得稱述，而工商企業也處處充滿朝氣與活力。其次，在教育層面的變化也頗為可觀，在質與量兩方面都有長足進步，才能提供各種建設所需的人才。社會體制的變革相較之下顯得較小，處於新舊交替的過渡期，轉型並不是一件容易的事情。至於政治的改變，前面四十年的變化

不是很大，但後面三十來年，從解除戒嚴開始，號稱所謂的「寧靜革命」，變化不可謂不大。而社會人心觀念的改變，則深受傳統價值觀根深柢固的影響，變化可以說是最小。

從宇宙運行的角度觀之，變是必然的。或因本質的必然，或由於客觀的因應，主觀的期許。任何事物都會變，儘管外貌看似不變，但所處的時空環境已變，連帶的事物也會受到影響而改變。周易有變易、簡易與不易之說，即在說明萬事萬物變與不變的道理。除恆久原則外，事事都在變，所以變是常態，不變既不正常，也不可能，所有的事物都在變，唯一不變的只有「變」。變的本身是中性的，不具特別意義的，變的意義與價值係由人所賦予。

就動源論之，變有自變與他變兩種，自變就是求變，係指自己主動的，能掌握的變；他變就是應變，係因應配合環境而做的改變。就程度觀之，變有大變、中變與小變之別。就速度言之，變可分為急變與緩變等多種。就結果來說，變可能變好，但也可能變壞，也可不好不壞。一般當然希望能變得更為美好，這便是成長與進步；不過由於未來的不確定性，任何人都無法保證一定變得更好。

有目的、有意識、有計畫的求變，就是改革。劇烈的改革是徹底破壞後再求建設，一般謂之「革命」；而平和的改革，是在尋求共識後，一面進行既有工作，一面加以改進，一般稱為「革新」。只要是變，就有風險，面對不可知的未來，不管現在如何規劃準備，設想如何周延妥適，都難以規避不確定因素的發生。大致說來，革命的風險遠大於革新，歷史上革命失敗者不乏其例，然而革命成功者仍遠多於革新成功者。不過變的背後也蘊藏著無窮的機會，改革者如能掌握這些機會，甚至主動去爭取機會、創造機會，成功的可能性就相對增加。反之，如果不能把握機會，反而予以反

改革者可乘之機，便會為自己增添危機，帶來風險，導致失敗的後果。

　　改革是要付出成本和代價的，改革需要大家一起來，所以改革不是一二人之事，也不能停留於紙上作業或流於漂亮的口號。改革者必須勾勒美好的願景，提供適當的理論架構，具有適切可行、符合程序正義的策略方案，也必須加強宣導與溝通，才能形成共識，奠定有利改革的環境。改革要透過實踐的過程，才能從現實到達願景，所以需要腳踏實地的去做。在還沒有看到成效前，已不知付出多少成本和代價；其能如此者，厥惟堅信改革之後一切會更為美好而已。因此如何讓社會大眾，特別是標的人口，瞭解改革的必要性與好處，實在是一件不能等閒視之的事情。

　　民國86年9月蕭萬長就任行政院院長後，提出「政府再造運動」，分從組織再造、人力及服務再造、法制再造等三個方向，欲求根本改變中央與地方政府的體制結構，以及公務員的觀念心態，期使組織更精簡靈活、人力更精實熱誠、業務更簡化興利，以全面提升國家競爭力，建立一個創新、彈性、有應變力的「小而能」政府。有關再造推動的所有計畫項目，因牽涉層面既廣又大且多，目前仍難謂已竟全功。

　　不可否認的，政府再造運動與近年來的其他改革工程一脈相承、息息相關，不過政府再造牽涉的範圍更為廣泛，也涉及組織體制架構的變革，其影響更為深遠。如果再造成功，政府必能脫胎換骨，展現新的風貌；一旦受挫失敗，必將影響政府的威信與施政能力。

　　從變的觀點來看，政府再造運動不但是變，而且是積極的求變，是由上而下的、有計畫的、大規模的、目標正確美好的，希望

在數年內大功告成的政治革新。改變程度不可謂不大，改變速度也相當的快，較之改朝換代或涉及國家根本體制變革的革命，雖仍有相當大的距離，但比起其他改革，確屬超大型的改革工程。因此，政府再造運動除勾勒美好願景外，更應加強溝通與宣導，堅定的貫徹執行。不僅止於在行政院暨所屬機關公務員中培訓種子，透過黨政運作方式與立法委員溝通協調，亦宜透過大眾傳播媒介廣為報導，藉以凝聚社會人心，形成改革的共識，並對反改革者形成輿論壓力，同時也應加強與標的人口的溝通工作，特別是因改革而直接受到衝擊的對象；如不能對他們的既得權益有所補償，不能得到他們的諒解與支持，改革之路勢將倍嘗艱辛，說不定因此而被迫停擺。

　　就現況觀之，政府再造運動算是跨出了成功的第一步，第一階段的精省作業、地方制度的立法工作、全國行政單一窗口化運動的落實等，都有具體而亮麗的成績。第二階段調整中央政府組織與職掌等事項，也已次第展開。然而接下來的計畫項目將愈來愈艱難，面對的挑戰將有增無減，過去這一段雖然尚稱順利，卻不能保證未來也走的平順。推動政府再造的相關人員面對改變的過程，允宜掌握各種機會、善用各種資源、加強溝通宣導、堅持貫徹執行，不但要讓社會大眾相信會變得更好，實際上也確實朝著更為美好的道路邁進，這樣才能確保最後的成功。

貳、政府再造的觀念變革

　　政府再造，本質上屬於一種政治改革，近數十年來始終是個炙手可熱、耳熟能詳的名詞，世界各先進國家也無一不受到此一運動風潮的影響。我國雖在民國89年、97年、105年三度政黨易位，分由

不同政黨執政；不過迄今為止，政府再造的內涵仍舊沒有太大改變，政府再造的政策方向也依然繼續走下去。

　　這一波政府再造運動熱潮，始自1992年11月兩位學者歐斯本（David Osborne）與蓋伯勒（Ted Gaebler）合著《新政府運動》（Reinventing Government）一書，倡導以企業精神改造政府，引起社會各界廣大的迴響。美國總統柯林頓（William J. Clinton）就任後，隨即指定副總統高爾（Albert A. Gore）組成改革委員會，並依據1993年所通過的「政府績效與成果法」，全力進行政府再造。英國則可追溯自1979年柴契爾夫人（Mrs. Thatcher）推動的「續階方案」，梅傑（John Major）1991年接任後，更提出「公民憲章」的改革計畫。日本係於1983年提出「新政改革大綱」，並成立行政改革推動本部，積極推動各項改革。（呂學樟，2020：4）基本而言，英國比較重視管理層面的改革，美國比較重視解除管制的面向，日本則在既有的政治文化規範下進行改革。（吳瓊恩，2019：617）其他如德國、加拿大、澳洲、紐西蘭等國也先後推動改革。政府再造顯然已是舉世難以抗拒、沛然莫之能禦的風潮。

　　我國的政府再造運動，可以上溯自民國82年連戰就任行政院院長後，即指示研提行政革新方案，以廉潔、效能、便民作為革新的重點，目標是建立廉能政府。民國86年蕭萬長接任院長，隨後通過政府再造綱領，積極推動組織再造、人力及服務再造、法制再造工作，以顧客與績效為導向，以提升效能、強化國家競爭力為標的，目的是建立一個創新、彈性、有應變能力、具企業精神的小而能政府。陳水扁於民國89年競選總統時曾宣示以「政府改造」為選戰主軸，就任後仍沿襲政府再造綱領揭示的目標方向，繼續推動政府改造；並將目標訂為：興利創新的服務機制、彈性精簡的行政組織、專業績效的人事制度、分權合作的政府架構以及順應民意的國會改

造。（吳容明，行政院人事行政局地方行政研習中心，2003：346）民國97年馬英九就任總統，亦以調整地方行政區域劃分及中央政府機關組織為其施政重心，惟終其八年任期仍未竟全功。部分未完成的機關組織調整簡併，仍有賴蔡英文總統賡續達成。

　　就其內涵觀之，政府再造事項包羅至廣，在組織、人力及服務、法制三大項之下又分許多小項，其中有屬器物層次者，如推動全國行政單一窗口化、建立電子化政府；有屬制度層次者，如涉及立法或修法的制定地方制度法、調整行政院暨所屬機關組織；然而最重要者莫如心理層次，乍看雖僅全面提升服務品質屬之，其實所有改革事項莫不從心出發，心理層次其實才是最重要，也是最根本的關鍵所在。

　　大致言之，器物層次的改革或再造，外界明顯可見，也會帶來一定程度的便利，因此一般的接受度較高，也較容易成功。制度層次的改革或再造，主要指向制度法規的變動，牽涉層面既深且廣，改革的預期效益不易顯現，也容易遭致既得利益者的抗拒，因此難度較高，不易成功。而心理層次的改革或再造，是指思想觀念的改變，看似容易，實則困難重重。因為人的思想觀念一旦定型，就不易改變；其內心如果不願接受新工具、新方法或新事物，仍習於過去的思考模式與行動作為，縱使只是使用工具的簡單改變，仍然難有成效可言。

　　綜觀政府再造綱領與推動計畫所揭櫫的工作內涵，在心理層面所展現出來的改革方向，主要不外下述六點：

一、由官僚轉為公僕

　　傳統的公務員是高高在上，直接或間接代表國家統治人民的官

吏，享有權力與資源，相較於人民，可謂居於絕對優勢的地位，不但有優越感，而且有支配慾。少數公務員對人民頤指氣使，當人民有事洽詢求教時，往往擺出官僚臉色，講話口氣不佳，不願意主動予以協助處理；如其處理結果有益於人民時，便視其處理為一種對人民的施捨或照顧。晚近雖極力倡導公僕觀念，強調人民是國家的主人，公務員是人民的公僕，但成效顯然不佳。政府再造欲有成效，首先得落實公僕觀念，才能以民為尊，心甘情願的去奉獻與付出，偶受委屈也能淡然處之。

二、由管理轉為服務

傳統政治學認為政府主要有管制、保衛、輔助與服務等四種功能。管制即以管理為主，表面觀之，管理與服務二者之性質截然不同，但在講求民主法治的現代化社會，管理與服務的界限已日漸模糊。對於有自殺傾向的精神障礙者予以管束，正是因有保障其生命安全的必要；對於犯罪者給予制裁，雖是對其本人的約束限制，卻相對的保障其他社會大眾免受威脅。政府再造引進企業精神，就是期望公務員能夠秉持「顧客第一、服務至上」的信念，積極主動的去做事，以服務代替管理。如果多數公務員已具有服務觀念，政府再造便成功一大半，否則所有的良法美制將淪為漂亮口號而已。

三、由操槳轉為導航

往昔普遍認為政府是無所不在的，也是無可取代的。設官分職，在人民生活的每個領域，都給予保衛管理或提供服務與協助，所以人民離不開政府，人民遭遇任何問題都可以找政府處理。相對於人民，政府所扮演的是操槳的角色，人民所期許的也是萬能政府、大有為政府。理論上萬能政府是存在的，但事實上萬能政府卻不會出現。政府的能力雖然有限，卻要做無窮的事情，負無限的責

任；政府每樣事情都去做的結果，可能是每樣都做不好。政府再造運動的倡導者承認政府能力有限，故應將重心置於政策引導，將政府角色定位為領航，引導民間團體與社會大眾共同努力，善用社會的各種資源。陳水扁前總統於臺北市長任內曾提出「有限的政府，無限的民間」概念，正足以說明此一道理。

四、由萬能轉為效能

　　傳統的政府觀念是「最好的政府，最少的管理」，政府最好少管人民，只要提供保衛的功能即可。進入福利國家時代後，轉而為「最好的政府，最多的服務」，政府因提供各種福利措施之必要，而大量進用許多人員，政府的力量伸進社會的每個角落。這時的政府是政策目標導向，只問目標是否達成？而不考慮花費多少人力、物力成本，以及是否符合效率？因此浪費無效率的情形時常可見，政府機關中也出現許多只領薪水不做事的閒人。政府再造就是要導正這種觀念與作法，精簡政府組織，裁減不必要的員額，講求成本效益概念，不再容許浪費情事發生。從所有事情追求萬能，轉而為每一事情講求效能，也是這次政府再造運動強調的重要觀念之一。

五、由制式轉為彈性

　　過去政府機關所有的施政作為均講求「依法行政」，凡事按部就班，對任何人皆應理性的平等對待，沒有任何差別，也無任何彈性可言。從消極的民主法治角度觀之，此種作為，本屬正常合理，然而卻也因過多的法規束縛，帶來僵化與刻板，凡事綁得死死的，毫無變通的可能，一遇特殊或緊急事故，只能乾瞪眼。政府再造並非要揚棄法律規範，而是強調法律只要規範大原則即可，其他細節則授權行政機關彈性處理，以期能適應外在環境快速的變化，適時提供人民之需要。

六、由個人轉為團隊

　　政府設官分職本各有職司，每個公務員均按法規賦予的職權與上級長官的指示，履行其應盡的職務；人人各自在工作崗位上努力，僅藉由正式組織關係消極的與其他人員聯繫，或藉由非正式組織關係私下與其他人員互動。政府再造除個人工作外，更強調全體公務員共同參與，以團隊學習方式，建立共同願景，重建組織文化。追求成功，但成功不必在我；機關的聲譽與績效，個人與有榮焉，便是團隊觀念的發揚。

　　綜上述之，可知政府再造運動包羅事項雖廣，短期內亦難見其成效，但最重要、最根本的關鍵仍在心理因素。因為思想觀念的改變，才能啟動與持續的進行政府再造運動。此一思想變革固然不能與數百年前啟動的民主與法治浪潮相提並論，卻也已在全球各先進國家蔚為風潮。惟有瞭解這六項觀念變革的重要性，以及掌握其中的變化脈絡，才能抓住政府再造運動的要點；也只有每個公務員都深切體認這種改變，並內化為行為的動力，政府再造運動才有成功的可能。

參、組織再造的內涵與特色

一、前言

　　近年來隨著國內外政治、經濟、社會環境的巨大變化，全球性的政府組織改革風潮已蔚然成形，沛然莫之能禦。美國已實施「政府績效與效果法」，大幅簡化現行職位分類制，積極推動「以績效為基礎的組織」，並成立「全國績效評鑑委員會」，加強政府再造。英國推出「公民憲章計畫」及「續階計畫」，將政策與執行部門分開，讓執行部門首長擁有更大職權，也特別強調績效。日本已

成立「行政改革推動本部」，持續推動行政革新，並著手整編中央
行政組織，已將21個省廳精簡為1府12省廳。中共當局在朱鎔基接任
國務院總理後，也將中央40個部會大舉裁併為29個，機關幹部編制
員額也從800萬人縮減為400萬人。（行政院研究發展考核委員會，
2003：6）

　　參採先進國家的實施經驗，我國政府再造的基本理念是引進企
業管理精神，使組織精簡靈活、人力精實熱誠、業務簡化興利；不
但要建立一套現代化及高效率的法規制度，也要建立一個創新、彈
性，有應對力的「小而能」政府，以期能提升國家競爭力，迎接新
世紀的挑戰。為達到政府再造的目標，行政院研究發展考核委員會
特別研訂「政府再造綱領」，並提報行政院會議通過，以為辦理之
依據；復成立政府再造推動委員會與政府再造諮詢委員會兩個組
織。在推動委員會下又分設組織再造、人力及服務再造、法制再造
等三個工作小組全力推動，也要求各機關自87年3月起，每六個月檢
查成效及研訂繼續推動的重點。

二、組織再造的內容要點

　　所謂政府再造，係指政府部門自行引進企業管理精神，從根本
改革政府組織結構與職掌分工，從理念改進公務員工作態度，活化
法規制度與時俱進的生機，讓政府有更好的服務績效，也能適應環
境的變遷。組織再造是政府再造的三大環節之一，係指政府部門結
構與職能的調整改進。在建立創新、彈性、有應變能力政府的總目
標之下，行政院研究發展考核委員會依據政府再造綱領，復研訂政
府再造推動計畫，其中也包括組織再造推動計畫。透過此一計畫，
期能達到：1.擴大組織員額調整彈性，縮短組織法規法制作業時間；
2.簡併政府機關、層級、單位與事權，合理管制機關員額；3.強化地
方自治功能，擴大民間參與公共事務等三個目標。

　　依據組織再造推動計畫的規定，組織再造的重要工作項目有
五，分別是：1.研擬中央政府機關組織基準法及中央政府機關總員額
法草案；2.調整行政院暨所屬機關組織；3.調整臺灣省政府及臺灣省
議會組織；4.調整地方政府組織；5.建立組織及員額績效評鑑制度。
這五個工作項目均牽涉法制面與執行面，研考會為促使各機關如期
完成，除研提具體作法及進度時程外，也提出五項重要績效指標：1.
縮短組織法規完成法制作業時間；2.擴大組織員額彈性調整授權程
度；3.簡併中央與地方政府行政機關總數、所屬機關數及內部單位
數；4.調整中央與地方政府行政機關總員額數、人力結構及人事費比
率；5.重要工作項目按照推動時程完成比例。

　　在研擬中央政府機關組織基準法及中央政府機關總員額法草案
方面，分別責成研究發展考核委員會與人事行政局主辦，協調相關
機關共同辦理。這兩草案業經行政院會議決議通過，已會銜考試院
送請立法院審議，期盼立法院能配合在87年12月前完成立法程序。
此外，也積極研訂組織調整作業規範，改進機關及預算員額審查作
業方式與業務法規，專案檢討調整人事、主計、政風等相關機關組
織與人員設置依據及其業務法規，並預定在88年完成。

　　在調整行政院暨所屬機關組織方面，首先成立行政院組織法研
究修正專案小組，依據國家未來趨勢發展與需求，召開小組委員會
議、公聽會，廣泛蒐集各界建言，參考國外經驗，建構願景，研擬
行政院組織法修正草案送請立法院審議，預定在87年12月前完成修
法工作。各部會則依據行政院組織法修正草案，研提各該部會組織
法修正草案報請行政院審查，然後轉請立法院於88年12月底前審議
通過。部會所屬機關再依據各部會組織法修正草案，研提各組織法
規修正草案層轉報請行政院核定，預定在89年12月完成各部會暨所
屬機關組織調整作業。

在建立組織及員額績效評鑑制度方面，首先要研訂此一制度的具體作法，預定在87年12月底前完成制度規劃，88年12月完成制度建立。其次要訂定組織績效評估指標，俾作為機關組織設立、調整或裁撤，及員額調整之依據。接著是每年選擇重點機關辦理組織及人力評鑑，加強外部評估，再依據評鑑結果，實施員額移撥及辦理專長轉換制度。

除此之外，針對組織再造有關地方自治組織體制的另兩項重要工作項目——調整臺灣省政府、臺灣省議會組織，及調整地方政府組織，行政院也已責成研考會及內政部主辦，限期提報臺灣省政府功能業務與組織調整暫行條例草案及地方制度法草案，並請立法院配合在87年12月底前完成立法，同一時間完成臺灣省政府功能業務與組織調整整體規劃。至於省營事業則按照預定時程表，分階段完成民營化目標；各地方政府則按地方制度法草案，擬定組織調整計畫，修改組織規程，送各該議會審議通過後據以執行。迄至90年底，原臺灣省政府所屬機關與職掌事項，除少數移轉縣（市）政府辦理外，絕大多數由中央部會承接，總共有149個機關、170個學校、36個醫療院所改隸中央相關部會。（宋餘俠，2009）

總而言之，組織再造是政府再造的核心，雖與我國過去的憲政改革、行政革新一脈相承，也與各先進國家的改革相互輝映，不過其精神與內涵，主要還是依據行政院頒布的政府再造綱領與政府再造推動計畫。組織再造推動的方法與細節雖各有不同，但其原則與目的則一；藉著企業精神的引進，改革政府組織結構與職掌分工，期能提升政府績效，使國家更具有競爭力，更能適應快速變遷的環境。觀諸組織再造推動計畫的內容，不正是如此嗎？

三、組織再造的主要特色

自民國87年元月政府再造綱領頒布並據以推動以來，組織再造已如火如荼的展開，精省作業以及調整中央政府組織幾乎無人不知，中央政府機關組織基準法草案等五個重要法案的立法工作，也正快馬加鞭的進行。而這些重要事項的辦理依據，厥為一個組織再造推動計畫而已。從上述的扼要說明，當不難瞭解我國組織再造的特色，主要有下列七點：

（一）整體全面的

政府組織的改革既為各種改革的核心工作，因此顯得特別重要，也特別要考量整體性和通盤性，才不會顧此失彼，有所疏漏。此次的組織改造範圍，在行政系統，不但從上至下，由中央到地方，即連在推動計畫中未提及的其他機關，也就是行政權力所不及的機關，如總統府、考試院等，也因為中央政府機關組織基準法等兩個草案的規定，而必須有所配合；雖分別，卻共同的推動各該機關的組織再造工作。此外，組織再造還必須配合人力及服務再造、法制再造的推動，才能環環相扣，得到最大的效果。

（二）行政主導的

改革的倡議者固然不必是行政首長及行政人員，但改革的主導者通常是行政首長及其同僚；至於民意代表、傳播媒體、學者專家及利益團體等都只是陪襯或催生者而已，因為行政首長才有足夠的職權與豐沛的資源可以動用。觀諸此次組織再造的緣起與推動過程，行政院自發的、主導的情況非常明確，企圖心也很強烈，其他四院則顯得事不關己，作壁上觀。行政院蕭萬長院長更以此作為其上任後的最優先施政項目，行政院的重視程度即不難瞭解。

（三）限期快速的

改革的時程如果拉長，投注的人力物力勢必增多，如果限定時間完成，雖可節省不少人力物力，也能劍及履及，避免發生不可預知的情況，然而受制於時間壓力，決策難免不周、作業難免草率、溝通難免不夠、心理調適難免困難，所以日本行政改革中有關政府再造，即預定以十五年以上時間完成改革。而我國此次政府再造，除公營事業民營化外，完全預定在三年內，也就是在89年12月前完成，而最重要的五個法案均預定在一年內完成立法工作，相較之下即顯得特別快速且有效率。

（四）職權擴張的

從組織再造推動計畫中，雖然嗅不出行政院的擴權意味，但從中央政府機關組織基準法草案及臺灣省政府功能業務與組織調整暫行條例草案等相關法規中，在提升政府效能的字裡行間，不但可以看出行政院的本位立場，處處以自己的方便執行為考量，而且大幅擴張職權，既將臺灣省政府多數業務職掌收歸中央，也希望立法院釋出既有的部分職權給行政院，不要監督太多。行政院職權的膨脹與擴張，在這次的組織改造過程中，也就顯得很突兀。

（五）高度政治的

組織再造推動計畫本身並非法規，只是各機關的工作分配，對於民眾並無拘束力；但依此一計畫研擬的中央政府機關組織基準法草案，一旦經立法院三讀通過並奉總統令公布後，對於全國民眾及行政機關均將發生法律效力，並有實質的重大影響。因此在組織再造的過程中，特別是在立法審議之前，處處可見政治角力與妥協的痕跡。行政首長的理念與意志，經由此一計畫推動，再透過立法機關的背書後，便取得全體民眾必須遵照辦理的憑證。政治高於一切

的道理，在此又得到明證。

（六）且戰且走的

組織再造是政府再造的核心工程，攸關國家社會的未來發展，至為重要。因此理應有通盤的規劃與考量，也應與各相關人員充分溝通，化異求同，才能減低法規執行的阻力。不過觀諸此次的組織再造，除部分事項已有既定方向，例如精省外，行政院組織如何調整等多數事項仍無定見，當然談不上共識；而有既定方向者，仍不乏存在許多歧見與爭議。一付且戰且走、邊做邊修正的模樣，不免令人好奇與懷疑。

（七）一廂情願的

組織再造工程浩大，牽連甚廣，對於許多當事人的權益難免有重大影響；因此既得利益者、理念不合者的反彈與杯葛，也就不難理解。此次精省過程中，臺灣省政府相關首長一再質疑與抨擊，許多員工甚至組成自救聯盟走上街頭的「意外演出」，其實都在意料之中。然而此次的組織再造，似乎有意忽略這些不利的反對聲音，也未顧及到民意高漲的立法院是否願意？有無能力配合在六個月完成立法工作？地方自治權限擴增後的縣市長，是否還會遵守中央政策配合演出？在在令人懷疑。然而在推動計畫中，似乎一廂情願的、認為理所當然的會加以配合，恐怕是高估自己，也輕忽溝通協調的重要性。

由上所述，這次的政府再造工程，雖然其未來執行成效及影響如何，尚難論定；但觀諸推動計畫及推動過程，仍可發現其許多與眾不同的特色。當然這些特色，有好的，也有不很好的，有的屬實質面，有的則屬程序面，其情形不一而足，值得繼續留意與密切觀察。

四、組織再造的問題探討

　　政府組織再造工程雖曾如火如荼的展開，透過大眾傳播媒體的報導，多數民眾均已略有瞭解且表示支持。根據研考會於87年8月10日委託民間機構透過電話進行隨機抽樣的調查研究中，發現支持政府再造的民眾高達四分之三以上。誠然這是可喜的現象，不過在多數支持的背後，並不代表沒有問題。在民眾愈表支持的同時，政府愈要努力消滅問題，方能不負人民所託，繼續得到人民的信任。以下謹略陳相關問題如後，藉供有司當局參考：

（一）組織再造有無必要問題

　　以我國當前四級政府機關，行政組織疊床架屋、名稱混亂，職掌功能嚴重重複與衝突、欠缺效能的情況下，調整政府組織、進行組織再造，早已是學者專家與社會大眾的共識。儘管如何調整與再造，意見仍然十分紛歧，有待繼續協商與溝通，以求得更進一步的共識，不過這個再造的方向已無庸置疑。不論從事實需要、他國經驗、大眾共識、學者專家意見觀之，組織再造都是必要的。

（二）組織再造範圍大小問題

　　政府組織與職掌的調整是全面性的、互有牽動的，每一機關所擔負的職責雖然只是部分的、特定的，但政府對於民眾所負責任卻是全部的、綜合的。基於設官分職的原理、政府一體的立場，組織再造的範圍顯然不能劃地自限，只顧自己，而必須以開闊的胸襟、宏觀的眼光，一併考量其他一級機關的配合意願與能力。依此觀之，組織再造應該是全國性的、全面性的重大人為工程。

（三）組織再造層次高低問題

組織再造的範圍大小與層次高低，在正常情況下是一致的。範圍愈大，層次也就拉得愈高，如此才能統合關照各方，不致於顧此失彼、窮於應付。這次的組織再造工程，在範圍上既是全面性的、全國性的，在層次上也就拉高到由當時的行政院長蕭萬長強力主導，而李登輝前總統也在國民大會提出國情報告時予以肯定及支持。層次之高，已無庸再言。

（四）組織再造時間快慢問題

由於組織再造工程龐大複雜，牽涉很廣，既難有周延妥善且全面性的規劃，各種意想不到的大小問題也難免層出不窮，相關人員疲於擔任消防隊員四處滅火，更無暇去思考與溝通。照理來說，應該將執行期限稍微放慢才是良策，而今卻反而限期快速完成，屆時爭議與抗爭恐怕難以避免。以行政院組織法修正草案為例，自民國76年7月俞國華擔任行政院長時，即已送請立法院審議，後來郝柏村擔任院長時，亦曾送案又撤回；其困難度可想而知。又如何能要求現在的立法院趕在半年之內三讀通過呢？為免流於決策草率不周，溝通協調不良，使得問題更形尖銳與對立，組織再造的時程似可酌予延長。

（五）組織再造順序先後問題

組織再造既是全國性的重大人為工程，則全國各機關難免都會受到影響，只是改革的多少與先後有別而已。按照組織設計原理，通常是「先上後下」、「上動下再動」，也就是說上級機關先行設立或修正後，下級機關才有依據，跟著配合設立或修正。此次組織再造，在中央各級機關的設立與調整部分，便是本諸這一道理，自然較無爭議；然而在行政院組織如何調整尚未定案之際，臺灣省政

府卻已遭「精省」的命運。對於心有不平的省府員工而言，自然又多一抗爭與反對的藉口。

（六）組織再造溝通配合問題

組織再造工程在取得法律依據後，固然具有法律效力，可以強制力量貫徹執行，然而在法律通過前，反對者仍有權利表達不同意見。縱然法律已通過，也可能暗地裡採取不合作態度，予以消極抵制，使得良法美制成為鬥爭的犧牲品，因此充分的、一而再的溝通是絕對必要的。觀諸北宋時期王安石變法的內容，誰人敢說不好？然而最後卻以失敗收場。王安石不能得到當時司馬光、蘇東坡等賢能之士的支持與合作，最後不得不任用胸無墨水、只想當官的小人，可以說是變法失敗的最大原因。殷鑒可參，豈能不謹慎惕勵，更加重視溝通呢？

要之，政府組織再造工程是必要的，也是極其重要的，因此必須格外重視與周延處理。不過在此再造過程中，卻也發現若干值得探討的問題。有如上述，應予正視。

五、小結

「政府再造」是多年來行政院最重要的施政項目，而「組織再造」則是政府再造的核心工程，可謂重中之重，攸關政府施政效能與品質，其受到的重視程度也遠較其他項目為多。只是組織再造範圍既廣且複雜，牽涉許多人員的切身權益，能否形成共識，得到大家的支持，其實並非必然。

不過，不管組織再造有多少阻力，從學理與現實環境觀之，都是必要的。相信經由不斷的溝通與協調，必能得到大家的瞭解與支

持。因為只有組織再造成功，人民對於國家才會更有信心，國家社會的長治久安也才有可期之日。

肆、人力及服務再造的內涵與特色

一、前言

眾所皆知，政府機關組織是為人民而存在，沒有人民就沒有政府。早期的政府高高在上，是為控制與管理人民而設；民主時代的政府則本於「主權在民」的理念，以「服務人民」為依歸，施政方向以滿足人民的需求，增進人民的福祉為主軸。然而由於政府組織層層節制的官僚體系，政府公務員享有專業知識與資訊的優越地位，民意機關難以有效的監督，政府本身欠缺競爭與評量的機制等等因素，各國政府普遍面臨施政品質與服務績效不佳的批評。正因為政府失靈，面對諸多問題無能立即而妥適的解決，相較於企業組織的有效管理，遂激發起世界各國這一波政府再造的浪潮。

我國的政府再造運動可以追溯自民國82年2月，是時連戰就任行政院長後，積極推動行政革新，不但提出行政革新的四大目標：組織精簡化、機關法制化、員額管理合法化及經營現代化；並明確指示必須在三年內裁減預算員額百分之五，以期建立「廉能政府」。民國86年9月，蕭萬長接任行政院長後，旋即提出「政府改造」的理念，並於87年元月通過「政府再造綱領」，當中明確強調引進企業管理精神，用以建立一個創新、彈性、有應變能力的政府。從此以後，政府各部門即如火如荼的推動政府再造相關事項。

「人力及服務再造」係我國政府再造的三大工作要項之一，原分人力再造與服務再造兩部分，其後因兩者性質相近，經蕭前院長裁示後合併成為一項。在「政府再造推動委員會」之下設「人力及

服務再造工作小組」負責推動；由人事行政局主辦，研究發展考核委員會協辦，並協調考試院、法務部等機關共同辦理。人力及服務再造事項內容雖多，惟係以改進人事制度、提升服務品質為重點，攸關政府機關公務員組織文化、人力發展、員額管理、工作士氣至為鉅大。爰以政府再造綱領與政府再造推動計畫中所列有關人力及服務再造事項，探討說明之。

二、人力及服務再造的內容要點

人力（manpower）是一個國家最重要、最寶貴的資源，日本、瑞士、荷蘭、新加坡等國均是天然資源十分匱乏的國家，之所以能躋身世界先進國家之林，其所倚恃者厥惟其眾多的優秀人力。我國臺灣地區在土地狹隘、自然條件欠缺、資金不足、天然災害頻仍、面臨中共武力威脅的惡劣條件之下，七十年來能夠改造成為一個經濟繁榮、教育普及、社會安定、政治民主的良好環境，政府的卓越領導與全體人民的努力打拼，無疑是最重要的要件；當然也離不開人力的元素。人力的重要性是無庸多言的，日本松下電器公司的名言：「製造產品之前，要先培育人才」，正是最好的註腳。

服務是一種無形的商業產品，主要由人力提供，亦可由器械或其他物品所提供，雖然看不到、摸不到，但卻感受得到。進入後工業時代之後，服務性的商品愈來愈多，也愈來愈重要，例如金融、保險、教育文化服務業等即是。政府機關是全國最大的服務業，也是產品的唯一提供者，政府的服務品質與績效來自於全體公務員的服務態度，不但攸關政府形象的建立，也影響人民與政府的互動。

目前我國整體人力素質並不差，公務員平均水準亦佳，然而因為體制僵化、法規束縛、權威心態一時難以改正，加上民主意識的抬頭、成本效能的重視、企業精神的引進等因素的影響，相較於企

業組織的人力與服務效能，政府組織的確有檢討改進、急起直追的必要。職是，人力及服務再造便列為政府再造的第二要項。其主要目標是為活絡人力資源運用，提升行政效能；引用服務行銷理念，展現卓越服務品質。依照人力及服務再造推動計畫的規定，其重要工作項目可分為：進行人事制度全面再造；全面修正、簡併、鬆綁人事法規；推動全國行政單一窗口化運動；建立電子化政府；全面提升服務品質等五項。

在進行人事制度全面改造部分，由於係屬考試院職權，故人事行政局雖可主動檢討，但只能向考試院提出建議並協調辦理。其主要作法係由人事行政局舉辦座談會、公聽會，廣邀專家學者、機關代表、中基層公務員代表及考試院相關人員，規劃跨世紀新人事制度藍圖，進行六大改革方向。復根據各方所提建議，進一步研擬研究主題，再透過人事人員所組成的種子部隊，協助蒐集各機關首長、業務主管、公務員及所屬機關之意見，予以補充納入，確立研議制度主題，分階段討論，並協調考銓機關配合與支持。然後依跨世紀人事制度計畫全面檢討人事法規，並向考試院提修正、簡併或鬆綁之建議案。期能在88年6月前達到：1.放寬考試用人限制，建構多元進用管道，包括考選授權用人機關辦理，醫事人力、高科技及文化藝術人才放寬任用資格等；2.簡化銓審作業；3.建立功績制升遷；4.建立淘汰制度；5.強化考績激勵功能；6.建立彈性待遇制度六個目標。

在全面修正、簡併、鬆綁人事法規部分，主要由人事行政局函詢各主管機關人事機構對人事法規修正、簡併及鬆綁之意見，若為不合時宜之行政命令即予修正、鬆綁或廢止，如涉及人事考銓法規，則建議考試院辦理。此外，並請各主管機關人事機構本於權責，擴大範圍檢討修正不合時宜之人事法令；請各執行機關依據同

仁反應及實際執行業務經驗研提具體建議。對於中央人事法規與自治事項有關者,亦予檢討,以因應省縣及直轄市自治法施行滿四年之效力限制。最後並依跨世紀新人事制度藍圖全面檢討修正或簡併人事法規,特別是關於公務人員考試法規、任用法規、考績法規及俸給法規等四大項人事法規。這些推動措施均限於88年6月前完成。

在推動全國行政單一窗口化運動部分,係依據「推動全國行政單一窗口化運動方案」暨「行政院所屬各機關行政單一窗口化實施計畫」辦理。近程實施單一窗口業務項目,計有:內政部「戶役政資訊系統全國連線作業」、警政署「跨轄區受理民眾報案單一窗口」、入出境管理局「入出境櫃檯作業實施單一窗口服務」、財政部「實施納稅櫃檯全程化服務作業」等23項。中程實施單一窗口項目,計有地政類「簡易登記案件民眾親辦單一窗口作業」、「謄本申請單一作業」、建管業務類「建造執照審查及簽證作業」及工商管理業務類「工業區內工廠設立登記單一窗口作業」等50項。遠程目標預定於89年6月前完成,請全國政府機關全面規劃實施行政單一窗口化,若未符單一窗口之作業要求者,則要求檢討修正改進。

在建立電子化政府部分,係以建設「電子化、網路化政府」之基礎架構、骨幹網路,整合網際網路連線申辦及服務環境,提供骨幹網路基礎服務;建立政府機關整體性網際網路資料處理、通信及交易安全體系,換發整合性IC國民卡;完成公文格式、程式、法規等改革及公文電子交換,建立政府機關電子郵遞系統應用基礎為主。希能在87年12月前完成:1.網路管理法制研究;2.建置中央及地方政府320個機關及3,000個單位之電子信箱;3.實施新版文書處理檔案管理手冊及研訂新版文書處理檔案管理電腦系統規範;4.試辦電子公文交換中心;5.電子計畫管理行政應用服務系統開發;6.電子政府出版品管理行政應用服務系統開發;7.研定電子簽章法草案;8.國民

身分健保IC卡整體委外案評審及簽約；9.開辦稅規費網路轉帳及線上申辦行照換發等九項工作目標。在88年6月前完成建立憑證管理制度、第一階段換發IC國民卡、全面推廣電子稅務服務。在88年12月前完成建置國家最高認證管理中心、建立電子印鑑制度、電子保健及公路監理等線上申辦服務。在89年6月前完成建置政府機關網際網路各類網路閘門、視訊會議、電子工商、電子公共事業等服務。

　　在全面提升服務品質部分，主要依據「全面提升服務品質方案」及「行政院服務品質獎評獎實施計畫」，由各主管機關擘劃所屬爲民服務機關全力辦理服務事項，並依民意需求，適時修正推動內容；採行企業診斷作法，邀請學者、專家、企業人士協助，定期針對與民眾息息相關事項，診斷其作業流程及相關措施，期能發現問題及謀求解決方法。爲確保服務品質之提升，預定評選約45個服務品質優良機關頒發「服務品質獎」，並責成各主管機關在每年9月前提出該年度實施計畫及其具體績效指標，推動所屬爲民服務機關據以實施，在11月前提送上一年度執行成果。

三、人力及服務再造的主要特色

　　人力雖可概分爲智力與體力兩者，但一般均指智力而言，此次人力及服務再造事項亦然。蓋以人的身體健康雖是基本，但體力事務多可透過器械工具或其他人員代勞，然而智力活動則是無可替代的，也只有透過智力才能大幅提高產品的附加價值。就前述人力及服務再造工程的內涵觀之，謹歸納其特色，約如下述七點：

（一）再造事項性質不一

　　觀諸人力及服務再造事項，主要可大別爲人事法規、便民服務、資訊效能等三大項，其性質明顯不同。整建人事制度與法規後

受影響者是公務員，其目的在使行政機關首長用人更具有彈性，係屬制度面的改造；便民服務工作強化後的受益者則是全體民眾，對於增進行政效率與提升政府形象均有正面效益；電子化政府的影響面則廣及政府機關與全體民眾，雖能提升行政效率，但對於個人隱私卻可能侵犯，對於資訊犯罪也不一定能有效嚇阻，後二者顯屬技術面的改進。正由於再造事項性質的不同，所以只是湊合的，而非整合的。

（二）主辦機關各不相同

在人力及服務再造的五大重要工作項目中，建立電子化政府與提升服務品質係由研究發展考核委員會主辦，人事制度再造、檢修人事法規與行政單一窗口化三者則由人事行政局主辦，並均協調其他主管機關辦理。職掌分工固然明確，但人事制度與人事法規屬法律層次者，依憲法規定其主管機關為考試院，人事行政局充其量僅具有建議權而已。

（三）人事法制全盤翻修

此次人力及服務再造事項中，進行人事制度全面再造與全面修正、簡併鬆綁人事法規二者，實占有最重要的地位。雖然人事行事局僅有建議權，考試院接受程度如何尚不得而知，但根據六大改革方向，欲期對公務人員考試、任用、考績、俸給等四大人事法規加以檢討、修正、簡併及鬆綁，顯然已對人事法制徹頭徹尾的檢討。如簡化銓審作業一項，原屬銓敘部內部作業程序；人事行政局本無置喙餘地。而考選授權用人機關辦理，既有違考試權獨立之虞，似亦將危及考選體制的存在價值。這些事項既然都能提出來檢討，其對人事法制檢討之深與廣，已無庸多言。

（四）需要經費技術配合

關於人力及服務再造事項中的推動行政單一窗口化與建立電子化政府兩項，基本上係屬於硬體設施的改善，因而帶來行政效率與服務效能的提升。這些硬體設施係以資訊網路做為基礎，不但需要高度的技術配合，也要有充裕的經費支持，始克致之。如無足夠的技術與經費，這兩項就做不成；其餘三項雖也需經費，但顯然較少，且無技術問題存在。

（五）加強溝通形成共識

由於人力及服務再造事項涉及考試院職掌，且必須仰賴各機關研提意見及據以執行，因此必須透過座談與觀摩活動，也必須加強溝通與宣導，才能化異求同，取得共識，特別是要與考試院積極協調。只有得到考試院的背書，有關人事再造部分才能繳出成績單。其他三項雖然可藉由行政體系予以貫徹執行，但如果不能獲得各機關執行同仁的衷心支持與配合，縱有良好機具與設備，也難以大幅提升服務品質與效能。加強溝通與宣導，顯然是十分重要的。

（六）再造事項位階不高

此次政府再造工程雖分三大項，但實係以組織再造為核心，人力及服務再造相較之下位階顯然較低，除人事屬制度面之改造外，其他均屬執行面與技術面的改進。而員額管理的法制化，原本是人事界的重大盛事，然而卻劃歸組織再造的範圍。不過儘管其位階不高，但卻因與民眾直接的接觸，且不乏工作觀念的改變；人力及服務再造的成敗，對於政府形象與長遠發展，反而有更深刻的影響。

（七）再造成效難以預期

在人力及服務再造推動計畫中雖列有目標、重要工作項目、推動作法及時程、績效評估等項，看似具體明確，然而並未明列經費來源；目標亦屬抽象，評估標準亦無法客觀訂定，且有些再造事項的成敗，係繫於其他機關是否同意。職是，除推動全國行政單一窗口化的數目可以衡量外，其他再造事項恐難事先預期做到什麼程度？會有多少成效？這應是人力及服務再造與組織再造或法制再造最大不同之所在。

要之，人力及服務再造工程不外乎「人」的範疇，不論是改造公務員管理體制或服務心態，基本上是要提升行政效率，滿足人民需求。就目標而言，與其他兩大工作要項並無不同，但在事項性質、主辦機關等方面究有不同，也因此構成其與眾不同的特色。

四、人力及服務再造的問題探討

自民國87年6月行政院訂定「政府再造推動計畫」，並據以執行以來，政府再造運動廣受各界矚目。雖然其中以組織再造最受重視，然而人力及服務再造事項一樣「按表操課」，賡續進行，迄已多年。若以這一段期間執行情形論其成效與難處，似乎言之過早，不過對於相關課題，卻也有值得探討之所在。爰探討如次：

（一）基本面問題

自古以來，制度改革一向不易，涉及人的改革尤難。此次政府再造涵蓋面極廣，而人力及服務再造更直指人的觀念與態度改變，其困難度不難想見。我國公務員平均素質不差，且受到保障，流動率與淘汰率偏低，然而其優越感與官僚心態也根深柢固，一向高高在上，是否真能經由這次再造將其心態調整為「服務至上，顧客滿

意」？又以工作表現衡量為主的功績制、淘汰制與彈性待遇制度，與我國傳統的用人哲學相去極大。多年來只聞主張，始終未見諸實施，各機關首長、單位主管與一般公務員的接受程度如何？在在值得注意。類如這些「人」的問題，如果不能加強溝通宣導，形成普遍性價值，人力及服務再造的前景便不看好。

（二）制度面問題

考試權獨立是國父重要遺教之一，發展迄今，不只具有客觀選拔人才的功能，也有制衡行政權的意味。因此，考選權與人事法制權依憲法規定，一向由考試院主管。此次人力及服務再造事項中有關人事制度及大部分人事法規，均屬考試院職掌事項，人事行政局不但撈過界，要主動予以檢討；甚且有些是要考試院交出部分職權，例如考選授權用人機關辦理，已然危及考試院根本的存在價值，除非透過修憲手段變更五權分立體制，否則要考試院「棄權」談何容易？可以想見的，在制度面，人力及服務再造也是困難重重。

（三）計畫面問題

此次政府再造運動，雖訂有「政府再造綱領」及「政府再造推動計畫」據以執行，然而這其中的人力及服務再造推動計畫內容，既未明列經費來源，所列目標不夠具體明確，新人事制度藍圖並未勾勒，績效評估標準不易客觀訂定，推動時程也過於急促。甚且有些工作項目早已在做，例如行政單一窗口化，已推動多時，又再將它納進來，不外求績效而已。就計畫面言之，此一計畫顯然是不夠周延完整的。

（四）執行面問題

任何良法美制，最後都必須落實在執行層面，始能見其成效；人力及服務再造亦然。從執行的角度觀之，各機關職掌事項不同，機關特性亦有不同；首長及主管的領導風格、機關士氣、組織文化、面臨環境等項，或多或少也有差異，其執行意願、執行能力與執行程度當然不同。以行政單一窗口化論之，有些不直接面對民眾之機關，似可不必強求一定要「單一窗口化」。此外，各機關主辦人員的工作能力如何？勞逸是否平均？也將影響人力及服務再造的執行績效。

（五）技術面問題

建立電子化政府的諸多工作項目，均屬高度技術，也需加以整合的事項。各政府機關在多年來「辦公室自動化」政策所奠定的基礎之下，原已累積許多資訊方面的人才與技術，大體上推動電子化政府的工作應無問題。惟彼此之間的整合、技術與隱私權之間的平衡、有無足夠的經費支持、技術能否普及到每一相關人員等事項，在在值得密切注意。

（六）配合面問題

此次政府再造運動雖由行政院發起，也由行政院負責辦理；然而人力及服務再造事項卻不只限於行政院職掌，而涉及考試院、立法院及許多地方自治機關，也與全國民眾的權益息息相關。因此，不但要在行政體系內與基層同仁溝通，亦應加強與考試院溝通協調，邀請立法委員參與座談，向社會大眾廣為宣導；當然，加強相關人員的訓練工作，亦屬必要之舉。如何在執行過程中增進助力、減少阻力，實是配合措施中重要的考量因素。

（七）效果面問題

改革的實際成效，較之改革當時所揭櫫的目標，往往有很大的落差，因此改革的可行性如何，必須優先加以考量。就目前人力及服務再造事項的執行情形加以推論，一定會有改革效果；然而由上而下、宣導不夠、時間匆促、共識不足等問題橫亙在前，使得未來前景並不看好。以進行人事制度全面再造及全面修正、簡併、鬆綁人事法規兩項觀之，如果考試院不表支持，根本就寸步難行，欲強求效果亦難矣！

總而言之，人力及服務再造事項在人事行政局及研究發展考核委員會的積極推動之下，雖已邁步向前，惟進度已稍有落後，目標也不一定能順利達成。其所以如此者，實乃存在著上述七個問題所致。如欲期人力及服務再造工程順利，前述問題即不能不有所考慮，並設法解決。

五、小結

「人」是國家最重要的資源，而人的改造也是最困難的事情，此次人力及服務再造工程可謂知其不可爲而爲之。其再造事項有大有小，涉及有形設備與無形軟體的改革，且直指人的觀念態度。如果再造成功，不但公務員的工作效能與為民服務態度將因此大為提升，政府形象也因而大幅改善，最終的受惠者將是全體民眾。不過從「人力及服務再造推動計畫」的內容，固然看到其特色所在，卻也不難窺知其癥結問題。顯然的，如果希望此一再造運動成功，相關人員的勇於任事與充分溝通協調，社會大眾的支持與配合，絕對是不可或缺的要件。

伍、法制再造的內涵與特色

一、前言

　　「政府再造」是近年來行政學界研討的顯學、新聞媒體炒作的焦點，也是各級政府機關公務員言談之間的熱門話題。早在民國86年7月國民大會進行第四階段修憲，通過簡化政府層級、調整中央與地方關係及鬆綁政府組織及總員額等相關條文後，便已確立「政府再造運動」的法律依據。同年9月，蕭萬長接任行政院長，在首次赴立法院的施政方針報告中，明白宣示將「政府再造」列為最優先的施政項目。87年1月，行政院第2560次會議通過「政府再造綱領」之後，政府再造即由理念的宣示進入具體的實踐階段。在提升國家競爭力總目標的指引之下，各機關陸續都動起來。

　　民國89年5月，民進黨執政後，凜於政府再造的重要性，復於行政院下設組織改造推動委員會，賡續推動政府改造工程；大體上仍師承蕭萬長前院長之政策方向，未有太大變革。97年5月，二度政黨輪替，國民黨再度推動政府組織再造工程，迄今除少數職掌尚有爭議的機關外，大致已告完成。

　　無疑的，政府再造是最重大，也是最艱鉅的政治改革工程，在時間序列上承襲憲政改革與行政革新，在心態觀念上與心靈改革遙相輝映，在橫向聯繫上則與司法改革、教育改革、國會改革、金融改革等相互配合。政府再造的困難在於涉及政府體制的根本，既有屬於政府內部的改革，亦有牽涉民眾重大權益的改革，其所遭遇的障礙早在預料之中。因此政府再造推動多年，雖已見初步成效，卻也有許多爭議與批評之聲，而未來是否會順利成功，任誰都不敢保證。

　　法制再造是政府再造的三大工作要項之一，由政府再造推動委

員會之下的法制再造小組負責推動。該小組係以行政院經濟建設委員會為主辦機關，以行政院法規委員會為協辦機關，並協調其他相關機關共同辦理。所謂法制再造，係配合政府角色之調整，主動研訂促進或委託民間參與公共事務之相關法規，檢討修正或廢止各項不當限制市場競爭及不便民之業務法令，藉以改善財政預算制度，並落實使用者付費及興利重於防弊原則，建立現代化與高效率的法制環境。

　　法制再造事項，主要係依據87年6月行政院通過的法制再造推動計畫而辦理。該計畫係在政府再造綱領之下，屬政府再造推動計畫的一部分；事項雖然不多，卻與整體政府再造工程密切相關。爰就其內容要點、主要特色、相關問題分別探討之。

二、法制再造的內容要點

　　法律是民主法治國家統治的基礎，也是政府機關與全國民眾共同信守的準繩。政府任何政策或重大措施，最後都得透過立法機關以法律形式呈現出來，始具有法律效力。狹義的法律雖以立法機關三讀通過，並經總統公布者為限，但廣義的法律尚包括憲法、行政命令、自治規章等法令規範。一個國家的法治程度並非以法律數量的多寡或法條文字的優劣為斷，而是繫於立法者、執法者、司法者與守法者的共同表現，其中立法工作係屬上游，立法品質的優劣良窳與立法效能的強弱高低，尤關重要。制定的法律規範能否兼顧公平正義與社會現實，配合國家整體發展與民眾需要，是否具有合理性與可行性，不但會影響一般民眾遵守法律的心態意願，也會牽動執法者與司法者的認知。

　　法制是立法的重要環節，有人甚至認為立法就是法制，二者並無不同。但嚴格的說，法制作業只是行政機關草擬法案條文及開會

審議的過程。立法程序分為提案、審議與公布三個程序，在我國，目前審議權專屬立法機關，公布權則屬於國家元首，然而提案權則分屬於立法委員、各黨黨團、行政院、考試院、司法院與監察院。提案的來源則以立法委員連署及行政院為大宗，其中因為立法委員的法案提案權受到15人以上連署之限制，且顧及思慮不周可能造成窒礙難行的疑慮，故除非是配合行政機關提出的對案，或得到朝野各政黨的高度共識，一般而言被審議通過而成為法律的可能性較低。至於行政院的提案數目既多，且若無主動撤回或因屆期不連續原則而銷案之情形，通常都會通過成為法律，不過在審議的過程中，條文內容可能多少會有更動。職是，法制作業如果做的好，立法品質也會比較好；立法水準顯然與法制水準息息相關。

　　這次的法制再造並非以整體法制作業的流程或內容為範圍，而係以與經濟建設有關之法規為對象。在興利、簡政、便民原則下，希冀能夠簡化業務，而達到建立現代化、高效率法制環境的目標。其重要工作項目，依法制再造推動計畫之規範，主要有：調整政府角色、改革重大業務制度暨檢討管制方式等三大項。在調整政府角色方面，包括公營事業民營化、獎勵民間參與公共建設及政府業務委託民間辦理等法制事項。在改革重大業務制度方面，係針對能增進效率、提升品質、健全財政、和諧社會等十二項應興應革之重大制度，積極進行法制改革工作。在檢討管制方式方面，則有進行法規鬆綁、管制方式合理化、行政流程簡化及標準化等三項。

　　公營事業民營化之具體作為，是由經建會推動完成公營事業移轉民營條例及其施行細則之修正。獎勵民間參與公共建設的措施有兩項，即由工程會（行政院公共工程委員會）會同經建會編製BOT作業手冊，並邀集各主管機關人員舉行訓練營；另共同推動「促進民間參與公共建設法」立法工作及研擬施行細則。政府業務委託民

間辦理的具體作法有二，分別是：由經建會調查彙整各機關已委託民間辦理之政府業務（即公辦民營業務），暨由經建會會同研考會、主計處研訂政府業務委託民間辦理之相關法規。上述各項措施除編製BOT作業手冊與彙整現行政府業務委託民間辦理報告兩項，預定於民國87年6月完成外，其他三項則預定於同年12月底前完成。經查雖然多數項目均已如期完成，但也有少部分項目未在期限內完成。

　　改革重大業務制度的優先辦理項目計有十二項，分別是：1.法務部推動制定行政程序法，創備合理與透明的行政程序；2.法務部檢討修正圖利罪；3.健全財務制度，復包括：改進租稅，擴大稅基，建立中央與地方財政收入合理劃分制度，建立經費與財源同步立法制度，改革預算制度，建立政府中程施政計畫制度，建立中長程公共建設計畫制度，建立政府採購制度，改革會計與審計制度等項，並依職掌責成財政部、主計處、研考會、國科會、經建會、工程會等機關，並洽商審計部辦理；4.內政部全面檢討土地使用變更制度，簡化土地使用變更程序及其機制，修訂相關法規；5.勞委會全面檢討勞動法制；6.經建會會同內政部、財政部等機關健全社會福利制度，包括建立及改革年金制度、建立社會保險財務責任制度；7.財政部會同中央銀行建立金融監理一元化制度；8.經建會會同行政院法規會研擬特殊公法人制度；9.國防部會同財政部、內政部檢討軍方管理土地之使用，建立完善之管理制度；10.環保署加強環境保護措施，主要有建立污染者付費制度、建立廢棄物處理體系及健全公害糾紛處理機制等三項；11.環保署全面檢討環境影響評估審查制度，簡化環境影響評估程序，研訂作業手冊；12.內政部檢討選舉制度。以上這些措施均分別預定於87年6月或12月完成。截至95年12月底止，多數項目已完成，但尚未完成的項目亦復不少。

　　檢討管制方式，進行法規鬆綁的具體推動作法有三項：一是各部會分別設立意見箱，並與相關業界、地方人士進行座談，藉以蒐集及檢討法規鬆綁事項；二是經建會依管制種類及性質訂定格式，由各部會全面調查主管業務相關管制項目；三是各部會實施工作圈，以解除不必要之管制，或促使管制方式合理化，檢討以報備制取代許可制，行政流程則予以簡化與標準化，並編製行政流程作業手冊。這些工作項目原均以87年6月為完成期限，但仍有少數項目未在限期內完成。

　　在推動組織方面，除由經建會組成法制再造工作小組負責推動外，各部會亦就每一項業務改革成立「業務改革小組」，指定司處長擔任召集人，邀集相關部會代表、學者專家及業者代表組成，每月適時召開會議。另依業務性質選列工作項目設立「工作圈」，分別指派富改革精神及學經歷俱豐之中級幹部為種子人員。「工作圈」每月適時召開會議，就法規鬆綁、流程簡化及標準化進行檢討。各項辦理情形經客觀評比後，提報推動委員會，必要時擇優獎勵，並針對所屬服務對象（顧客）辦理施政滿意度調查。

　　要之，法制再造事項，表面觀之雖僅三大項，但實際包含項目卻不少，影響民生發展至鉅。揆諸其重心，則在法制內容，而非法制程序，且以財經法律的鬆綁改進為主。明乎此，即不難從眾多的法制再造事項中抓到重點矣！

三、法制再造的主要特色

　　法律是規範人類社會生活的主要方式，與倫理道德、宗教並稱維繫社會秩序的三大支柱，而其強制力與拘束力則非其他二者所能望其項背，因此法律在現代社會已日趨重要。隨著社會事務的複雜化、社會分工的細密化、科技文明的高度發展、人類慾望的不斷增

加等趨勢，法律條文在量方面的增加，勢將無可避免，法律與每個人日常生活的關係也愈來愈密切。在步入21世紀之後，如何提升立法效能，提高立法品質，以適應整體社會的需要，實在是一件刻不容緩的事情。這次政府再造運動特別納入法制再造，顯示政府當局至為重視法制的改革。

從以上法制再造事項的扼要敘述中，似乎不難歸納瞭解其特色。茲分述如次：

（一）計畫本身並非法律

這次的政府再造運動本質上是政策的宣示與實踐，其根源雖可追溯至民國86年7月第四階段修憲的憲法增修條文第4條，但主要辦理依據還是政府再造綱領及政府再造推動計畫。此一綱領及計畫均非法律，亦非應送立法機關備查的法規命令，僅為政府機關內部的行政命令，對相關機關人員發生效力而已，並不對全國民眾發生效力。不過依此一計畫規定而研擬的公營事業移轉民營條例、促進民間參與公共建設法等法案，仍應依法送請立法機關審議通過，並由總統公布施行後，始有其法律效力，能夠據以執行。這也就是說法制再造欲有成效，亦如同組織再造、人力及服務再造兩者，一定要得到立法機關的支持與配合。

（二）經建機關主導再造

政府再造的三大工作要項，均由行政院指定業務主管部會機關負責，故組織再造由研考會主辦，人力及服務再造由人事局主辦，法制再造則交由經建會主辦。望文生義，法制再造原應交由與法制作業或法律事務相關之法務部或行政院法規會負責。而經建會職掌原本僅為設計、審議、協調及考核各項重大經濟建設事宜，與法制

事項關係並不密切。然而因為法務部屬司法行政機關,且偏向民、刑及行政法事務,而行政院法規會僅為院內部單位,再加上法制再造事項大多屬於財經法律之考量,兩個似乎都不如屬規劃管制性質機關之經建會恰當,故法制再造最後決定交由經建會負責。

(三)涵蓋範圍十分廣泛

法律是人類社會生活的抽象規範,法制事項本就涵蓋所有的法律事務,各部會機關職掌事項無有不需制定法律以為辦理依據者,其涵蓋範圍之廣泛自毋庸多言。本次法制再造雖以財經法規之鬆綁改造為重點,但仍不免涉及其他相關法規,例如行政程序法、政府中程施政計畫制度、選舉制度等,其涵蓋面依然十分廣泛,可謂已與政府整體行政連結在一起。透過行政體系的力量,也將影響全國民眾的生活作息。就此而言,其重要性顯然不亞於組織再造等二者。

(四)再造事項大小兼具

再造事項之大小,原視其層次高低及細部事項多寡而定。在本次法制再造所臚列之各事項中,有屬法律層次或牽連甚廣者,例如推動公營事業移轉民營條例、促進民間參與公共建設法之立法工作、建立年金制度等;但也有僅屬政府機關內部行政事項或與社會大眾較無關聯者,例如改革會計及審計制度、檢討軍方管理土地之使用、建立政府中程施政計畫制度等,其層次與複雜度可謂不一而足。易言之,法制再造事項有大有小、繁簡不一,其情形似乎未遑多讓人力及服務再造事項。

（五）借用民力鬆綁法規

政府再造的總目標既是引進企業管理精神，藉以提升國家競爭力，則政府向企業取經，企業進入原本屬公部門的領域，均屬必要之舉。在三大再造中，組織再造與人力再造事項大致均屬政府機關內部的改革，而服務再造事項則為政府簡化手續及為民服務的推展，只有法制再造事項涉及財經企業，藉由法規鬆綁，減少對民間企業的干預與管制，使民間的活力與財源得以源源不斷的注入政府體系之中。如此一來，不但可以增進效能、健全財政，也因為政府有更多餘的財力，得以從事社會福利工作，照顧弱勢族群，而使社會更加和諧安定。

（六）重大業務全面檢討

政府再造既是全面性的政治改革工程，其涵蓋面自然十分廣泛。在法制再造中，雖以財經法律之改革為主，但除此之外，也要求各部會機關組成「業務改革小組」，針對各項久被詬病的重大業務制度加以檢討改革，例如改革預算制度、建立政府採購制度等；同時也針對未來值得努力的方向去研擬，例如金融監理一元化、特殊公法人等。由這些重大業務的檢討改進中，不難得知法制再造不但是全面的，也是前瞻的。

（七）民眾權益息息相關

法制再造之事項，較組織再造與人力及服務再造更為繁多，其涵蓋面較為廣泛，與社會大眾的關聯性亦更密切，再造的成敗對於民眾的影響也遠超過另二者。正因為涉及人民的權利義務，與民眾權益息息相關，故多數再造事項，雖未明言應循修法途徑辦理，例如改進租稅制度、健全社會福利制度等，但依中央法規標準法第5條第2款規定，均應以法律加以規範。而因為社會多元利益並存，形成

共識的困難度較高,再造的成敗似難完全掌握。

綜上述之,法制再造工程與組織再造、人力及服務再造二者究有不同。其再造事項更多,範圍更為廣泛,涵蓋層次亦有高低之別。而由經建機關主導,直接影響民眾權益,將民間活力與財源注入公部門中,更有別於傳統的思維與作法。如果能夠再造成功,不但政府部門更為朝氣蓬勃、生意盎然,社會也會顯得更有活力,更為祥和。

四、法制再造的問題探討

法制再造工程自87年6月正式推動以來,迄今不過二十數年光景。雖然多數所列之改造事項均預定在87年12月底前完成,但事實上因牽涉其他許多因素,甚難在短暫時間內完成,而欲以此一期間辦理情形論斷其成效,自屬不易。爰探討相關問題如次:

(一)法制為名,包裝財經

從法制再造的所有事項觀之,不難瞭解所謂法制再造,並非以法制的本質,也就是法制作業或程序為標的,而是以法制之內容為對象。其所涵蓋之層次範圍,雖然極為廣泛,但主要仍以財經法律為主,名為法制再造,但主要是財經再造。如此作法,固非十分不妥,卻與一般的「法制」概念有所距離,予人有名實不符、掛羊頭賣狗肉之批評。又以法制為名,則前述組織再造及人力再造的許多事項,依其性質均將被吸納進來,益發突顯本再造命名之困難。

(二)現行成果,抓來湊數

所謂改革或再造,原係就現行不妥之處加以改進,而其成效則

應自計畫或正式執行之日算起，如目前已在執行中或將告完成者，似不宜掠前人之美，據為自己之成果。在這次法制再造事項中，不乏已在執行中又將其納入計畫者，例如推動行政程序法一項，早在民國78年行政院即指示法務部研擬草案，82年即將草案送請立法院審議，該院法制等三個委員會聯席會議亦於87年5月完成審查，這些階段性的成果，均於87年6月法制再造推動計畫頒布之前即已獲致。如不說清楚，社會大眾或將省略前人的重大辛勞，以為這些全都是政府再造的具體成效，則掠人之美、只圖表面成果之批評，勢將不絕於耳。

（三）再造事項，拼集而成

此次法制再造事項雖以財經法律之改革為主，但亦有許多與財經沒有直接關係者，例如檢討修正圖利罪、檢討選舉制度等；或本質上與財經站在對立面者，例如全面檢討勞動法制、健全社會福利制度、加強環境保護等，亦羅列其中。其主旨顯然不若組織再造明確單純，難免予人拼拼湊湊之不良觀感，又有好大喜功之質疑。似宜先行分類，如其性質不宜，可以刪除，或改歸其他計畫項目，例如各部會設立工作圈、檢討管制方式兩項，似乎與人力及服務再造計畫中的全面提升服務品質項目，更為接近，即可改列於此。

（四）牽涉廣泛，協調不易

法制再造事項較多，性質不一，分別由各主管部會負責推動，並由行政院經建會統籌協調。表面觀之，在統合及協調方面似無問題，惟因許多再造事項與偏重企業之再造方向不盡一致，例如勞動法制、社會福利制度、環境保護措施等，如果做的愈好，社會或企業成本必然相對提高，因而不利於民間企業的發展。故如何取其折衷、兼顧雙方立場，自是一個值得斟酌、有待積極協調的課題。又

如改進租稅制度、擴大稅基一項，財政部多年來即主張取消軍人及國中小教職員免納綜合所得稅，但因涉及國防部、教育部之立場，且因選舉之考量，卻蹉跎數十年，始終難竟其功，直至101年1月總算大功告成，開始課徵。再者，須送立法院審議之法律案，均需與朝野各政黨立法委員溝通協商，其困難度勢必更高。

（五）減少管制，成效難測

在這次的法制再造中，進行法規鬆綁、檢討管制方式，是很重要的項目；而引進民間企業資金進入公共建設領域，亦然。從國際趨勢及社會發展的角度觀之，這二者俱屬必要與妥適。然而管制方式簡化之後，效率是否真能提高？防弊措施如何替代？人民是否瞭解與感受得到？在在值得斟酌。又企業是否願意投資公共建設領域，其主要著眼點是「利益」。如無利可圖，企業當然不來；如利潤太高，卻又損及社會正義與公平。兩者之間如何拿捏平衡，政府如何協助與督導，亦宜先予綢繆。顯然的，在減少管制與引進民間資金的背後，到底有多少實效，目前似難得知。

（六）追求效率，忽略本質

法制再造者，顧名思義原應以法制的健全為追求目標，因為法律涉及全民的公平與正義，說現代化可矣，但高效率則非所問。效率是行政與經濟追求的主要目標之一，故行政學、經濟學、企業管理等學門一向不遺餘力的追求；但並非法制之目標。法律所追求的是公平與正義的實現，特別強調程序與過程，似乎不宜因為配合財經的需要，迎合企業的要求，處處便宜行事，甚至不避諱的以追求效率為目標。如此一來，不但法制的本質盡被遮掩，法律的真正目標也將被扭曲矣！

（七）財經掛帥，短期難成

政府再造雖是行政院長年以來的重要施政方針，表面觀之是全方位的、改革性的，但深究其實，卻明顯偏向財經或效率的考量，這在法制再造事項中尤其突顯。職是，要鬆綁法規、減少管制，更要公營事業民營化、獎勵民間參與公共建設、政府業務委託民間辦理，這些在大方向上均屬正確，值得努力以赴。然而傳統觀念根深柢固，傳統作法牢不可破，必須花費許多時間與心力始能扭轉，絕非短短一年半載即能見其功效。但多數法制再造事項均預定以87年12月底為完成期限，試問有多少項目迄今已逾多年仍未完成？而民眾瞭解者又有多少？顯然的，這些期限的規定是很不切實際的；以效能的角度觀之，目標達成度也是不及格的。

總而言之，法制再造工程在經建會主辦，並協調相關機關積極辦理之下，雖已有重大而具體的成效，但也顯露許多問題缺失。這些問題的出現，不表示不能克服解決，卻明顯告訴我們：法制再造的內容不是完美無瑕的，法制再造的成效也不能一廂情願的報喜不報憂。如果這些問題不能順利解決，不但進度有所落後，最後目標也不一定能達成。

五、小結

法治是現代國家的根本，法律是政府與人民共同遵守的準繩，當前社會絕對不能沒有法律，其重要性毋庸多言。法制再造是針對現行法令規範的不足之處加以檢討改進，以期建立一個現代化、高效率的法制環境，其用心值得肯定。如果法制再造成功，則更少管制、更見效率、更有活力、更為現代化的社會，將隨之而到。

惟如同組織再造、人力及服務再造二者，法制再造有其與眾不

同的特色，也有其癥結問題。不論這些問題的成因來自思慮不周、好大喜功、客觀限制或其他因素，均將對法制再造的成敗造成一定程度的影響。如這些問題能夠克服解決，法制再造能夠順利成功，則一個健全的法制社會，一個優良的法制環境，就不再是遙不可及的夢想。

陸、政府再造運動的整體檢視

如前所述，我國的政府再造運動，雖起自民國86年9月行政院蕭萬長院長在立法院提出的施政方針報告，但具體推動則是87年1月行政院第2560次會議通過「政府再造綱領」之後。依據此一綱領，旋即成立政府再造推動委員會與政府再造諮詢委員會兩個組織，並分設組織再造、人力及服務再造、法制再造等三個工作小組全力推動，也要求各機關自87年3月起，每半年檢查執行成效及研訂繼續推動的重點。全部再造工程原預定於89年12月底前完成。惟事與願違，歷經三度政黨輪替，經前後執政者的接續努力，二十數年後，才大致接近尾聲。

在相關機關主事者的大力推動之下，政府再造運動的初步成效已明顯可見，例如全國行政單一窗口化的落實，使許多前往戶政事務所或申辦入出境手續的國人同蒙其利；而地方制度法的通過施行，也大幅提升縣市政府的職權，對於地方自治精神的發揚，自有正面的積極意義。但不必粉飾太平的是，再造工程愈至後頭，困難度愈高，所遭受的抗拒力量愈大，妥協性也愈高。

從整體面觀之，此次政府再造運動工程的作法是引進企業化精神，以顧客為導向，以提升效能、強化國家競爭力為標的，以期建立一個「小而美、小而能、小而強」的政府。所持的原則方向與建

構的願景俱屬佳作，不過觀諸實際情形，卻可發現其中諸多缺點。
茲分述如次：

一、缺乏理論建構

　　理論是思想的系統化，行動力的來源，知識分子願意服膺、為
之背書，甚至加以宣揚的主要理由是此一運動除理想願景外，也有
妥適的理論建構，或與其原持有的理念價值相契合，或足以說服及
改變其原先看法。得到知識分子的認同與支持並不容易，但由於知
識分子的專業性與傳播性，勢必能產生更大的效果。遺憾的是這次
政府再造運動中，只看到仿傚美日英等先進國家的作法，卻未提到
理論基礎與建構依據，也因此立基其上的制度設計、細部規劃、執
行考量等事項，便宛如建築在地質不穩定的土地之上，日後不無傾
斜倒塌的可能。

二、站在行政本位

　　此次政府再造運動係來自蕭萬長前院長的施政方針報告，原本
欠缺社會動力的支持，其中雖有精簡政府層級、推動行政單一窗口
化等諸多便民措施，但基本上這些都是行政機關站在本位立場，認
為民眾一定歡喜接受的當然想法，並未透過社會大眾廣泛討論凝聚
共識的過程。且不乏只考慮行政機關的方便者，例如中央政府機關
組織基準法與總員額法，便剝奪立法院審議四級以下政府機關組織
與員額的職權，也有牴觸中央法規標準法第5條第3款的嫌疑。由這
些作法觀察，即可知這次的政府再造運動是站在行政本位，而非社
會本位的立場，當然也沒有考慮到與其他四院的配合。

三、傾向中央集權

　　我國中央與地方的權限劃分，孫中山認為應採取均權制，既不偏於中央，亦不偏於地方，完全依事務性質定之，憲法第十章即本此一原則規定。然而中央政府遷臺以來，原本的省集權即慢慢朝中央集權方向發展，至88年7月第二階段精省作業展開，中央各部會接收絕大多數臺灣省政府的職掌後，中央集權的傾向更為明顯。試想當時全國僅有25個縣市（含臺北、高雄兩個直轄市與福建省金門、連江兩縣），行政院卻設有37個部會級機關（包括海岸巡防署），部會之多，舉世無出其右，這如何能讓省府員工心服呢？而在行政院組織調整後的現在，所屬部會等二級機關（含獨立機關）仍然高達29個，相較於6直轄市、16縣（市）地方公法人組織，不也顯得頭重腳輕嗎？

四、著眼效能觀點

　　追求效能是企業組織的重要目標之一，政府機關則因具有獨占性，必須兼顧社會公平正義，以及民主監督與法治要求等種種因素，效能評估不易，因此一向不太重視效能。此次政府再造運動完全著眼於效能觀點，強調理性而漠視情感，是個不爭的事實。然而效能的追求終究不是政府的全部，也不是唯一的目的。從時代潮流趨勢觀之，民主性、服務性與功能性可能更容易獲得人民的信賴與支持，政府當局似無將效能無限上綱到成為政府再造運動的主軸之理。

五、不夠宏觀前瞻

　　任何改革措施在推動之前，必先由有權者或主導者提出一套全盤的、具有前瞻性的規劃方案，除大原則方向外，也應思索細部措

施、配套方法及文宣說帖等事項。此次政府再造運動除訂有「政府再造綱領」以及「政府再造推動計畫」外，其他均付闕如。而此一綱領與計畫內容，多屬原則性的規範，既不具體，也不夠深入。這也難怪精省過程中走一步算一步，而調整部會組織才要起步，就不斷傳出討價還價的聲音。

六、溝通宣導不足

　　一項改革能否成功，社會大眾的支持，特別是標的人口的態度，實居於關鍵地位；當前的政府再造運動亦然。然而很遺憾的是：只看到在行政院暨所屬機關舉辦多次政府再造種子營及其他研習活動，卻未見廣泛邀集學者專家、其他機關成員共同參與討論，也未見正式向民意代表簡報說明，更別提對社會大眾廣為宣導。無怪乎行政院是大聲疾呼，但其他四院均作壁上觀，縣市以下基層公務員則顯得事不關己，而多數民眾也渾然不知矣！

七、進程過於急迫

　　政府再造是個龐大複雜，牽連甚廣的改革工程，欲期短時間奏效自屬不易。不過如果進程拉的太遠，難免喪失改革動力，最後不了了之；所以改革既不能一味求速，也不宜一延再延。觀諸此次政府再造運動的時程，從87年1月以迄89年12月底止，區區三年時間，所要推動的重大工作項目多達十三項，且不乏需要立法院配合修法或公務員調整工作心態者，在時間安排上顯然太急迫。這也難怪其後在實務執行過程的期限，只能一延再延矣！

　　不可否認的，政府再造運動曾蔚為國際風潮，各國政府莫不努力推動，我國自不例外。但實施不過數年，西方學界即出現反思及批判的聲音，例如：市場取向與民主治理孰重？以顧客為中心還是

以公民為中心？效率與公平應如何平衡兼顧？公共精神應否放在自利動機之前？（吳瓊恩，1990：611）這些都直指政府再造的本質與核心問題。我國既已推動多年，當然也應有所檢討；如上所述七點，政府當局恐難否認矣！

　　要之，此次政府再造運動是中央政府遷臺以來，最大規模的政府體制改造工程，不但從組織與體制面大翻修，而且牽連甚廣，關係全國民眾權益至鉅。職是，除揭示明確可行的原則及美麗的願景外，也應建構理論基礎，提出整體配套及應變措施，在手段上採行更細緻的作法，不斷與各機關公務員及社會各界溝通，察納雅言，爭取支持，切忌劃地自限、自以為是，政府再造運動才可望著有成效。終究政府再造運動不能淪為漂亮的口號或擴權的藉口，政府再造運動也不是一紙命令下來就會有效果。如何在既有組織體質不是很好，又得面對國際競爭日趨激烈的情況下，力爭上游，開拓生存與發展空間，顯然是政府再造運動的重心所在，值得關心！

第四篇

組織篇

壹、機關組織的定位與屬性

　　機關組織的改革與再造，本非易事，特別是我國沿襲自民國36年行憲時期龐大組織架構的歷史背景，以及因動員戡亂需要不斷增設機關的歷史發展，可謂先天不良。況且國人傳統「寧為雞首，毋為牛後」的心理因素作祟，普遍認為自立門戶般的設立機構、提升層級才是重視此一業務的展現，因此許多機關紛紛設立或升格，但要裁撤的機關卻不動如山，機關數遂不斷膨脹，層級也不斷提升。截至民國93年底，全國總機關學校數約6,000多個，中央所屬機關多達1,000個左右（不含學校），院級機關有7個（國民大會已裁撤，不計算在內），行政院所屬部會級機關高達37個（不包括北美事務協調委員會），部會所屬機關（即三級機關）亦有318個。這些機關數量之多，均稱世界之最，對於政府財政負擔、效率提升與協調統合，均有相當負面之影響。有識之士有鑒於此，早已建議政府朝精簡及塑身方向調整改進，政府亦有積極回應，並提出政府再造方案。可惜十數年下來，除精簡臺灣省政府，及裁撤國民大會，可謂略有小成外，在調整中央政府組織及員額方面，進展並非順利，不無遺憾。

　　機關組織的改革與再造所以難有進展，不能全怪政府機關部門，因為社會大眾普遍不瞭解政府機關組織的定位與屬性，經常指鹿為馬，混淆不分。因此，根據政策或業務需要而成立的機關，到底該放在哪裡？怎麼去放？往往各說各話，難有交集。最後就依利益團體或標的人口的建議，依政治妥協原則去放置，當然就不可能符合專業要求，也無法盡如人意。

　　欲釐清機關組織的定位與屬性，首需從機關組織的區分著手。艾桑尼（Amitai Etzioni）從機關長官掌握的權力及下級順從的程度，將組織分為強制型的組織、功利型的組織與規範型的組織三種。（Etzioni, A., 1961: 4）就我國現況觀之，政府機關組織大致有下述八種區分方式：

一、依權力歸屬區分

　　我國雖係實施五權分立的國家，不過現今主要國家均實施三權分立。五權體制與三權體制的最大區別，在從行政權中抽離考試權，從立法權中抽離監察權；不過如果以權力屬性觀之，行政、立法、司法三權各有不同，但考試權的本質仍屬行政。至於監察權，各國均歸屬於國會，我國則視之為準司法權，似乎偏向司法權。此外，已裁撤的國民大會，自屬立法權無疑。而總統府與國家安全會議，其運作層級有人說在行政之上，乃所謂統治機關，但論權力屬性，仍非行政莫屬。故就權力歸屬加以分類，主要只有行政機關、立法機關與司法機關三種。

二、依權力基礎區分

　　我國係單一國，先有國家，再分設各級地方政府，權力為國家所固有，而非地方交付給中央，此與聯邦國完全相反；故地方雖實

施自治，其權力仍由國家依憲法及法律授予，並依法監督。易言之，中央政府機關之設置及其職權，乃國家所固有；而地方自治機關，不論是直轄市、縣（市）或鄉（鎮、市）之設置及其職權，乃國家所授予，依憲法及法律加以規範，也予以保障，藉以維持其恆常性及穩定性，避免受到中央行政機關隨時可能的干預。就權力來源基礎論之，中央政府機關與地方自治機關是不一樣的。依孫中山均權理論言之，若有全國一致性質之事項，如國防、外交、司法、度量衡等，均應由中央政府辦理；若有因地制宜性質之事項，如地方教育、衛生、環保、文化事務等，則由地方自治機關辦理。

三、依規範依據區分

國家機關組織，其重要性各有不同，所據以成立的規範依據也有不同。最重要的機關，即所謂「憲政機關」，憲法均有直接及原則性的規定，包括憲法本文及增修條文，前者如五院，後者如國家安全會議，不過其組織仍得仰仗法律為更進一步的規定。一般機關依中央法規標準法第5條第3款規定，均應以法律定之，是即所謂的「法定機關」；多數的、正式的國家各機關均屬此一型態。不過有少數中央機關，或在籌備階段，或尚未完成改制，或以任務編組方式成立運作，例如國家人權紀念館籌備處及尚未完成法制化的原臺灣省政府所屬機關等，在組織法尚未通過前，仍以行政命令作為組織依據，這些機關就是部分立法委員或新聞媒體口中的「黑機關」。至於各地方政府機關，係以憲法增修條文第9條及地方制度法為最高依據，並以其自治法規為設立的主要依據。大致言之，依規範依據加以分類，當前政府機關主要有憲政機關、法定機關、其他機關與地方自治機關四種。

四、依行政重心區分

中央政府機關若依其隸屬層級或權力行使重心加以分類，大致可分為院級機關（一級機關）、部會級機關（二級機關）、部會所屬機關（三級機關）、部會所屬機關之下級機關及其以下機關（四級機關及其以下機關）。按過去慣例，院級機關僅負責審議與監督之責，不負實際業務推展。部會級機關則負責政策制定、業務監督與重要事項執行，是實作機關，也是政策發動之源。參照各國部會設置情形，通常係依國情環境、歷史傳統、發展方向與業務相近性等因素斟酌設立，部會數大抵在12個至18個之間。至於部會所屬機關則負責一般業務之執行，如其業務量龐大，或區域遼闊者，再依層次分設四級及其以下機關。故除少數因政治考量或政策需要者外，其層級與業務重心非常明確；然而當前情形已走樣，原民會與客委會均是不折不扣的特定事務執行機關，也就是說原應為三級機關層次的已提升為二級機關，難怪在「類比效應」下，許多利益團體都振振有詞的爭取其相關機關升級或升格矣！

五、依業務性質區分

按目前行政院所屬部會，大致可依其業務性質區分為業務機關與幕僚機關兩大類，惟依照行政院組織再造的說明，行政院所屬部會按其業務性質擬分為業務機關、政策統合機關、行政管理機關與獨立機關四種。一般部會均為業務機關，大陸委員會、國家發展委員會、科技委員會為政策統合機關，人事行政局與主計處為行政管理機關，共有23個。至於中央銀行、中央選舉委員會、公平交易委員會、核能安全管理委員會、公共運輸安全委員會、國家通訊傳播委員會、金融監督管理委員會等7個擬議中的獨立機關，係仿照美國體制，其組織法源不在行政院組織法中規定，未來職權運作將採合議制方式，其首長日後亦不參加行政院會議之運作，完全獨立行使

職權。此一獨立機關之設計，迴異於以往。

六、依組織性質區分

　　組織若依其設置基礎與權力來源，可大別為公組織（公部門）、私組織（私部門）與第三部門（非營利組織）三大類。公組織依其性質，又可分為公務機關、公立學校、公營事業機構、軍事機構及部隊，以及新成立的行政法人等。其中公務機關又包括行政、立法、司法及自治機關等，與公權力相關，是公組織的核心，數量最多，態樣也最為複雜。抽離公務機關，國家政治機器的運作，就會出現困難。而軍事機構及部隊的存在，是維持國家主權的重要特徵，其性質亦屬公務，只是與一般公務機關稍有不同，一文一武而已。此二者雖可精簡，但不能裁撤或替代；至於公立學校、公營事業機構與行政法人，並非國家存在之必要條件，但如果有的話，肯定會更好，通常可由私組織或第三部門替代，不一定全由國家或自治團體所經營。

七、依行使方式區分

　　機關組織若依權力行使方式加以區分，可大別為首長制與合議制兩種。首長制是指由機關首長一人做最後決定，並由首長負一切成敗責任；機關其他人員，包括副首長在內，都只是協助首長而已。合議制是指由多數委員共同決定，並共負成敗之責。目前絕大多數行政機關均採首長制，部分機關雖以委員會為名，原應採合議制，但實際上亦均傾向首長制。不過考試院、監察院、公平交易委員會、公務人員保障暨培訓委員會等獨立行使職權之機關，以及立法院、各級議會等民意機關，依法均應以合議制方式行之。

八、依職權完整性區分

　　就系統理論觀之，任何一個組織都是其上級較大組織的次級系統，也是其所屬較小組織的超級系統。其所謂組織，並不以機關為限，大至宇宙或人類群體，小至內部單位或個人，均包括在內，機關與單位只有層次之別而已。基本言之，公法人的權利義務才是全部擁有的；若就職權而言，機關的職權也是完整的，內部除業務單位外，還設有人事、會計、總務、秘書等幕僚單位，擁有印信，可對外行文。然而單位的職權，不論是內部單位或派出單位，都是不完整的，也不能對外行文。此一區分，不只可以瞭解中央政府的所屬機關與派出單位的區別，也可瞭解早年縣（市）政府府內局與府外局的差異所在。

　　要之，政府機關組織大致可分類如上，在瞭解機關組織的區分後，對於新設機關或舊機關隸屬關係的定位與調整，當有進一步的體認。機關組織的定位，其實應依前述，給予一個合適的位置，而非做為政府當局是否重視此一業務的憑證。個別的、一味地、不斷的將內部單位或派出單位改設為附屬機關，也將機關層級一再提升，除增加機關數或公務員人數外，徒增協調整合困難，降低效率與效能，並非國家之福。職是，自應儘速釐清機關組織的定位與屬性，歸還各機關原本的功能目的，方能建構統攝各政府機關組織的基準。

貳、中央政府機關組織基準法草案評析
——民國87年5月行政院、考試院會銜提案版本

一、前言

　　我國中央政府播遷來臺後，由於全國上下同心協力，胼手胝

足，民國80年左右，終於締造享譽全球的經濟奇蹟。然而經濟快速發展的背後，也衍生許多問題，暴露若干弊端；其中政府組織疊床架屋、功能不彰，也頗為社會大眾所詬病。因此連戰先生在民國82年2月就任行政院院長後，便推出行革新方案，積極精簡員額，向「廉潔、效能、便民」三目標邁進。蕭萬長院長於86年9月上任，首次赴行政院提出施政方針報告時，更明白揭示「政府再造」為當前政府最優先的施政項目。一時之間，政府組織如何改革的問題，就特別受到矚目。

這一次的政府再造工程，主要源自85年12月國家發展會議的共識，並於86年7月國民大會三讀通過，經總統公布的憲法增修條文第3條賦予法律依據。該條第3項規定：國家機關之職權、設立程序及總員額，得以法律為準則性之規定。第4項復規定：各機關之組織、編制及員額，應依前項法律，基於政策或業務需要決定之。依此規定，行政院即交研究發展考核委員會研擬中央政府機關組織基準法草案，交人事行政局研擬中央政府機關總員額法草案。兩草案完成後，同步送請考試院第九屆第77次會議及行政院第2575次會議通過，兩院旋即會銜於87年5月1日函請立法院審議。由於這兩個法案攸關政府再造工程的成敗甚鉅；特別是前者，更肩負著導正我國歷來所有組織病象的重責大任，尤其具有壓力。

我國現行政府組織有哪些缺失呢？學者有謂：1.機關事權不夠確實，未能把握機能一致的原則；2.駢枝機構及冗濫人員過多；3.偏重中央集權的組織型態，影響地方基層人員的工作情緒；4.機關名稱混亂，體例不一；5.機關組織法規過於硬性，不足以應付實際需要；6.地方行政機關之組織過分通案化、原則性，未能顧及因地制宜的需要；7.機構之設置未能根據業務需要；8.政府機關之間缺乏完整統一的協調行動；9.委員會型態的組織名實不符，而且過多過濫；10.機

關人員之間的溝通不足。（張潤書，2010：347）亦有謂：1.組織名稱紊亂；2.組織設置重疊；3.組織層級過多；4.組織結構不妥；5.組織規模龐大；6.組織功能欠佳。在送請立法院審議的中央政府機關組織基準法草案總說明中，亦提及現行機關組織缺乏彈性、層級過多、規模缺乏標準、體例不一、輔助人員偏高及職能與權限劃分有待釐清等缺失。學者之見並非無的放矢，因此行政院研究發展考核委員會早於民國60年10月即委託國立臺灣大學政治研究所進行研究，並研擬「行政機關組織通則草案」，（行政院研究發展考核委員會，1993：3）期能一舉改善這些缺失，惜因時機不夠成熟，並未獲得共識，以致胎死腹中。如今中央政府機關組織基準法草案以另一型式呈現出來，雖有憲法增修條文的依據，也有行政院蕭萬長前院長的背書，但能否順利通過實施呢？一旦通過，能否有效改善前述缺失呢？不免令人抱持著高度的關切與期許。

二、中央政府機關組織基準法草案內容摘述

按中央政府機關組織基準法草案，為行政院與考試院兩院會銜函送立法院審議，全文共分六章計二十八條條文，條文可謂不多，但頗有基準之架構。

第一章總則，計有五條。第1條明定立法宗旨為：建立中央政府機關組織共同規範，提升行政效能。第2條採除外規定說明適用範圍，除有：1.憲法就機關名稱或機關內部單位名稱另有規定者；2.憲法授權所定機關之組織法律，就機關內部單位名稱另有規定者；3.各級法院及檢察機關組織法律另有規定者；仍從其規定外，所有中央政府機關之組織均在適用之列。第3條界定機關與單位之定義，所謂機關，係就法定事務，有決定並表示國家意思於外部，而依組織法律或命令設立，行使公權力之組織體。所謂單位，係基於組織體之內部分工，於機關內所設立之組合。

　　第4條第1項首先規定本法適用於一級機關及所屬各級機關；第2項復解釋一級機關指：國民大會、總統府、行政院、立法院、司法院、考試院、監察院、國家安全會議；第3項則說明一級機關所屬之各級機關，依其行政層級，分別稱為二級機關、三級機關、四級機關。第5條規定機關組織設置原則，一級機關及二級機關之組織應以法律定之，其餘各機關之組織以命令定之即可；但以命令設立之機關，其設立、調整及裁撤，於命令發布時，應即送立法院；行政院並應定期將中央政府機關組織一覽表刊登於政府公報。

　　第二章機關組織法規、名稱及層級體系，共有五條。第6條規定機關組織法規定名之原則，凡以法律定之者，其組織法律定名為法；但業務相同而轄區不同或權限相同而管轄事務不同之機關，其共同適用之組織法律名稱定為通則。若機關組織以命令定之者，其組織命令定名為規程；但業務相同而轄區不同，或權限相同而管轄事務不同之機關，其共同適用之組織命令定名為準則。在本法施行後，除本法及各機關組織法規外，其餘法規不得規定機關之組織；各機關之設立，亦不得以行政作用法為法源依據。第7條規定各級機關之名稱，一級機關用「院」，二級機關用「部、總署、委員會」，三級機關用「局、署、委員會」，四級機關用「分局、分署」；但性質特殊之機關，得另定名稱。

　　第8條規定機關組織法規應規範的事項，包括：1.機關名稱；2.機關隸屬關係；3.機關設立依據或目的；4.機關權限及職掌；5.機關首長之職稱及官等；6.機關置副首長者，其職稱、人數及官等；7.機關有存續期限者，其期限。第9條規定機關組織內部單位職掌定名之原則，如機關組織以法律定之者，其內部單位名稱及職掌，以辦事細則定之；如以命令定之者，則以分層負責明細表定之。第10條則賦予設下級機關之法源，規定各機關於其組織法規規定之權限、職

掌範圍內，得設下級機關。

　　第三章機關設立、調整及裁撤程序，共有五條。第11條採反面限制方式規範機關設立原則，凡：1.業務與現有機關職掌重疊者，2.業務可由現有機關調整辦理者，3.業務性質由民間辦理較為適宜者，均不得設立機關。第12條規定機關及其內部單位調整或裁撤之原則，若：1.階段性任務已完成或政策已改變者，2.業務或功能明顯萎縮或重疊者，3.管轄區域調整裁併者，4.職掌應以委託或授權方式辦理較符經濟效益者，5.經專案評估績效不佳應予裁併者，6.業務調整或移撥至其他機關或單位者，該一機關或內部單位應予調整或裁撤。

　　第13條規定機關組織以法律定之者之設立程序，若為一級機關，應自行擬案送請立法院，或自行擬案並由行政院轉請立法院審議；若為二級機關，則由其上級機關或上級機關指定之機關擬案，送請該管一級機關核轉或由行政院轉請立法院審議。至若機關之調整或裁撤，則由本機關或上級機關擬案，循前述程序辦理。第14條規定機關組織以命令定之者之設立、調整及裁撤程序，關於機關之設立或裁撤，規定由上級機關或上級機關指定之機關擬案，報請該管一級機關核定；關於機關之調整，則規定由本機關擬案，報請上級機關核定，並報請該管一級機關備查。第15條賦予辦理組織及員額評鑑之依據，規定各一級機關應定期辦理組織及員額評鑑，作為機關組織設立、調整或裁撤及員額調整之依據。

　　第四章機關權限及職掌，計分四條。第16條規定機關間職掌發生爭議時的解決方法，在明定機關應行使法定權限、職掌範圍內之事項後，更規定機關間行使權限、職掌發生爭議時，除憲法及其他法律另有規定外，由其共同上級機關裁決之。第17條規範有隸屬關係機關指導監督權的行使，上級機關對所屬下級機關依法規行使指

導監督權。第18條規定不相隸屬機關指導監督權的行使，應以法規有明文規定者為限。

第19條規定委任及委託，機關得依法規將權限、職掌內之部分事項，委任所屬下級機關辦理；受委任機關辦理委任事項，以受委任機關名義行之，並發生視同委任機關所為之效力。機關因業務之需要，得依法規將其權限、職掌內之部分事項，委託其他機關處理；受委託機關僅就委託權限範圍內辦理委託事項，並以委託機關名義行之。機關因業務之需要，得依法規將權限職掌內之部分事項，委託個人或團體就委託事項之範圍辦理。前開機關間之委託規定，於中央機關與地方機關間之委託準用之。

第五章內部單位，計分六條。第20條規範內部單位設立或調整原則，規定內部單位應依職能類同、業務均衡、權責分明、管理經濟、整體配合及規模適中之原則設立或調整；業務性質相同或相近者，應劃由同一單位掌理。第21條規範機關內部單位之分類，將之分為兩類，一是業務單位，指執行本機關目的之單位；二是輔助單位，指負責秘書、人事、主計、法制、研考、資訊、公共關係等工作，以配合遂行本機關目的或提供服務之單位。

第22條規範機關內部單位之分級，一級內部單位分別稱廳、司、組、課、處、室。一級機關業務單位稱「廳」，二級機關業務單位稱「司」，三級機關業務單位稱「組」，四級機關業務單位稱「課」，各級機關輔助單位一律用「處」或「室」；至二級內部單位一律用「科」。機關內部單位層級之設立，得因應機關性質業務需求彈性調整，不必逐級設立；但四級機關內部單位以設立一級為限，並定名為「課」。第23條規範輔助單位設置數目及原則，規定輔助單位應依機關組織規模、性質及層級設立，最多不得超過五個，必要時其業務得合併於同一單位辦理；輔助單位工作與本機關

目的相同或兼具業務單位性質，報經該管一級機關核定者，不受五個限制，或得視同業務單位。

　　第24條規定得設人事、主計或政風單位之機關，為各一級機關、二級機關、100人以上之三級機關、業務性質特殊或人數眾多之三級機關或四級機關，報請該管一級機關核定者。如未設人事、主計或政風單位之機關，其業務應由其上級機關人事、主計、政風人員辦理，或指定本機關其他人員辦理。第25條規定各機關得視業務需要設任務編組，所需工作人員，由相關機關人員派充或兼任之。

　　第六章附則，計有三條。第26條賦予得設特殊機構之法源，規定各機關於其組織法規規定之權限、職掌範圍內，得設實（試）驗、研究、文教、醫療、軍事等機構；各該機構之組織，準用本法規定。第27條為過渡規定，規定本法施行前已施行之組織或其他相關法規，與本法規定不符者，由各一級機關限期修正之。第28條為施行規定，規定本法施行日期由行政院會同考試院定之，但行政院及考試院得分別情況定其一部或全部之施行日期。

　　綜上述之，本草案雖分六章，但條文實在不多，全部只有二十八條。惟其牽涉目前我國中央政府逾300個機關組織的整建與發展，攸關未來中央政府公務員執行公務能力與士氣。涉及面既廣，影響也非常深遠，值得特別重視。

三、中央政府機關組織基準法草案主要特色

　　中央政府機關組織基準法草案內容業經摘述如上，從上面的說明中，不難歸納得知其特色。除在形式上具有我國第一部機關組織設置基準法律，只規範中央政府機關等兩個特色外，在實質上也有以下十個特色，茲分別說明如次：

（一）建立機關組織基準

　　依中央法規標準法第5條第3款規定，關於國家各機關之組織，應以法律定之。是以我國中央政府各機關，除行政院研究發展考核委員會、行政院人事行政局等少數機關係先成立，再補送組織法規以取得法律依據，乃早期在野黨批評的「違章建築」、「黑機關」外，大致均先立法通過、取得法律依據後，再成立機關。而且除少數三級、四級以下機關，係以組織通則方式完成立法程序外，一機關就有一組織法律，全部組織法律不下300個之多，然而因為缺乏設置基準，以致各機關自行其是，體系凌亂，標準不一致的情形經常可見。本草案旨在建立各機關組織的設置基準，不但希望現行各機關能依此調整，也希望日後要成立或裁撤的機關均能依此一規定辦理。其組織設置基準的地位不容置疑。

（二）統一組織單位名稱

　　我國各機關及單位名稱之混亂，不但一般社會大眾感到迷惑，即連學者專家亦迭有批評，「局下有處、處下有局」、「局長上有處長、之下也有處長」、「一機關同時有兩級主任」等情形，讓人不知是局大或處大？也不知主任到底有多大？因為欠缺統一標準，以致機關地位難辨、系統不明、單位與機關名稱內外不分。本草案針對這些缺失，按一般體例、認知習慣及變動最少之原則，予以統一規範，雖然特殊機關及委員會組織仍無法完全統一，但對於絕大多數機關與單位之名稱，當能有效統整，對於前述缺失也有相當的改進作用。

（三）設定組織立法程序

　　我國各機關所據以設立的組織法規雖多，但組織法規究應如何擬議、送請審議，並無一套完整的、明確的規範，本草案則予以明

確規定。何者應以法律定之？何者以命令定之即可？以法律定之者，其設立、調整或裁撤程序如何？又以命令定之者，其設立、調整及裁撤程序有何不同？本草案做為我國第一部規範政府組織的基準法律，這些情形皆詳為規範。可以預見的，嗣後如欲成立機關，其組織法規之處理，已有規則可循，如此既能收齊一之效果，也可節省不少人力與物力。

（四）明定組織規範內涵

前言之，我國中央政府機關幾乎一機關即有一組織法律依據，其規範內涵隨立法者構思與職掌事項而有不同，體例格式亦有不一致，難免受人批評。本草案明定機關組織法規應規範機關名稱等事項，對於這些基礎性、制度性、長久性的事項，予以統一性的規範，當有助於各機關組織法規的調整，也有助於一般大眾的認識與瞭解。

（五）規範組織設立條件

近二十年來，我國機關組織數目不斷的膨脹，以行政院觀之，公平交易委員會、公共工程委員會、消費者保護委員會、原住民族委員會、體育委員會、客家委員會、金融監督管理委員會、國家通訊傳播委員會、海岸巡防署等機關紛紛成立；以考試院論之，也分別成立公務人員退休撫卹基金管理委員會、公務人員退休撫卹基金監理委員會、公務人員保障暨培訓委員會等三個機關。這些機關雖各有其功能目的，但職掌事項是否與現有機關重複？是否非成立不可？似不無值得考慮之處。然因缺乏明確具體之標準，以致在部分民意代表之壓力或特定目的之考量下，便接連成立。本草案已明確規定在何種情形下不得設立機關，在何種情形下機關應予調整或裁撤。如能貫徹有效執行，對於機關組織的不斷增加，當能有所控制。

（六）賦予上級機關職權

本草案只規範中央政府機關，不含直轄市、縣（市）、鄉（鎮、市）等地方自治機關。規定除一級機關、二級機關的組織法規，應以法律定之外，其餘三級以下機關之組織，以命令定之即可。又規定機關本於其組織法規規定之權限、職掌範圍內，得設下級機關；亦得設實（試）驗、研究、文教、醫療、軍事等機關。法律限制既然減少，賦予權限則大增，各上級機關之職權因而驟然提升，相對的所負責任也更大。

（七）強制辦理組織評鑑

近年來機關組織的診斷與評鑑，隨著民主、效能、成本觀念的強調，更顯得重要。我國過去也有對國營事業及大專院校進行評鑑的先例，但因欠缺法律依據，以故實施成效並非十分良好。本草案則強制各一級機關定期辦理組織及員額評鑑，以作為機關組織設立、調整或裁撤，以及員額調整之依據。日後如能確實辦理，必能逐步建立合理的組織架構，達到積極調整組織功能的目的。

（八）委任委託依法行使

政府行政固以本機關自行辦理為原則，但基於實際需要或特殊考量，亦得委任下級機關或委託不相隸屬之機關、團體或個人為之。就委任言之，因上下級機關之間具有職務上的命令與服從關係，論者認為可以不必有明確的法律規範；然而在委託關係，既無行政隸屬，且涉及公權力行使、資源分配、設官分職原理、法律效果隸屬等事項，自應有法律依據，並謹慎為之。不過觀諸現實，多數委託辦理事項雖有行政規章的依據，卻不一定是法律依據。本草案爰明確規定，只要依法規即可委任或委託，並發生其法律效力；對於長久以來曖昧不明，欠缺法律規範的權宜措施，終於可望改善。

（九）限制輔助單位數目

　　機關內部單位依其職掌功能區分為業務單位與輔助單位兩類，原係傳統行政法的分類，然而在部分特殊機關，如立法院、國民大會以及業務快速擴張的機關，業務單位與輔助單位的區分已日漸模糊，是否仍有區分必要，實不無疑義。但本草案仍予區分，且限制輔助單位數最多不得超過五個，對於人事、主計、政風單位的設置還特別嚴格，與目前規範相去甚遠。

（十）施行日期另行規定

　　多數法律通常都以公布日為施行日期，然而本草案關於法制作業、組織架構、人員任用等事項改變甚多，牽涉至廣，相關配合事項亦多。況且各機關與公務員能否順利調適，也攸關成敗至鉅，因此將施行日期保留由行政院會同考試院定之，且得分別情形定一部或全部之施行，良非無因。

　　要之，本草案具有許多特殊之處，除形式上只規範中央政府機關，是我國有史以來第一部關於組織設置基準的法律外，在實質上也有如上十個特色。未來如能順利通過施行，必將在機關組織體制發生重大的、根本的改變，也將有深遠的影響，由不得我們不去重視。

四、中央政府機關基準法草案問題探討

　　中央政府機關組織基準法草案自86年9月行政院蕭萬長院長上任，交待研究發展考核委員會積極研擬迄送立法院審議，不到一年光景，期間極為短暫。所以儘管行政院列為最優先施政項目，也投入大量人力物力，然而在某些環節上仍有思慮不周之處，「倉促提案」的批評也就難以避免。謹就相關問題提出探討如次：

（一）法律名稱問題

　　本草案名為「中央政府機關組織基準法（草案）」，其中「政府」與「機關」二詞意義相近，不無重複累贅之嫌。按「政府」一詞雖為傳統政治學者所好用，而「機關」一詞則為行政法學者經常使用，但就一般意義言之，兩者實無不同。堆疊使用，雖能強化語氣效果，但法律用語貴在簡潔明確，以最簡明的文字表達最完整的意思，故兩者應可捨棄其一。況且機關是最重要的行政組織，機關與組織的意義也相去不遠。如不能去其一，則三個意義相近的用詞連續放在一起，顯然有所不妥。

（二）適用範圍問題

　　本草案既以「中央政府」為名，卻未就中央政府一詞加以界定，僅就「機關」、「一級機關」、「二級機關」等詞予以定義，實在不無捨本逐末之嫌。又教育部所屬之國立大專院校，經濟部、財政部及交通部所屬之國營事業機構，國防部所屬之各軍事機關，內政部所屬之警察機關，司法院所屬之各級法院，與一般以行政管理為主的政府機關，差異性甚大。然而本草案並未排除適用，依第26條規定，似又在準用之列，到底是否適用或如何準用？日後恐有爭議。又近年來地方政府機關與員額數的膨脹不亞於中央政府機關，若地方政府機關不宜納入本草案適用範圍，亦宜另制定專法或在相關法規中予以規範，才能提升國家整體行政效能與競爭力。

（三）機關名稱問題

　　將機關名稱依統一標準予以明確規定，使組織架構清晰、隸屬地位清楚，是本草案規範重點之一，但能否有效整合，實在令人懷疑。以行政院所屬之二級機關為例，部、會、行、處、局、署、院等七種名稱，可謂琳琅滿目，各有歷史背景成因，自不易以三種名

稱框住。而二級與三級機關皆可用委員會名稱，日後委員會之地位仍不易辨認；再者許多任務編組或另有法規依據的內部單位，目前亦以委員會型態組成，例如行政院法規委員會、考試院研究發展委員會、教育部學術審議委員會，本草案並未明文禁止使用。衡諸事實，既難變更為廳，司、組等名稱，亦無法不繼續沿用，使得委員會到底為機關組織抑或內部單位，仍不易釐清。

（四）主管機關問題

本草案並未明定主管機關，基於法律提案機關就是主管機關的認知，本草案既由行政院會同考試院提請審議，且由行政院研究發展考核委員會草擬條文，則行政院為主管機關，行政院研究發展考核委員會應為主要幕僚機關無疑。惟本草案將職權集中到各一級機關後，即未加以統合規範；就職權行使而言，似又以各一級機關為主管機關。如院際之間發生職權爭議時，例如銓敘部與行政院人事行政局的職掌爭議，依本草案規定，並無共同上級機關可以裁決；如憲法及其他法律未有規定，各主管機關應如何協調處理，卻又付之闕如，不能不說是個缺陷。

（五）機關權責問題

觀諸本草案相關條文規定，僅有一級機關與二級機關之組織，才需要以法律定之，送請立法院審議，其餘各機關之組織，以命令定之即可；而各機關在職掌範圍內，既得設下級機關，復得設實（試）驗、研究、文教、醫療、軍事等機構，其職權較之目前可謂大幅增加、尤其各一級機關更是手握大權。是否如此設計，才能增進組織彈性？如此一改，有無牴觸中央法規標準法之疑慮？有無侵害立法權之顧慮？在在值得斟酌。

（六）機關設立問題

本草案通過施行後，各機關設立之大權，幾乎全操之於各一級機關，也就是分權但集中在上級。雖然規定有設立條件，但因採負面款列方式，除非突然新增大量業務或政策指示業務移撥，例如行政院體育委員會業務係由教育部體育司移撥擴增而來，否則現有業務一定有其他機關辦理，欲新設機關根本不可能。為符合一般立法體例，且確保機關設立之彈性，似以改採正面列舉規定較妥。

（七）機關調整問題

本草案規定若有階段性任務已完成或政策已改變等六種情形時，機關及其內部單位應予調整或裁撤。雖然頗為明確，但因屬原則性的訓示規範，且組織調整往往是「上面一聲令下，下面照案執行」，各一級機關首長若不能抗拒來自民意代表的壓力，一心想做好人，或本身就無意調整機關組織或員額時，這些規定仍將形同具文，難以約束。而多年來存在於各機關之間的職權重複或衝突現象，例如教育部社教司與行政院文化建設委員會的職權衝突，財政部關政司與關稅總局的職權重複，可能因本草案的通過施行而得到釐清嗎？恐怕仍非樂觀。

（八）組織評鑑問題

各一級機關能否定期確實辦理組織及員額評鑑，以做為機關組織與員額調整的依據，實在是本草案通過後能否施行成功的關鍵，因此至關重要。但組織及員額由誰評鑑？究竟是由人事單位、研考單位或以任務編組方式組成？如何辦理評鑑？評鑑之標準何在？均無明確具體規定，職是能否客觀公正辦理評鑑？也就令人懷疑。而組織與員額評鑑結果若不能為眾人信服，日後進行組織與員額調整作業時，必然會有爭執發生，似不能不預為綢繆。

（九）機關分級問題

本草案限定中央政府機關為四級，固有其理想性，也有其欲達成的功能目的，但與現實差距太大，能否落實，恐怕也是高難度的動作。舉例言之，財政部臺灣省北區國稅局臺北縣分局板橋稽徵所、財政部關稅總局臺北關稅局松山分局、內政部警政署保安警察第一總隊第一大隊，均屬五級機關，如硬要依本草案規定辦理，是否即將此五級機關改為四級機關派出之一級單位？而改制後輔助單位能否保留？在行政領導上是否會發生困難？恐怕值得商榷。

（十）單位分級問題

本草案明定一級至三級機關內部單位可設兩級，但四級機關內部以設立一級為限，亦頗不切實際。以又大又老的議事機關立法院為例，早期在秘書處之下設有總務組等三組三室，總務組之下有管理科等科，科下還有股，股下還有班，單位層級之多，實非外人所能瞭解。何況組織層級之多寡與控制幅度恰成反比，為控制單位層級數，卻任令控制幅度及單位數目不斷增加，（吳定等人，1994：195）恐怕也是得不償失。

（十一）輔助單位問題

業務單位與輔助單位之分，原係傳統行政法的分類，時至今日兩者界線已趨模糊，是否仍有區別之必要，自不無疑問。例如過去常將研究發展部門視為輔助單位，甚至併在秘書單位之中。但現今許多已成立，或組織法規新修正的機關，鑒於研究發展日漸重要，已將企劃、計畫部門視為第一業務單位；再如一般政府機關雖將法制單位視為輔助單位，但外交部條約法律司、法務部法律事務司、銓敘部法規司就明顯屬於業務單位；復以立法院、國民大會論之，所有行政單位之建置，皆為輔助性質，為支援民意代表議事問政而

存在，是否直接支援議事的單位，如議事組、公報室、各委員會，叫做業務單位？其他間接支援議事，或屬個人服務事項的單位，如新聞室、圖書資料室、立法諮詢中心，便是輔助單位？恐怕也不盡妥適。再以教育部人事處、會計處、政風處、電子計算機中心為例，其所職司事項，部屬機關學校的管理事項遠較部內幕僚作業事項多的多，業務性質遠較輔助性質為濃，是該視為業務單位呢？還是只能按傳統觀點仍然視為輔助單位呢？屆時在認定上也難免會有爭議。而輔助單位是否只限於以執行為主的單位？能否包括合議行使職權的任務編組？依作用法規成立的單位，如訴願審議委員會是否也包括在內？限制輔助單位最多不得超過五個，其立論基礎何在？是否合理及切合實際？又既限制輔助單位數目，在同一機關內業務單位與輔助單位是否該有比例限制？以財政部本部論之，真正業務單位只有關政司與保險司兩個，其中關政司與關稅總局之間尚有職權上的重複，所設的輔助單位卻有七個之多，顯然不合理，卻仍難依此一規定而得到解決。

（十二）人會政風問題

在一般政府機關，除秘書、總務單位外，人事、主計（會計）、政風單位都是最明顯的輔助單位，然而這三個單位的設立都各有其法律依據，在一條鞭的領導指揮體系之下，其上級機關人事、主（會）計、政風單位的主管才是真正長官，本機關首長其實只是兼管長官而已。以人事單位為例，即同時兼具有上級機關人事機構派出的人事機構性質，以及本機關的人事幕僚單位性質，甚至對本機關首長人事權的行使，還有監督與制衡的作用，再加上人事法規較為專業複雜，因此一向依法設置與行使職權。衡諸現實情況，雖然每一機關學校皆有設立，但辦理該項業務人員，常有相關人員兼辦之情形，例如臺灣省多數中小型小學、行政院消費者保護委員會、考試院所屬公務人員退休撫卹基金監理委員會。既是兼

辦，通常就比較不用心，對本機關業務或人事法規也較不熟稔，疏忽或錯誤情形就難以避免，所謂監督與制衡根本就不可能。而總員額法草案通過施行後，人事單位職責加重許多，但本草案第24條對人事、主計、政風單位卻採更嚴格的限制規定，恐怕將使這種情形更為惡化，而一條鞭的精神也將蕩然無存，是得是失，實不難理解。

（十三）立法監督問題

依中央法規標準法第5條第3款規定，關於國家各機關之組織，均應以法律定之，本草案第5條卻規定只有一級及二級機關，才需以法律定之，其餘三級以下機關只以命令定之即可，兩者不無牴觸之嫌，且不無侵犯立法權之疑慮。再者，各機關尚得本於職權以命令設置下級機關及實（試）驗、研究、文教、醫療、軍事等機構，其職權無疑大為提高。按理來說，職權愈大，愈需要有明確的監督機制；然而本草案卻只規定於命令發布時應即送立法院，其他什麼都沒有，顯然只是應付之詞、聊備一格而已。對於各一級機關組織的立法監督，明顯不足。

（十四）委託規定問題

各不相隸屬機關之間，或機關與個人或團體之間，基於實際需要或特殊考量，雖可委託行使職權，但此舉終究不是常態，與政府設官分職之原理相違背，因此應該儘量避免，且應以法律有明文規定者為限。然而本草案第19條卻規定只要依法規即可，也就是將行使委託權的依據，由法律擴大至行政命令，委託權的行使將大開方便之門。日後委託機關藉詞人手不足，先將業務委託出去，再以上級指導者的身分出席，既不用辛苦的承辦實際業務，尚可前往受委託機關或團體領取出席費或車馬費的情形，恐怕只會愈來愈多，而

對委託的行使也將帶來負面的效果。

（十五）配合規定問題

　　由於本草案牽涉至廣，故明定施行日期由行政院會同考試院定之，且得分別情形定其一部或全部之施行日期，並無不妥。惟本法施行前已施行的組織法或其他相關法規，與本法規定不符者，授權由各一級機關限期修正一節，恐怕就值得斟酌。蓋限期修正，究是三年、五年或十年？或者就是不限期間？如果碰上一位不願意配合、不肯負責任的一級機關首長，此一規定無異形同具文，似以應改在本草案條文中明定年限為宜。此外，本草案考慮是否已夠周延？有無再配合增訂相關法規之必要？也難免令人懷疑。

　　綜上所述，本草案雖係針對現行機關組織缺乏彈性、層級過多、規模缺乏標準、體例不一、輔助人員偏高及職能與權限劃分有待釐清等缺失，謀求澈底解決之道，以期能達到組織職能合理化、架構明確化、員額精簡化及調整彈性化之目標，為中央政府機關組織建立可長可久之共同規範。然而因研提時間過於倉促，且投入之人力物力有限，加以牽涉面非常廣泛，因此難免思慮不周，暴露許多問題。但盼經由大眾公開的、民主的、理性的探討，使得上述十五個問題能得到適切的解決，也讓本草案更為大眾信服，未來施行更為順利。

五、小結

　　不可否認的，法律是社會大眾遵循的規範準繩，行政機關研提的法律草案，在未獲得立法機關三讀通過前，並不表示已得到不同意見人員的共識，但至少表示行政機關有此一需求與期盼。本草案的情況亦然，難免有行政本位的立場，也不可避免的會有便宜行事

的考量，至於是否侵犯立法權？有無與其他重要法律牴觸或衝突？則是次要的事情。反正已送請立法機關審議通過，再依後法優於前法的法理，這兩個疑問是不應該出現的。

平心論之，公部門與私企業不同，私企業受法律的拘束甚少，可以一味追求效能與財富；但公部門既需遵守嚴格的法律規範，也難免受到政治力量的干擾。保障個人的基本權益，維護社會起碼的公平正義，更是公部門無可替代、不容怠惰的職責。一味以企業精神改造政府組織，既不必要，恐也失之偏頗。本草案旨在促進國家機關用人彈性，提升行政效率及國家競爭力，企圖擺脫立法機關的拘束，顯然是一個全新的嘗試，毫不保留的偏向私部門的作法。不過法令規範固然重要，但各一級機關首長願否遵循規範？能否抗拒來自各方壓力？日後能否有效貫徹執行？恐怕才是最值得密切觀察的關鍵所在。

固然在福利與服務國家的趨勢潮流中，政府業務難免不斷增加，機關組織也不免繼續膨脹；然而不可否認的，機關組織毫無節制的膨脹，也是當前政府組織主要的病象之一。而現行機關組織之所以膨脹，身為政務官的一級機關首長恐怕要負起最大責任，民意機關頂多只是負起背書的連帶保證責任而已。本草案既已改變現行體制，給予首長更大權力，如不顧及民主監督，恐怕機關組織只會更快速的膨脹。

總之，對於本草案，雖然令人疑慮，但仍應給予肯定與期盼。也希望以往發生重大災害時，中央與地方政府互相推諉責任的話，「中央指責地方執行不力，地方反駁中央法規不切實際、不夠周延」，不要在本草案通過施行後繼續出現，幸矣！

參、中央行政機關組織基準法探討
——民國93年6月立法院三讀通過條文

一、前言

　　中央行政機關組織基準法，是一部始自民國87年5月1日行政院、考試院兩院會銜函送立法院審議，其後並於88年及91年兩度函送，攸關我國中央政府組織定位與發展的大法，在遲滯多年後終於柳暗花明，卒在93年6月11日經立法院三讀通過，旋奉總統明令公布施行。這一事實的發展與結果的呈現，就關心國內政府行政的人士來說，絕對是頭等重要的大事。

　　政府再造是最近二十數年來歐美各主要國家的潮流趨勢，為提升行政效能與國家競爭力，增進人民對政府施政的滿意度，各國莫不卯勁大力推動政府瘦身、組織精簡的工程，我國亦然。首先在民國86年7月國民大會三讀通過的第四次憲法增修條文第3條中，明白賦予調整國家機關及總員額的法源依據，開啓這一波組織再造的先機。其次在民國86年9月，行政院前院長蕭萬長明白揭示政府再造為最優先的施政項目，以組織再造為核心的政府再造工程便正式啟動。截至民國89年5月政黨輪替之際，有關組織再造的四大重要工作項目，其中屬於地方層級者，即調整臺灣省政府與省議會組織、調整地方政府組織兩項，業因臺灣省政府功能業務與組織調整暫行條例及地方制度法的制定施行而向前跨一大步；然而屬於中央層級者，即研擬中央政府機關組織基準法及中央政府機關總員額法草案、調整行政院暨所屬機關組織兩項，則因立法進度不順，幾乎陷於停頓狀態。在這三個法案之中，又以中央政府機關組織基準法草案最為關鍵。

　　中央政府機關組織基準法草案於民國87年函送立法院審議後，

該院雖曾交法制委員會審查，惟因朝野協商未能獲得共識，並未完成三讀，依立法院職權行使法第13條屆期不予繼續審議之規定，只能重來。其後在88年所送的草案，也遭致屆期不予繼續審議的下場。行政院與考試院隨後於91年4月第三度函送立法院審議，該院即交法制、預決算、內政三委員會併同國民黨黨團及呂學樟委員等二個提案版本聯席審查，經邀請學者專家舉行公聽會，並經朝野黨團多次協商及江丙坤副院長大力從中斡旋之後，終於在立法院第五屆第五會期的最後一天，即民國93年6月11日，完成協商簽字，隨即送院會完成二、三讀，至屬不易。

立法院三讀通過的中央行政機關組織基準法條文內容，除法律名稱改變外，與行政院、考試院原提案內容已有許多不同，其中納入不少國民黨黨團提案與呂學樟委員等提案之精神。全文雖有許多創制，但也見折衝妥協之處。為使社會大眾對此一重要法律有進一步之瞭解，謹分就要點摘述、特色歸納、問題探討等三部分加以闡述之。

二、中央行政機關組織基準法要點摘述

中央行政機關組織基準法全文共分七章三十九條，較之先前行政院、考試院會銜函請審議之中央政府機關組織基準法草案，計增加二章十一條，亦不乏修正與刪除之條文，變更不可謂不大。綜觀全文，其制定要點約如下述二十二點：

（一）立法目的與範圍

本法第1條明定立法目的是：「建立中央行政機關組織共同規範，提升施政效能」，第2條第1項則明定本法適用於行政院及其所屬各級機關，但國防組織及檢察機關組織法律另有規定者，從其規

定。乃有關適用範圍及除外條款之規定。

（二）重要用詞之定義

本法第2條第2項界定機關層級，行政院為一級機關，所屬各級機關依其層級稱為二級機關、三級機關、四級機關。第3條就機關、獨立機關、附屬機關、單位加以定義。所謂機關，是就法定事務有決定並表示國家意思於外部，而依組織法律或命令設立，行使公權力之組織。所謂獨立機關，係指依據法律獨立行使職權，自主運作，除法律另有規定外，不受其他機關指揮監督之合議制機關。所謂附屬機關，係指為處理技術性或專門性之需要，劃分部分權限及職掌，另成立隸屬之專責機關。所謂單位，係基於組織之業務分工，於機關內部設立之組織。

（三）組織設立之依據

本法第4條明定一級機關、二級機關、三級機關及獨立機關之組織，應以法律定之；其餘機關，即四級機關之組織，以命令定之，惟於命令發布時，應即送立法院。

（四）組織法規之定名

本法第5條明定機關組織法規之名稱，以法律定之者，定名為法，但業務相同而轄區不同或權限相同而管轄事務不同之機關，其共同適用之組織法律定名為通則。機關組織以命令定之者，定名為規程，但業務相同而轄區不同或權限相同而管轄事務不同之機關，其共同適用之組織命令定名為準則。此外，本條亦明文限制，在本法施行後，除本法及各機關組織法規外，不得以作用法或其他法規規定機關之組織。

（五）機關名稱之統一

本法第6條規定，行政機關除因性質特殊者得另定名稱外，「院」用於一級機關，「部」用於二級機關，「委員會」用於二級機關或獨立機關，「署」或「局」用於三級機關，「分署」或「分局」用於四級機關。

（六）組織法規之內容

本法第7條明定機關組織法規內容，應包括下列十項：1.機關名稱；2.機關設立依據或目的；3.機關隸屬關係；4.機關權限及職掌；5.機關首長、副首長之職稱、官職等及員額；6.機關置政務職務者，其職稱、官職等及員額；7.機關置幕僚長者，其職稱、官職等；8.機關依職掌有設置附屬機關者，其名稱；9.機關有存續期間者，其期限；10.如屬獨立機關，其合議之議事程序及決議方法。

（七）內部分工之規範

本法第8條規定機關組織以法律制定者，其內部單位之分工職掌，以處務規程定之；以命令訂定者，其內部單位之分工職掌，以辦事細則定之。又各機關為分層負責，逐級授權，得就授權範圍訂定分層負責明細表。斯即為內部單位分工之依據。

（八）禁設機關之事由

本法第9條明定，若有：1.業務與現有機關職掌重疊，2.業務可由現有機關調整辦理，3.業務性質由民間辦理較適宜等三種情形之一者，不得設立機關。這三種情形，即為禁設機關之事由。

（九）機關調裁之事由

本法第10條規定，機關及其內部單位若具有下列六種情形之一時，應予調整或裁撤。這六種情形分別是：1.階段性任務已完成或政策已改變者，2.業務或功能明顯萎縮或重疊者，3.管轄區域調整裁併者，4.職掌應以委託或委任方式辦理較符經濟效益者，5.經專案評估績效不佳應予裁併者，6.業務調整或移撥至其他機關或單位者。

（十）機關調裁之程序

本法第11條及第12條乃機關組織設立、調整或裁撤程序之規定。第11條規定，一級機關組織法律逕行提案送請立法院審議，二級機關、三級機關及獨立機關組織法律，則由其上級機關或上級指定之機關擬案，報請一級機關轉請立法院審議。第12條規定以命令訂定之機關組織，其設立或裁撤由上級機關或上級指定之機關擬案，報請一級機關核定；其調整則由本機關擬案，報請上級機關核轉一級機關核定。

（十一）組織評鑑之法源

本法第13條規定一級機關應定期辦理組織評鑑，做為機關設立、調整或裁撤之依據。乃明定組織評鑑之法源。

（十二）指揮監督之依據

本法第14條規定上級機關對隸屬機關依法規行使指揮監督權；不相隸屬機關之指揮監督，應以法規有明文規定者為限。此即為機關之間行使指揮監督權之法律依據。

（十三）所屬機關之分設

本法第15條規定，二級機關及三級機關於其組織法律規定之權限、職掌範圍內，基於管轄區域及基層服務之需要，得設地方分支機關。第16條規定，機關於其組織法規規定之權限、職掌範圍內，得設實（試）驗、檢驗、研究、文教、醫療、矯正、收容、訓練等附屬機構。此兩條即為各機關分設所屬機關（構）賦予規範。

（十四）重要職務之規範

本法第17條至第21條分別規定機關之重要職務。第17條規定機關首長綜理本機關事務，對外代表本機關，並指揮監督所屬機關及人員。第18條規定首長制機關之首長稱長或主任委員，合議制之首長稱主任委員，但機關性質特殊者，其首長職稱得另定之。一級、二級機關首長列政務職務，三級機關首長除性質特殊且法律有規定者得列政務職務外，其餘應為常務職務，四級機關首長列常務職務。機關首長除性質特殊法規另有規定者外，應為專任。第19條規定一級機關置副首長1人，列政務職務。二級機關得置副首長1人至3人，其中一人應列常任職務，其餘列政務職務。三級機關以下得置副首長1人或2人，均列常任職務。第20條規定一級機關置幕僚長，稱秘書長，列政務職務；二級以下機關得視需要，置主任秘書或秘書，綜合處理幕僚事務。一級機關得視需要置副幕僚長1人或2人，稱副秘書長，置2人者，其中一人得列政務職務。第21條規定獨立機關之首長、副首長及其合議制之成員，均應明定其任職期限及任命程序；相當二級機關者，由一級機關首長提名經立法院同意後任命之；其他機關由一級機關首長任命之。獨立機關合議制成員除有特殊需要外，其人數以5人至7人為原則，具有同一黨籍者不得超過一定比例，並應為專任。此五條均為機關重要職務設置之規定。

（十五）內部單位之設置

本法第22條規定機關內部單位應依職能類同、業務均衡、權責分明、管理經濟、整體配合及規模適中等原則設立或調整之，乃規定內部單位設置之原則。第22條規定機關內部單位分為執行本機關職掌事項之業務單位，與辦理秘書、總務、人事、主計、研考、資訊、法制、政風、公關等支援服務事項之輔助單位兩種，乃有關內部單位設置之區分規定。第25條第2項規定機關內部單位層級之設立，得因機關性質及業務需求彈性調整，不必逐級設立，但四級機關內部單位以設立　級為限，乃有關內部單位層級設置之原則規定。第26條規定輔助單位依機關組織規模、性質及層級設立，必要時其業務得合併於同一單位辦理；輔助單位工作與本機關職掌相同或兼具業務單位性質，報經該管一級機關核定者，不受前項規定限制，或得視同業務單位。第27條規定三級以上機關得依法設立掌理調查、審議、訴願等單位，乃輔助單位設置之原則規定。第28條規定機關得視業務需要設任務編組，所需人員由相關機關人員派充或兼任，乃各機關可設任務編組及用人之法源。

（十六）內部單位之命名

本法第24條規定政府機關內部單位之名稱，除職掌範圍為特定區者得以地方命名外，餘均應依職掌內容定之。第25條第1項規定機關內部單位層級分為一級、二級，除因性質特殊者得另定名稱外，一級內部單位定名為處、司、組、課、室，二級內部單位定名為科。「處」用於一級機關、相當二級機關之獨立機關、二級機關之委員會內部一級業務單位、各級機關輔助單位，「司」用於二級機關部之一級業務單位，「組」用於三級機關之一級業務單位，「課」用於四級機關一級業務單位，「室」則用於各級機關輔助單位。此二條乃為內部單位定名之規定。

（十七）機關總量之管制

本法第29條首先規定劃分各部主管事務之原則，其次明定部之總數以13個為限。劃分各部主管事務之原則有三：一是以中央行政機關應負責之主要功能為主軸，由各部分別擔任綜合性、統合性之政策業務；二是基本政策或功能相近之業務，應集中由同一部擔任，相對立或制衡之業務，則應由不同部擔任；三是各部之政策功能及權限，應儘量維持平衡。第31條第1項及第3項規定行政院基於政策統合需要，得設附屬機關委員會，但總數以4個為限。第32條規定相當二級機關之獨立機關總數以5個為限。第33條規定各部為處理技術性或專門性業務需要，得設附屬機關署、局，其總數除地方分支機關外，以50個為限。凡此均為有關機關總量之管制規定。

（十八）機關內部之建制

本法第30條規定各部業務單位設六司至八司為原則，各司設四科至八科為原則，司之總數以104個為限。第31條第2項及第32條第1項則規定各委員會及相當二級機關之獨立機關業務單位，均設四處至六處為原則，各處設三科至六科為原則。至於相當二級機關以外之獨立機關，其內部單位之設立，依機關掌理事務之繁簡定之。第33條第2項、第3項規定各部及相當二級機關之獨立機關所設附屬機關署、局，業務單位以四組至六組為原則，各組以三科至六科為原則。第34條規定行政院及各級機關輔助單位不得超過六個處、室，每單位以三科至六科為原則。這些都是有關機關內部規模建制標準之規定。

（十九）過渡期間之規定

本法第35條規定行政院應於本法公布後三個月內檢討調整行政院組織法及行政院功能業務與組織調整暫行條例，函送立法院審

議。本法公布後，其他各機關之組織法律或其他相關法律與本法規定不符者，由行政院限期修正，並於行政院組織法修正公布後一年內函送立法院審議。乃為過渡期間之訓示規定。

（二十）臨時機關之法源

本法第36條規定，一級機關為因應突發、特殊或新興之重大事務，得設臨時性、過渡性之機關，其組織以暫行組織規程定之，並應明定其存續期限。明文賦予臨時機關成立之依據。

（二十一）行政法人之法源

本法第37條規定，為執行特定公共事務，於國家及地方自治團體以外，得設具公法性質之行政法人，其設立、組織、營運、職能、監督、人員進用及其現職人員隨同移轉前後之安置措施及權益保障等，應另以法律定之。此條乃行政法人設立之法源規定。

（二十二）準用及施行規定

本法第38條規定本法於行政院以外中央政府機關準用之。第39條規定本法自公布日施行。這兩條乃為準用及施行之規定。

要而言之，本法係屬新制定法律，條文內容多達七章三十九條，其要點大致可歸納為以上二十二點。這些規定對於我國中央行政機關之建制與發展，勢將帶來莫大之影響，自然值得注意。

三、中央行政機關組織基準法特色歸納

中央行政機關組織基準法是我國首部制定之組織基準大法，不僅將統攝現行諸多個別機關組織法律，也將引導未來政府機關之發

展方向。從上述內容要點的摘述中,不難歸納得知本法至少有以下十四個特色:

(一)首部行政組織基準法律

本法是我國首部制定的組織基準法律,具有「組織法的憲法」角色。未來行政機關的設立、調整或裁撤,除本法另有規定者,如國防組織及檢察機關組織外,均應依本法規範行之,其組織基準的定位不容置疑。不過本法僅適用於行政院及其所屬機關,其他中央政府機關雖仍準用之,但並不包括地方自治機關,仍有其侷限性。

(二)明確規範機關組織層級

我國中央政府機關原未有層級之規定,但依其隸屬機關,以行政院為基準往下數,最多達到五級;如內政部警政署入出境管理局國際機場旅客入出境資料處理中心,層級數顯然過多,不符組織效能。本法業已導正此一現象,明確規定行政院為一級機關,其所屬機關依層級分別列為二級機關、三級機關、四級機關,最多只有四級,減少一個層級。對於組織效能的提升,不無助益。

(三)四級機關授權命令定之

按中央法規標準法第5條規定,關於國家各機關之組織,應以法律定之。易言之,任何國家各機關之組織,均屬「法律保留」範圍,皆應以法律加以規定。但本法明定在層級上如為三級以上機關,或在性質上屬獨立機關者,其組織應以法律定之;至於一般性的四級機關,僅以命令定之即可。此一新規定,基於「後法優於前法」之法理,自應優先適用,因而排除原先中央法規標準法之限制,自屬一大突破。

（四）統一規定機關組織名稱

我國行政機關之名稱原無統一規定，以致混亂雜陳、各行其是；以行政院所屬二級機關為例，即有部、會、行、處、局、署、院等七種名稱。此種情形，久為學者專家詬病，一般大眾也感到迷惑。本法不只對機關稱謂統一規定，對於內部單位稱謂亦予以統一規定；且在名稱命名上，復明定除得以地區命名外，餘均應依其職掌內容定之。此一規定，當能有效統整機關及單位之稱謂，改善機關之間層級難辨、機關與單位名稱內外不分之亂象。

（五）禁止作用法為設立法源

組織法係規範機關之組織與職掌，作用法係規範職權之行使，一靜一動，兩者應相互配合，但並無主從之別。各級機關之設立，按法理原應依其上級機關之組織法律作為法源依據，由上至下，一個套過一個，環環相扣，而不能逕以作用法作為設立之法源。然而多年來卻不乏以作用法為法源者，例如：早期的中央選舉委員會係以公職人員選舉罷免法為法源，行政院消費者保護委員會係以消費者保護法為法源，行政院公平交易委員會係以公平交易法為法源，顯然有所不妥。本法明定施行後，不得再以作用法或其他法規規定機關之組織。對於當前組織法與作用法不分，逕以作用法為機關組織法源的亂象，自有導正作用。

（六）明定機關組織法規內容

我國政府機關之立法，除有通盤性且層級較低之機關，係以共同適用之組織通則或組織準則為依據外，原則上一機關即有一組織法律依據，此即所謂「個別立法主義」。其規範內涵隨立法構思與職掌事項之不同，往往有很大差距。為彌補此一缺憾，故在立法院各委員會的業務分工中，組織法案的審查一律交由法制委員會會同

相關委員會審查，以為整體衡平之考量。但以人為力量把守，且放在最後一道關卡，往往力有未逮，且非法制常軌。本法遂進一步明定機關組織法規內容，應包括機關名稱等事項，當有助於各機關組織法規的統整，裨益於社會大眾的認識與瞭解。

（七）設定機關組織立法程序

我國中央政府機關組織法規雖多達三百多個，但究應如何擬議及送請審議，向依成例辦理，迄無完整的、明確的規範，亦無一致的標準，不能不說是個缺憾。本法不但明定何者應以法律或命令規定，且明定其設立、調整或裁撤之事由與程序；這對於日後機關組織之設立、調整或裁撤，無疑提供一個較客觀、明確的處理準則。

（八）賦予辦理組織評鑑法源

組織必須評鑑，就如同人員必須考核一般，透過組織評鑑，始能精確瞭解組織運作的優劣良窳。我國過去雖也對大專院校、國營事業、行政機關進行組織評鑑，但因欠缺法律依據，亦無強制力量，實施成效並非十分良好。本法明白要求一級機關應定期辦理組織評鑑，賦予辦理組織評鑑之法律依據，自是一大進步。

（九）暗含文官長制理念精神

按各部會除首長外，僅置一名常務副首長，是為此一部會的文官長，但可置一名以上的政務副首長，藉以協助首長推動政務。此前我國各部會副首長設置之情形十分雜亂，有置多名政務副首長，但未置常務副首長者，如僑務委員會；亦有僅置一名政務副首長，但有多名常務副首長者，如教育部。本法明白規定二級機關得置副首長1人至3人，其中一人應列常任職務，其餘列政務職務；顯然已

將文官長制的理念精神暗藏其間。

（十）引進獨立機關組織建制

　　獨立機關是美國的產物，主要是對於職掌具有超然公正性、專業性、準司法性的機關，為免政治人物藉由行政手段加以干預，遂藉由國會同意任命的方式，脫離行政部門的操控，而達到自主運作、獨立行使職權的目的。在政府改造之初，我國原無設計獨立機關之規劃，不過為縮減內閣部會之數目，確保相關業務的公平運作，也在本法中引進美國制度，特別規定獨立機關，不啻為一大突破。

（十一）建立機關組織總量管制

　　長久以來，我國對於機關組織之設置，並未有一套客觀的評審機制，以致新機關不斷成立，而功能不彰的老機關一個也裁併不掉。特別是自民國85年總統民選之後，迫於民意的壓力，機關數更是一路向上飆升；即以行政院所屬二級機關論之，即高達37個之多，居全世界之冠，對於國家形象與實質效能，不無負面影響。為扼阻機關組織的滋生蔓延，本法遂採機關總量管制的方式，嚴格限制部的總數為13個，委員會為4個，相當二級機關的獨立機關為5個，各部所屬的署、局為50個，另外各部的業務司亦以104個為限。在在顯示政府當局管控機關組織不斷成長的決心。

（十二）設定內部單位建制標準

　　我國不僅同級各機關的規模大小相差至為懸殊，例於教育部與青輔會；即在同一機關內部各單位之間相差也很大，例如教育部高教司與醫教會，其人數規模往往相差達十數倍。為使各單位之間的

規模不致有太大差距，讓控制幅度大小適中，本法明定各級機關一級或二級業務單位與輔助單位的建制標準，最少不低於三個，最多不超過八個。對於平均機關組織規模之大小，不無助益。

（十三）賦予臨時機關設立法源

過去我國為籌備需要或臨時任務，常有設立籌備處、任務編組或派用機關等臨時機關之情形，惟其設立並無法律依據。本法明定為因應突發、特殊或新興之重大事務，得設臨時性、過渡性之機關，賦予臨時機關設立之法源。明確授權一級機關有設立臨時機關之權力，亦為一項突破。

（十四）賦予行政法人設立機制

行政法人是在國家、地方自治團體之外的第三類公法人，在政府改造的聲浪中，似已成為挽救行政效率不彰、提升政府競爭力的良方之一。本法明定為執行特定公共事務，得設具公法性質之行政法人。既讓未來行政法人之設立有更強的法律依據，也樹立本法組織基準大法的更高地位。誰曰不妥？

要之，本法既屬新創，在法案審議過程中，復加入許多立法委員的意見，因此最後呈現出來的條文內容，不論與現實情況相較，或與行政院、考試院之前會銜函送的草案相較，均有許多特殊之處。如上所述十四點特色，未來在執行過程中，勢必發生重大的、根本的改變，也將有深遠的影響。

四、中央行政機關組織基準法問題探討

從上述對中央行政機關組織基準法內容要點的摘述與主要特色

的歸納探討中，不難瞭解本法在行政院擬案與立法院審議過程中，歷經朝野角力，幾經妥協折衝，儘量求其周延妥適以及各方均可接受的平衡點，但最後呈現出來的結果仍難兼顧理想與現實，留有諸多值得探討的問題。爰析述如下：

（一）附屬機關定義性質問題

所謂附屬，原指不是本體，因附著其上，而成為其一部分之意。附屬機關，顧名思義乃附掛於主機關之次要機關，其重要性與主體性遠在主機關之下。然觀諸本法定義，係指為處理技術性或專門性業務之需要，劃出部分權限及職掌，另成立隸屬之專責機關，顯與一般認知有異。而附屬機關與所屬機關、隸屬機關、附屬機構之意是否相同？完全未見說明；是否所隸屬的下級機關就是附屬機關？機構是否就是不具公權力性質的機關？在在啓人疑竇。如這些重要名詞分別在不同條文出現，卻又沒能妥切定義或區分，對於本法的周延性勢將出現負分。

（二）四級機關不送立院問題

本法將機關區分為四個層級，並明定三級以上機關與獨立機關之組織應以法律定之；其餘機關，即非獨立的四級機關之組織以命令定之即可，不失為一大改進。對於組織設立、調整或裁撤之效率，當能大幅改善，且節省有限的立法資源，就此一角度觀之，誠然值得喝采。然而此一規定明顯與中央法規標準法有違，且有侵犯立法權之虞，如經考量後認為四級機關確實不必送立法院審議，似宜在相關條文中明確排除中央法規標準法之適用，以符法理，並讓兩者相互配合。

（三）獨立機關另行分級問題

本法明定以行政院為一級機關，其所屬機關依層級分為二級機關、三級機關、四級機關。乍看第2條第2項規定，以為此一分級除一般機關外，也包括獨立機關。但再觀諸第4條第1項規定，即知獨立機關並不在分級之列。按說一般機關與獨立機關乃機關性質之不同，而機關之分級乃機關層次之區別，一般機關既有分級之必要，同樣的獨立機關也可分級，不必一定要相當二級機關。二級機關下設獨立機關更能發揮功效，達到組織精簡的目的。而在實務上，司法院、考試院、監察院其實都是相當於行政院的一級獨立機關，只是其屬憲法位階，而非本法規範的對象而已。獨立機關的分級，顯然也有必要。

（四）委員會性質不清楚問題

本法明定委員會為二級機關與獨立機關用之，則日後某一用委員會名稱之機關究是二級機關或獨立機關，恐怕無法從名稱上一望即知。又內部單位屬合議制或任務編組者，依現制多數也是以委員會，少數以小組名之，日後對於這些委員會是否仍准留存？還是一律強迫改名？本法並無規範。如准留存，不只統一組織名稱之目的沒有達成，類如行政院法規委員會與行政院體育委員會誰大誰小、內外不分的亂象，恐怕仍會繼續存在。

（五）得設地方分支機關問題

本法明定二級機關及三級機關得設地方分支機關，所為地方分支機關是否就是按管轄區域分設附屬機關之意？又，如不准一級機關設地方分支機關，目前以任務編組型態成立的行政院南部聯合服務中心、行政院中部聯合服務中心勢必裁撤，或回歸各二級機關去分設。如是前者，為民服務工作必將開倒車；如是後者，亦與精簡

組織、提升效率之精神有違，是得是失，立可明見。

（六）機關得設附屬機構問題

　　本法規定機關得設實（試）驗、檢驗、研究、文教、醫療、矯正、收容、訓練等附屬機構。所謂機關，乃泛泛之稱，並不排斥四級機關與獨立機關，如准四級機關設附屬機構，既與現行體制不符，亦將出現五級機構，殊非合宜。而這些公權力較低的附屬機構，與附屬機關的差異何在？是否就是未來要行政法人化的對象？亦未明言，亦不免啓人疑竇，增添困擾。

（七）完全不提人員編制問題

　　人員是組織的基本構成元素，論組織基準，只管重要職務之設置，完全不提機關或單位人員配置，總是奇怪。或謂人員編制依政府再造的業務分工，係由中央政府機關總員額法（草案）規定，而組織基準法與總員額法係配套法案，自無需在本法中規定。殊不知主從有別，縱然總員額法將有規範，亦宜在本法中明列法源，更何況總員額法何時能夠三讀通過施行，仍在未定之天呢？因此在這一過渡階段，亦應有所交待，方稱周妥。

（八）派出單位未見規範問題

　　本法對於機關內部單位專章多條規定，包括業務單位與輔助單位、一級內部單位與二級內部單位，可謂完整而精要。其中各級機關輔助單位得用「處、室」，在四級機關得用「處」，是否妥適？乃另一問題。不過完全未規範派出單位，顯有不足，按派出單位與內部單位在地域與屬性上均有不同，是否嗣後均不准設派出單位？或一律以內部單位設立？抑或比照內部單位看待？在在均留存疑慮。

（九）機關組織總量管制問題

按組織基準法的原意在規範機關組織的設立、調整與裁撤的運作機制，旨在基準與標準，而非管制與限制。惟本法不只明文限制所有二級機關之總數、三級機關署、局之總數，即連部之一級內部單位司之總數亦加以限制。限制總數之立論與基礎何在？是否足敷目前政府運作所需？又未來因業務增加致非增設機關不可時，是否反過來修改本法，以配合發展需要？在在均有盲點，尚待克服。

（十）內部單位建制標準問題

本法除一級機關與四級機關內部單位建制規模標準未加規定外，對於二級機關、三級機關及獨立機關內部單位數，包括一級單位與二級單位均加以規定，少則六司、四處、四組、三科，多則八司、六處、六組、六科，雖能達到組織規模大小相當，藉收控制幅度適中之效。然而一味強求，是否讓有需要的機關加以壓抑，而不需要的機關反而藉機擴充，以達到規定的要求？如無合理的說明，這種平頭主義作祟、假性平等思考的結果，恐怕會是未來施行過程中抗拒的主力之一。

（十一）其他機關準用程度問題

本法草案原以整個中央政府機關為適用對象，送到立法院審議後，歷經朝野多次協商，最後採納國民黨黨團的提案意見，將範圍侷限在中央行政機關，至於行政院以外之中央政府機關則準用之。按國家權力之本質原有不同，行政就是執行，重在專業規劃；立法見諸議事，強調多元開放；司法本為審判，旨在公平超然；自不宜等量齊觀，一視同仁。本法排除其他中央政府機關之適用，改採準用方式，實為更高明的處理作法，不過究是完全準用？或準用到什麼程度？始終未見規範，最後恐怕落得其他機關「相應不理」的下

場，這恐亦非當時改為準用者願意看到的結果。

綜上述之，中央行政機關組織基準法旨在建立組織基準，在提案與審議過程中，雖經朝野立法委員多方斟酌，並邀請學者專家舉行公聽會，廣泛聽取建言，庶幾建立一部周妥完善的組織基準法律。不過因為本法涵蓋面甚廣，牽涉亦多，達成共識本有不易，復為兼顧既存的現實因素，多所折衝妥協，最後呈現出來的結果難免仍有瑕疵，不盡令人滿意。如上述十一點，確實有值得檢討改進的空間，當待政府當局繼續努力改進以及你我共同關心督促。

五、小結

中央行政機關組織基準法之完成立法，在我國來說，是劃時代的一件大事，眾人莫不摒息注意其現況與發展。它不只是一部有創制、有變革的嶄新法律，更是一部組織基準大法，「組織憲法」的地位不容質疑。不過一如前述問題探討中所提到的，本法最後所呈現出來的條文亦非盡善盡美，仍有些許瑕疵。儘管瑕不掩瑜，但這些思慮不周的缺失確實是存在的，而兩院之間與朝野委員彼此的拉扯角力，是否會產生後遺症，則仍待觀察。

不可否認的，本法通過施行後，對於當前機關組織文化及生態，勢必產生巨大衝擊。本來行政院以提升組織效率為由，欲藉由本法要到三級以下機關組織法規的自我審查權，即免再送立法院審議的權責，沒想到到最後只要到四級機關組織法規的自我審查權而已。且因機關組織總量管制規定，迫使行政院必須提早面對各部會及所屬機關之精簡，而不能拖延至審議行政院組織法修正草案時再議。行政院如何將現有37個部會（不含北美事務協調委員會），縮減裁併到13部、4會、5獨立機關？如何安撫穩定公務員擔憂所屬機關被裁併而被調職或資遣的浮躁不安心理？既是行政院的要務，也

是本法能否落實的關鍵要素。

　　法律既已制定通過，接下來付諸施行的過程中，期盼執行與法規之間的落差能減到最小，而預期的正功能可以如願發揮，至於負功能則減到最低。庶幾不負前後付出諸多心力的行政官員、立法委員、學者專家以及寄予許多關心的新聞媒體、社會大眾，也讓我國未來的行政運作有一番的新氣象矣！

肆、從中央政府機關組織基準法草案到中央行政機關組織基準法的轉變

　　中央行政機關組織基準法已在93年6月11日經立法院三讀通過，隨即在同年月23日奉總統明令公布施行。這對於我國全體公務員，乃至於關心政府再造的社會大眾來說，均具有無比的重要性；對於未來中央行政機關組織的調整與發展，勢必也將產生廣泛而深遠的影響。不過在甜美的果實背後，回顧此法的立法審議過程，卻也是漫長而艱辛的。

　　按行政院依第四次修憲增修條文第3條規定，以及國家發展會議之共識，草擬中央政府機關組織基準法草案後，隨即與考試院會銜於民國87年5月1日函請立法院審議。立法院即將此一法案併同中央政府機關總員額法草案交法制委員會審查，該院法制委員會雖已進行審查，惟並未在第三屆立法委員任期終了之際，即88年元月前完成全案審查，依立法院職權行使法第13條屆期不連續之規定，業已失效。行政院與考試院復於88年5月第二度會銜函送，法制委員會很快的在同年6月完成審查，報請院會排入待審二讀法案中。朝野立法委員雖因民進黨執政而易位，惟對於草案條文內容仍有諸多歧異之見，以致雖經朝野黨團多次舉行協商會議，終究未能完成協商簽字

確認，俟民國91年元月，隨著第四屆立法委員任期終了，此一法案再度失效。

　　其後行政院與考試院再於民國91年4月第三度會銜送請立法院審議，草案內容與前兩次差異不大。立法院即交該院法制、預決算、內政三委員會併同國民黨黨團提案聯席審查，前後舉行聯席會議六次，另邀請學者專家舉行公聽會一次。俟委員會完成審查，復經朝野黨團併同呂學樟委員等所提修正動議，多次舉行協商會議，惟因各有堅持，眼看又要延擱。不過屆至第五屆第五會期最後一天，也就是93年6月11日，在王金平院長、江丙坤副院長居間大力斡旋之下，雙方同意就未能達成共識之四條條文付諸表決，其餘則照協商結論通過。因此，本案「疑是前頭無去處，柳暗花明又一村」，終能峰迴路轉，經表決後全案順利完成二、三讀，至屬不易。最後除法案名稱由中央政府機關組織基準法變更為中央行政機關組織基準法外，也由原先的五章二十八條增加為七章三十九條，條文內容之差異不可謂不大。

　　從中央政府機關組織基準法草案到中央行政機關組織基準法，其間的差異大致可歸納為下述十點：

一、縮減適用範圍

　　行政院與考試院會銜函送的草案原以中央政府機關為適用範圍，惟最後立法院三讀通過的條文乃以行政院及其所屬機關（惟排除國防組織及檢察機關組織）為適用範圍，法律名稱並因此配合修正。至於行政院以外的中央政府機關則以準用方式處理之。

二、減少組織授權

行政院與考試院會銜函送的草案原規定一級機關與二級機關之組織以法律定之,其餘機關之組織則以命令定之即可。不過最後立法院三讀通過的條文,只限於非獨立機關的四級機關始能以命令定之。組織授權以行政命令定之的範圍大幅減少。

三、刪除總署名稱

行政院與考試院會銜函送的草案中,二級機關原有部、總署、委員會等三種名稱。但最後立法院三讀通過的條文,業已刪除總署,只保留部及委員會兩種,另規定「機關因性質特殊者得另定名稱」。

四、引進獨立機關

行政院與考試院會銜函送的草案中原無獨立機關,不過最後立法院三讀通過的條文,業有多條對獨立機關加以規定,包括定義、名稱、立法程序、重要職務任命程序、內部單位建制標準、附屬機關設立等。將美國獨立機關的組織設計概念,引進國內。

五、明禁作用法源

在現實環境中,偶有新興機關係以作用法為組織設立依據之情形,如行政院消費者保護委員會即是。在行政院與考試院會銜函送的草案中原無禁止之規定,但在立法院三讀通過的條文中,已明文禁止以作用法或其他法規規定機關之組織,回歸以組織法為組織設立依據之法理常規。

六、規範重要職務

各機關重要職務，如首長、副首長、幕僚長之稱謂、人數、職務性質等事項，在行政院與考試院會銜函送的草案中原無規定，但在立法院三讀通過的條文中已有明確性的原則規定。其中規定二級機關得置副首長1人至3人，一人應列常任常任職務，其餘列政務職務，已暗含文官長制的精神，尤其值得注意。

七、管制機關總量

在行政院與考試院會銜函送的草案中原無機關總量的管制規定，惟立法院三讀通過的條文中，已明定各類機關的總量。部以13個為限，委員會以4個為限，相當二級機關之獨立機關以5個為限；三級機關署、局之總數，除地方分支機關外，以50個為限；部之業務單位司之總數，以104個為限。此一機關總量管制規定，不啻為一重大改變，對未來組織調整勢將產生巨大衝擊。

八、建制單位標準

行政院與考試院會銜函送的草案中原無內部單位規模標準之規定，不過立法院三讀通過的條文中，業已建制單位標準，對於二級、三級機關內部之業務單位、輔助單位、一級單位、二級單位設置數目均有最高與最低的原則規定。迴異於現行作法，亦值得留意。

九、建構行政法人

行政法人是國家、地方自治團體之外的第三類公法人，此一組織概念十分新穎。在行政院與考試院會銜函送的草案中原未提及行

政法人，但在立法院三讀通過的條文中業已賦予行政法人的法源，表示在政策上已同意行政法人的組織型態。這對於未來行政法人的設立，無異於提供堅強而有效的法律基礎。

十、限期過渡調整

行政院與考試院會銜函送的草案中，對於各機關組織法規與本法規定不符者，僅訓示由一級機關限期修正之，至於限期多久，並未規定。不過立法院三讀通過的條文中，不只明白訓示行政院應於本法公布後三個月內檢討調整行政院組織法及行政院功能業務與組織調整暫行條例函送立法院審議；且明定其他各機關組織法律或其他相關法律與本法規定不符者，並應於行政院組織法修正公布後一年內函送立法院審議。可謂限期過渡調整，藉以避免因行政怠惰或因循而長久不送審法案的情事出現。

要之，從行政院、考試院第一次會銜函送中央政府機關組織基準法草案，到立法院正式三讀通過中央行政機關組織基準法，期間長達六年之久；而這段期間也是國內政治情勢變動頗快的一段時間，法案內容的變化調整自在意料之中。而所以有變化調整，主要是納入國民黨黨團提案以及呂學樟委員等所提修正動議的精神，並經朝野立法委員與行政院研考會不斷折衝妥協的結果。也許有人對這部組織基準法律的條文內容不見得很滿意，不過能夠順利完成立法付諸施行，本身就是值得喝采的大事。

伍、中央行政機關組織基準法施行後相關實務問題探討

一、前言

眾所皆知：中央行政機關組織基準法是我國啟動政府組織改造

工程後，繼精簡臺灣省政府組織層級與制定地方制度法完成地方政府改造之後，首部針對中央政府組織改造而完成三讀的重要法律，可謂具有劃時代的重大意義。不過其後因中央政府機關總員額法草案、行政院組織法修正草案暨行政院功能業務與組織調整暫行條例草案等配套法案遲遲未能完成立法工作，中央政府組織改造工程只是跨出第一步，仍然卡在「上不下、下不下」的階段，只能就當前法律通過的部分先去執行，其他的部分則繼續規劃與研議。

中央行政機關組織基準法，攸關中央政府各機關組織設立之原則、規模與程序，可謂是組織的基準大法，至為重要。在民國93年6月11日經立法院三讀通過，旋奉總統同年月23日明令公布施行。公布施行迄今僅十來年，其施行成效固然仍難顯現，不過當初的缺失卻已逐漸浮現檯面。到底有哪些問題？究竟是得是失？如何改進？謹以該法之主要規範做為基礎，就其相關疑義問題予以論述之，並提出改進建議，俾供參考。

二、中央行政機關組織基準法之相關疑義

前言之，中央行政機關組織基準法全文共分七章三十九條，較行政院、考試院原先會銜函請審議之中央政府機關組織基準法草案，計增加二章十一條，亦不乏修正與刪除之條文，變更不可謂不大。其規範要點已如上述，於茲不贅。

我國中央行政機關組織基準法公布施行後，迄96年6月止，經統計已依本法制定通過的組織法律，計有：內政部空中勤務總隊組織法、內政部入出境及移民署組織法、行政院國家科學委員會中部科學園區管理局組織法、行政院農業委員會水土保持局組織法等四個三級機關組織法律，以及國家通訊傳播委員會組織法一個獨立機關組織法律。此外尚有行政院已訂定發布，但立法院事後予以廢止的

國立臺灣民主紀念館組織規程一個四級機關組織命令，這五個組織法律案俱屬新制（訂）定通過的法案。至於修正調整的組織法律案因行政院在政策上採取由上而下的作法，故在行政院組織法修正草案尚未三讀通過前，均仍止於規劃研議而已。

從這些組織法案的制（訂）定與研議過程中，不難發現中央行政機關組織基準法施行後所衍生的下列問題：

（一）立法的體例問題

本法第4條明定一級、二級、三級及獨立機關須以法律定之，其餘機關之組織以命令定之即可。易言之，四級及其以下機關可以命令定之，然而此一規定明顯與法律之首——中央法規標準法第5條第3款關於國家各機關之組織，應以法律定之之規定不符。而獨立機關依其層級之不同，也可能有二級、三級，甚或四級機關，依本條旨意，只要是獨立機關，哪怕是未來組織扁平化後可能出現的四級獨立機關，也須以法律定之，與一般機關相較，恐怕有失平衡。至於組織層級之計算，第2條亦明白規定，行政院能否不顧其層級隸屬關係，自行指定某一機關為幾級機關，亦有值得商榷之處。

（二）組織法內容問題

本法第7條明定各機關組織法規，其內容應包括機關名稱等十種事項，看似洋洋灑灑，其實觀諸當前所謂依新體例通過的五個組織法案，除國家通訊傳播委員會組織法之條文數略多外，其餘四個法案均僅六、七條而已。在舊體例中頗具重要性的內部單位設置、機關總員額數及其所列職務之職稱、官等、職等已無須規定。對此一剝奪立法者權力的規定，無異給行政機關相當大的彈性空間，然而此一規定在三級機關組織法律或有其可行性，但說到一級機關，即

行政院，與二級機關，即各部會，其內部規定完全空白，只將機關組織之表面加以規定，恐怕立法者難以接受。而各機關之員額，原本應藉中央政府機關總員額法草案加以配合規定，然而該草案仍未三讀通過。在此一過渡期間，即給予等同法律通過後之權力，是否妥適？亦待斟酌。

（三）二級機關數問題

本法第29條第2項明定部之總數以13個為限，第31條第2項明定二級機關之委員會總數以4個為限，第32條第2項明定相當二級機關之獨立機關總數以5個為限。按本法旨在建立基準與標準，而非管制與限制，應否限制機關總數？又此一限制總數之立論與基礎為何？早被質疑。而欲將當前38個部、會、行、處、局、署、院完全塞入，更是高難度。正因為如此，不但行政院組織法修正草案難以修正通過，甚至還有立法委員反過來提案修正本法，將部之總數放寬為15個，委員會放寬為6個，以應政府運作之實際需要。此一問題自非立法當初所能預見，卻也明白點出實際問題所在。

（四）設獨立機關問題

所謂獨立機關，依本法第3條第2款規定，係指依據法律獨立行使職權、自主運作，除法律另有規定外，不受其他機關指揮監督之合議制機關。就現制觀之，不論是已依新體例施行的國家通訊傳播委員會，抑或已定位為獨立機關，未來擬依新體例立法的中央選舉委員會等機關，大致都是依據法律獨立行使職權，不受其他機關指揮監督之合議制機關，固無疑義。然而獨立機關是否均為合議制機關？除相當二級機關之獨立機關外，能否設相當三級或四級之獨立機關，如飛航安全委員會？又獨立機關之所屬機關，如中央選舉委員會所屬之各縣市選舉委員會，行政院金融監督管理委員會所屬之

銀行局、保險局,其個別機關有無獨立性?均未見明定,不無值得探討之處。

(五)合議制成員問題

本法第21條第2項明定獨立機關合議制成員除有特殊需要外,其人數以5人至7人為原則,並應為專任。惟一般合議制機關成員數為何?應否為專任?卻未見規定。又合議制獨立機關之成員是否一定要專任?以5人至7人為原則?恐怕得視個案而定。以中央選舉委員會為例,平常並無重大業務有待決策,僅在選舉期間始有密集而迫切的需要,其委員似以兼任為宜;而為求決策周延,反映民意,其委員人數亦可酌予放寬,而不限於5人至7人。凡此也有可以討論的空間。

(六)內部單位數問題

本法第23條明定機關內部單位分為業務單位與輔助單位兩類,又第30條至第34條明定各部、委員會、獨立機關及其所屬署、局之業務單位與輔助單位設置數,固有求組織規模適中,避免輔助單位反客為主,其設置數目反而超過業務單位的情形發生。然而業務與輔助之性質實難一刀切割清楚,以教育部人事處為例,論其單位性質,自屬輔助單位無疑,但論其承辦之大多數業務性質,明顯偏於業務單位,可見得業務單位與輔助單位難以截然劃分。又各部、委員會之業務繁簡不一,繁重者如教育部,輕簡者如行政院客家委員會,一律規定內部單位層級最多只分兩級,又強將業務司限制在六至八司,將業務處限制在四至六處,是否合理?有無假性平等之嫌?恐怕也值得探討。

（七）一條鞭體制問題

我國一條鞭之組織設計，主要有人事、主計、政風等三種單位，該單位雖配置在各機關內部，卻各有其隸屬與指揮監督關係，一方面協助機關辦理相關業務，一方面也有監督制衡該機關之意味。特別是在五權分立的憲政體制之下，人事單位的頂頭上司考試院，還是與行政院平行的憲政機關呢？在現行人事管理條例等機關法律未相應修改前，恐怕不宜以本法第34條規定輔助單位不得超過六個處室為由，而將人事單位與其他單位整併降編，否則不只有違法之虞，甚至可能有違憲之虞呢？顯然的，對於一條鞭體制的處理，亦宜審慎為之。

（八）附屬機關數問題

本法第33條明定各部及相當二級機關之獨立機關所設之附屬機關署、局總數，除地方分支機關外，以50個為限。按二級機關與三級機關一向是中央行政機關執行的主力所在，當前約有三百個以上的三級機關，除轉化為行政法人者外，其他業務性質相近者也可考慮整併。然而在分工愈趨細密、業務日趨專精的潮流外，欲整併為50個，真是大不易。更何況有些組織的成立，還是政治考量大於專業考量呢？職是，對於附屬機關數以50個為限的規定，也不免令人質疑。

總而言之，本法通過施行後，其地位如同「組織憲法」，在我國可謂是劃時代的大事，其重要性不容質疑。然而或許陳義過高，公布施行不過三年光景，相關問題即已一一浮現。如前所述八個問題，如不能有效克服解決，本法的未來前景，似乎很難有樂觀的理由。

三、中央行政機關組織基準法之改進建議

中央行政機關組織基準法公布施行後所衍生的問題，經已列點分別說明如上。本於「知病去病」之精神，復針對前述問題，提出改進建議如次：

（一）立法體例規範的改進建議

有關四級機關之設立，如僅以行政命令訂定發布為已足，則在本法中應明文規定排除中央法規標準法第5條第3款之適用，以免有所牴觸。又獨立機關亦應加以分級，宜在本法中明定可設相當二級或三級之獨立機關，以應實際需要。至於各級機關之計算，應嚴格依其層級計算，不應便宜行事，逕由行政機關自行決定，否則組織體制必將陷入混亂之境，原本想藉此法改進當前組織亂象的原意不但達不到，甚至掉落另外的爭議之中，是得是失，不難理解。例如國立臺灣民主紀念館，既直接隸屬教育部，依其層級自是三級機關無疑，但教育部與行政院研究發展考核委員會卻說它是四級機關，此一說法如果成立，無異「祖母生孫」，所有組織法學的教科書都必須重寫。其實教育部所屬三級機關眾多，如將該館找個「養母」，例如放在國父紀念館之下，便是名符其實的四級機關，毫無牴觸法律的疑慮，為何不做呢？

（二）組織法律內容的改進建議

有關組織法律內容的規範事項，宜分類分級加以規定。層級高的一般機關以及各級獨立機關，其權力愈大、自主性愈強，規範事項就應增多，方能落實立法監督，例如行政院組織法修正草案中，不但應明列所屬部、委員會名稱，其內部單位名稱、數目、配置員額總數、所列職稱之官等、職等均應一如舊貫，明白加以規定；甚至其與二級獨立機關的關係，亦應有所規定，乃能避免行政院取得

權力後卻不受監督的問題。至於三級或四級機關之重要性較低，本法第7條之規定已足數適用，自可不必調整改變。

（三）二級機關數目的改進建議

任何國家機關組織數的增加，總在有人力推，多數默不作聲，一切似在不知不覺中、自然而然的情況下增加；然而說要裁減機關，卻是大費周章，難見成效。以我國為例，在政黨輪替後，即已成立行政院客家委員會、行政院金融監督管理委員會及國家通訊傳播委員會三個二級機關（獨立機關），但多年來說要裁撤行政院青年輔導委員會，卻始終裁撤不掉，迄仍依然健在，可見得裁減機關的不容易。如今藉由本法對於部、委員會及獨立機關總數的限制，總算啟動調整與裁減的機會，沒想到因有人力爭，部分立法委員已有「未及施行，即要放寬」機關總數的聲音出現。其實機關總數既已明定，就要堅持；如果不能堅持，乾脆將總數限制取消，免得經常修正數目，徒然留下笑話而已。

（四）獨立機關設置的改進建議

我國既然參考引進美國獨立機關的制度，則只要具有準司法性、去政治性與強調公正性的機關，均可改制為獨立機關，自不宜以相當二級機關的獨立機關為限，其數目亦不限於五個，且組織型態除合議制外，亦可有首長制的型態。若能如美國一樣廣設獨立機關，並切實執行，或能避免當前朝野政治惡鬥的流彈波及，對於各該機關公信力、公正性的建立一定有所助益。

（五）合議行使職權的改進建議

採合議制行使職權之機關，不只獨立機關，一般機關也有，其

所以採合議制，目的不外廣納眾議，讓決策更為周延，故其成員或應具有專業性，或應具有代表性，人數固不應太多，亦不宜太少。以常情論之，本法規定5人至7人，應屬適中，不過每一機關業務性質差異極大，是否需要這些人數？或是更多？恐怕不一而足。本法或許只規定原則，不必明定人數，而留待各該機關組織法律規定，俾保留適度彈性。

（六）內部單位設置的改進建議

本法將機關內部單位區分為業務單位與輔助單位兩類，但其業務性質又難以截然劃分，如要劃分，似應有更進一步的精確說明。又內部單位層級之設立，業務司、業務處之數目設限、司、處設科數之規定，並無學理依據，只是圖個假平等而已，對於各機關之運作反而有所不便，似可考慮予以刪除，或僅規定原則就好。

（七）人事主計政風的改進建議

按各機關人事、主計、政風單位的設置，均有其特別的法律依據，每一機關這些單位主管的主管長官是其上一級單位主管，服務機關首長只是兼管長官而已，因此形成所謂一條鞭管理的特殊體制。所以儘管人事、主計、政風單位也定位為輔助單位，卻與研考、總務、資訊、公關等單位性質不同，是特殊的輔助單位。在現行相關法規未修正前，不論輔助單位如何整併、裁減，恐怕均應保留人事、主計、政風為一級內部單位，否則即有違法，甚至違憲之虞。

（八）附屬機關設置的改進建議

有關各部及相當二級機關之獨立機關所設之機關署、局總數，

除地方分支機關外，以50個為限的限制有無必要？其立論依據為何？向來即有爭議。而附屬機關與附屬機構如何區分？是否附屬機構即不包括在前述50個範圍內？亦令人啟疑。此一限制似不可行，並無必要，應可取消。至於附屬機構除機關性質不同外，亦應與附屬機關等同視之。

要之，本法之規定，雖係妥協折衷後的產物，理應兼顧現實面與理想面，乃有更高的可行性。然而從公布施行以來，社會各界的批評與譏罵之聲始終不絕於耳，所呈現的事實是本法有許多值得改進之處。針對這些缺失提出改進建議，目的無他，希冀本法更具有合理性、可行性，大家更願意遵守而已！

四、小結

中央政府組織，是我國推動一切政務、業務的主要部門，特別是行政院暨所屬機關，更是扮演火車頭的角色，其重要性是無可置疑的。也正因為推動各項業務的需要，所以各機關不斷擴大、增設，卻又無力進行檢討、整併，終於肇致各種亂象的產生。本法便在這種「改進當前組織病象，策勵未來組織發展」的氛圍下制定施行。大家對她的殷殷期盼，自是難免。

不過從這三年以來的施行過程觀之，顯然的大家對於本法規定有不少意見，固然有些只是一己本位主義的看法，但有些確實道出本法的癥結缺失。針對這些缺失，應本著「知恥知病」的心情，「過勿憚改」的態度，勇於檢討改進，才能使本法「與時俱進」，成就本法欲達到的立法目的。

陸、中央行政機關組織基準法修正條文探討
——民國99年2月修正公布條文

一、前言

中央行政機關組織基準法素有「組織憲法」之稱，攸關我國中央各機關組織的設立、調整、裁併；對於各機關職掌業務的推動與執行，不只有莫大的影響，連帶地對人民洽辦相關事務的權利義務，也帶來或多或少的影響，是故中央行政機關組織基準法在相關部門的研擬、提案階段，乃至於在立法院制定與修正過程中的審議及協商，每每受到新聞媒體與社會大眾廣泛的重視與矚目。

我國關於中央行政機關組織基準法的資料蒐集及條文研擬工作，早在民國80年代即已展開，並數度函請立法院審議。但因種種因素，遲至93年6月立法院始三讀通過，隨即咨請總統公布，全文計分七章共三十九條條文。其後於97年7月修正第2條條文，增列警察機關組織、調查機關得不適用。迄至99年1月，為配合行政院組織法等法案的修正與制定，復局部修正十四條條文，總統於同年2月3日公布，行政院隨即明令自99年2月5日施行。

二、修正條文重點

有關本法制定公布之背景、條文內容與相關事項已探討如上。茲就最近一次，即99年2月修正公布之部分條文重點，扼要說明如次：

（一）增列不適用機關

本法於民國93年6月制定公布時，原僅明定國防組織與檢察機關組織得不適用本法；97年7月修正時增列警察機關組織、調查機關得

不適用；這次修正第2條第1項條文，再增列外交駐外機構、海岸巡防機關從其組織法律規定，亦可不適用本法。又增列第2項後段文字規定，各級機關應明定其隸屬指揮監督關係，而不必逐級設立。

（二）明定機構之定義

本法第3條刪除附屬機關之定義，但增列機構之定義。明定機構係機關依組織法規將其部分權限及職掌劃出，以達成其設立目的之組織。

（三）增社福型之機構

本次修正第16條，在原有實（試）驗、檢驗、研究、文教、醫療、矯正、收容、訓練等機構外，復增加社福類型之機構。

（四）增加政務職人數

本次修正第20條，將一級機關副幕僚長由1人或2人修正為1人至3人，其中一人或二人得列政務職務。又修正第21條，除明定相當二級機關之獨立機關合議制專任成員，應先經立法院同意後任命外，復將合議制成員由5人至7人，放寬為5人至11人為原則。依這二條規定，政務職人數上限增為5人。

（五）內部單位改名稱

本次修正第25條，在一、二、三級機關內部業務單位及幕僚單位名稱仍為處、司、組、室、科，並無改變。但在四級機關，原為分課辦事，則改為科；並明定機關業務繁重、組織規模龐大者，尚得於科下分股辦事。

（六）放寬機關之總數

本次修正第29條，將部之總數由13個增為14個；修正第31條委員會總數，由4個增為8個；修正第33條三級機關署、局總數，由50個增為70個。這三條放寬二、三級機關之總數，可謂這次修法重心所在。

（七）減少獨立機關數

本次修正第32條、將相當二級機關之獨立機關數由5個減為3個。此條也是這次修正條文中，唯一減少機關數的地方。

（八）增加業務司總處

本次修正第30條，將二級機關業務單位，即司之總數，由104個增為112個。

（九）設臨時機關法源

本次修正第36條，除保留原一級機關得設臨時性、過渡性機關，並明定其存續期限外，復增訂第2項，規定二級機關及三級機關在報經一級機關核定後，亦得設立臨時性、過渡性之機關。

（十）施行日期之授權

本次修正第39條，增訂第2項，明定修正條文之施行日期由行政院定之。

要之，這次修法雖僅十四條條文，屬部分條文修正，看似不多；但除少數條文為文字修正外，其他如機關數之增減、政務職人

數之放寬，皆為本法之核心規定。無怪乎在這次修正過程中，爭議與角力始終不停，而折衷妥協的痕跡也斑斑可見矣！

三、修正條文特色

由上述修正條文重點概要說明中，可以得知這次修正條文的特別之處，茲歸納說明如次：

（一）不適用之機關類型增多

本次修正，增列外交駐外機構、海岸巡防機關，可不適用本法規定，使得排除適用本法之機關類型增加到六種機關。這也就是說本法的適用範圍進一步的限縮。

（二）機關不必逐級定位設立

本法修正後，明定機關得依業務繁簡、組織規模定其層級，明定隸屬指揮監督關係，而不必逐級設立。易言之，在一級機關之下可跳過二級機關，而直接設三級或四級機關，其餘類推。

（三）刪除附屬機關名稱定義

附屬機關與機關之性質與意義，本就不易釐清，本法原對附屬機關有所定義，但批評者不少；本次修正，乃將附屬機關之名稱及定義刪除。換言之，嗣後在法規適用上將不再有附屬機關一詞的使用。

（四）二級三級機關總數大增

本次修正，二級機關部之總數由13個增為14個，僅是小增。但

二級機關委員會之總數由4個增為8個,三級機關署、局總數由50個增為70個,增加幅度都很大。

(五)獨立機關總數明顯減少

此次修法,將相當二級機關之獨立機關總數由5個減為3個,雖未明列哪些機關可列為獨立機關,但依行政院組織法修正條文,可知是將原來可望列為獨立機關的中央銀行與金融監督管理委員會回歸為一般機關。

(六)兼任成員免去立院同意

部分相當二級機關之獨立機關合議制成員原有專任、兼任之別,其職掌事項固無不同,但身分、權利與義務之差異卻很大。原規定不論專兼任委員均應經立法院同意後任命之,此次修正,只保留專任委員始應經立法院同意。易言之,兼任委員已不必經立法院同意之程序,一級機關首長即可自行任命。

據上,中央行政機關組織基準法本次修正,並非全文大修,但就部分修正條文內容觀之,亦有與眾不同、值得稱述的特色,自不難理解。

四、修正條文評析

本次修法已成過去式,條文內容亦已確定,是好是壞眾家難免仁智互見,各有不同見地。爰從檢討反饋的角度出發,提出一些問題探討如次:

（一）配合實際需要調整的問題

按所謂組織基準，乃各機關組織法的「中央伍」，任何組織法的制定與修正，都應以此為基準。然而行政院組織法等法案在修正時，格於政治溝通妥協的結果，卻發現本法規定的機關總數不夠分配，政務職人數不敷任命，於是反過來先修正本法，再去修正行政院組織法。雖然這是因應實際需要的不得不然，表面上仍維持本法「組織憲法」的面子，不過本法的權威性已大受傷害，也難保以後執政者不會「有樣學樣」矣！

（二）排除適用機關增多的問題

前言之，本法這次修正後，計有國防組織、外交駐外機構、警察機關組織、檢察機關、調查機關及海岸巡防機關等六種機關類型不必適用本法規定，使得本法適用範圍大受限制，亦難免斲傷本法之基準性。基於「文武分治」之旨，國防組織不適用，尚有其道理，但其他五類型之機關，頂多只能說是有別於一般行政機關，其性質較為特殊而已，但本質上仍屬行政機關，理論上都有適用的必要性。如今只要不利於我、不合我意者，即透過立法委員或黨團提案修法逐步的排除適用，最後結果恐怕只留一般行政機關適用而已，這絕非國家之福，也不是本法之宗旨。

（三）機關不用逐級設立的問題

本法先規定機關依其層級分為一級、二級、三級及四級機關，以期其明確；復又規定機關不用逐級設立，以增進其彈性。此二規定彼此不無矛盾之處；尤其是後者，更與一般邏輯觀念不符，阿婆如何跳過女兒直接生孫呢？又如何解釋「跳空」的問題呢？為應現實可能的需要，而便宜規定到不顧基本邏輯的地步，社會各界自有公斷。

（四）各級可設臨時機關的問題

按臨時機關之設置，本非常態，自應審慎。本法原僅規定一級機關可設臨時機關，且明定其組織以暫行組織規程定之，並應明定其存續期限。此一規定雖已授權一級機關，但仍期其慎重；但這次修法放寬至二級及三級機關均可設臨時機關，是否有其實際需要？是否失之過寬？論者不無質疑。按臨時機關既是因應突發性、重大性事件，基於政治考量才設置；一級機關與二級機關首長均為政務人員，為政策需要而設下級臨時機關，尚言之成理；但三級機關首長乃常任文官，恐不宜決定設下級臨時機關矣！

綜上，本次修正條文僅有十四條，乍看不多，但除去文字修正部分外，可說都是重大修正，攸關後續行政院組織法等法律的修正，自屬重要。也因其居於開頭地位，所以在修正過程中，衝突與妥協不斷，最後角力的痕跡處處可見。職是，本法修正條文的具體呈現，難免瑜中有瑕，值得進一步推敲。上述四點即屬其例，不是嗎？

五、小結

中央行政機關組織基準法於93年6月公布施行，啟動我國政府組織改造的第一步。其後各政府機關組織的設立、調整與裁併，大致上均照此一法律去執行，「組織憲法」的地位隱然成形。

這次配合行政院組織法的修正，本法亦修正部分條文。儘管只修正十四條條文，不過除文字修正者外，俱屬十分重要的修正；而因為本法與其他相關法案的早一步修正，在「關鍵的組改五法」中，本法依然扮演龍頭的關鍵角色。

這次修正條文中實際上最為重要，在審議過程中最有爭議的莫

過於二級機關部之總數由13個增為14個，委員會之總數由4個增為8個，相當二級機關之獨立機關總數由5個減為3個；正因為本法的定調，使得行政院所屬部會確定由37個整併為29個。

由上所述，不只可以知道本法這次修正條文的概要內涵，也不難理解這次修法較為特殊之處，以及有所爭議、尚待改進的地方。明乎此，則提綱挈領之效已達致矣！

柒、行政院組織法修正草案評析
——民國91年4月行政院提案版本

一、前言

近年來，「政府再造」、「組織改造」的口號，喊得滿天價響，人人皆知一二。我國自民國87年元月行政院院會正式通過「政府再造綱領」後，以組織再造、人力及服務再造、法制再造等三大工作為核心的政府再造運動便全面展開，可惜除精簡臺灣省政府與臺灣省議會組織與職掌，業已實際進入執行階段，但仍未全面完成外，其餘如調整行政院暨所屬機關組織等事項，迄李登輝卸任總統之際，均仍停留在紙上規劃及法制草擬階段。

民國89年5月陳水扁總統就任後，雖矢言其繼續政府改造的競選承諾，惟遲至90年10月25日，始依經濟發展諮詢委員會議的決議，正式成立政府改造委員會，置委員29人，由總統親兼主任委員，並由行政院游錫堃院長、考試院許水德院長、總統府資政張俊雄分兼副主任委員，其餘委員則從政府機關、學術界及企業界人士中遴聘擔任，共同推動政府改造事宜。91年3月30日政府改造委員會第三次會議，討論通過「行政院組織改造的目標與原則」，提出五大目標

與二十項配套原則；並依此目標與原則，調整目前行政院內部單位及所屬機關。於是乎這一波的行政院組織法修正工作，便正式啓動。

按行政院組織法於民國38年3月修正時，奠定目前八部二會之基本架構，其後有兩度部分條文修正，惟均未涉基本架構之調整。至於大幅度修正研議工作，雖曾於民國76年及81年間兩度組成專案小組，通盤檢討現行組織體系，惟最後均不了了之，繼續因襲舊制。至於所屬部會級機關膨脹至當前35個（不含北美事務協調委員會），除八部二會及主計處、新聞局外，其他機關均未在行政院組織法中明訂，而是逕依該法第6條規定：「行政院經行政院會議及立法院之議決，得增設、裁併各部、各委員會，或其他所屬機關」辦理。

此次行政院組織法修正草案之所以受到各方的矚目與重視，主要是因為這是五十年來的首次大修，也是民進黨執政後面對政府改造課題的首度正式回應，攸關政府組織調整的成敗存續。可惜因立法院朝野互動氣氛欠佳，行政院在91年4月將修正草案送立法院審議後，程序委員會雖數度排進報告案欲付委審查，惟均遭退回程序委員會重新處理，故迄今尚未進入委員會實質審查階段。可想而知，此一修正草案短期之內恐不易三讀通過付諸施行。

二、修正草案要點

按這次行政院91年4月函送所擬「行政院組織法修正草案」，共計二十五條，一樣不分章節。較現行法新增九條，刪除一條，其修正要點略如下述：

（一）整併所屬部會組織

草案第3條將現行八部二會之基本架構調整為十五部六會。其中內政、外交、國防、財政、教育及法務等六部及僑務委員會名稱未變，經濟部更名為經濟貿易部，交通部更名為通訊運輸部。此外就蒙藏委員會及目前現有但並未在行政院組織法中明列的部級機關，除改變隸屬機關、調整組織性質為獨立機關或內部單位者外，整併後明定為退伍軍人事務部、衛生及社會安全部、農業部、文化體育部、勞動及人力資源部、環境資源部、海洋事務部、行政院原住民族委員會、行政院客家委員會、行政院國家發展委員會、行政院科技委員會、行政院大陸委員會。易言之，若不計獨立機關與行政管理機關數，行政院所屬之業務機關與政策統合機關數定為二十一部會。

（二）調整政務委員人數

草案第4條將現有政務委員人數予以調整增加。除將不管部會之專任政務委員由目前5人至7人，增加為7人至9人外，也將原只由政務委員兼任的八部二會首長，調整為21個業務機關與政策統合機關首長均由政務委員兼任。

（三）明列行政院會成員

草案第8條擴大現行「行政院會議得邀請有關人員列席備詢」之規定，增列第1項，明文規定「行政院設行政院會議，由行政院院長、副院長及政務委員組織之，以院長為主席」；並將現行文字修正為「行政院院長得邀請或指定有關人員列席行政院會議」，且移列為第2項。

（四）增置副幕僚長員額

　　草案第9條對秘書長之人數、列等及職責規定，及副秘書長之職責規定，並無改變；惟對副幕僚長，即副秘書長之人數、列等規定，已有重大變更；且又增置發言人職務，明顯與現行規定不同。現行條文是置副秘書長1人，簡任。修正草案條文中置副秘書長2人或3人，其中一人或二人，職務比照簡任第十四職等，另一人職務列簡任第十四職等；又增置發言人1人，職務比照簡任第十四職等，處理重要施政方針與政策之宣布、新聞之發布與公共聯繫事項。

（五）主要幕僚改分七廳

　　目前行政院之主要幕僚是以參事兼任組長之七組人力為主，但分組辦事只是任務編組，迄無法律依據。為期正名並符合實情，草案第10條將現行置參事8人至12人，簡任之規定，修正為得分七廳辦事，各廳置廳長1人，職務列簡任第十二職等至第十三職等，副廳長1人，職務列簡任第十一職等至第十二職等，其餘所需工作人員則由總員額內派充之。

（六）增設內部業務單位

　　為配合精簡部會組織，將原為部級機關的行政院新聞局、行政院公共工程委員會、行政院消費者保會委員會裁併，改設為行政院內部單位，爰於草案第11條規定設新聞處，第12條規定設公共工程及採購委員會，第13條規定設消費者保護委員會。此外，又將原屬任務編組的國會聯絡組及法規委員會法制化，復於草案第15條規定設國會聯絡處，第16條規定設法規委員會。行政院內部業務單位數，遂一舉增加三個之多。

（七）提升內部幕僚單位

依現行組織法第15條規定，行政院內部設會計室、統計室及人事室，所置主任均為薦任。為提升這些幕僚單位層級，草案第21條規定設人事處，第22條規定設會計處。此外，依政風機構人員設置條例規定，將目前之政風室提升層級為政風處，並於草案第23條中明文規定。所置之人事、政風處處長、會計長職務均列簡任第十二職等至第十三職等，副處長及副會計長職務均列簡任第十一職等。三個幕僚單位之層級，已提升至與業務單位幾近一致之地步。

（八）員額人數大幅增加

行政院院本部現有法定員額為235人至349人，在納入新聞處、公共工程及採購委員會、消費者保護委員會，以及將國會聯絡組、法規委員會法制化後，法定總員額將達682人至799人，成長人數幾達二倍半之多。縱然不計新聞處等三個單位，院本部之法定員額亦達353人至406人，較現有法定員額也多出許多，若說其員額數大幅增加，應不為過。

（九）增置部分高級職務

在行政院組織法修正草案中，除增置前述的政務委員、副秘書長、發言人等高級職務，以及參事兼組長的職務改置為廳長外，復增置簡任第十三職等至第十四職等的顧問5人至7人，簡任第十二職等至第十三職等的處長2人及參事4人至6人，簡任第十一職等至第十二職等的副廳長7人及副處長2人，所增加的高級職務多達20人。此外，草案第19條復規定，為應業務需要，得遴聘無給職顧問若干人；亦為廣招酬庸性的高級職務，大開方便之門。

要之，此次行政院函請立法院審議的行政院組織法修正草案，

除第1條、第2條、第6條、第7條、第20條等條文未修正，或僅文字修正或條次變更者外，其餘條文均已大幅修正或新增，其中涉及實質之重大修正者，大致可歸納為上述九點。修正幅度不可謂不大，誠然值得重視。

三、修正草案特色

所謂特色，是指較諸現況或其他法案明顯不同而值得論述之處。由以上對行政院組織法修正草案要點的摘述中，應不難瞭解，此一修正草案至少有下列五個特色：

（一）部會名稱明文規定

按此次行政院的組織改造方案中，所屬部會級機關的調整是社會輿論矚目的焦點。在91年3月政府改造委員會第三次會議中，確定依其性質區分為業務機關、幕僚機關（復依性質分為政策統合機關與行政管理機關兩種）與獨立機關三大類，除故宮博物院改隸總統府，以及仿照美國體制，定位為獨立機關，嗣後不參加行政院院會運作的公平交易委員會、中央選舉委員會、中央銀行、核能安全管理委員會、公共運輸安全委員會、國家通訊傳播委員會、金融監督委員會等七個機關，不明列於行政院組織法之中，其他二十一個業務機關、政策統合機關與兩個行政管理機關均分別於草案第2條及第5條中明文規定，讓人一望即知行政院究有多少所屬部會機關，較之目前得一一去數，還不一定能弄清楚的情況，委實是個進步的特色。

（二）部會職掌重新調整

此次行政院組織法修正草案的重點，就是精簡部會組織，調整

部會職掌。大體言之，裁撤的機關主要有蒙藏委員會、青年輔導委員會、新聞局、公共工程委員會、消費者保護委員會；合併的機關則有：文化建設委員會與體育委員會合併為文化體育部，由研究發展考核委員會與經濟建設委員會整併為國家發展委員會，以及由海岸巡防署與農業委員會所屬之漁業署、水產試驗所等三級機關業務整併而成的海洋事務部。其他的部會機關，除改隸總統府或界定為獨立機關者外，其職掌亦或多或少有所增減。變動幅度之大，堪稱歷來之最，說是特色，絕不為過。

（三）院會運作重新界定

　　此次行政院組織法修正，除將所屬部會及機關區分為業務機關、幕僚機關與獨立機關外，也對院會運作方式重新加以界定。將21個業務機關及政策統合機關首長均規定由政務委員兼任，並規定行政院會議由行政院院長、副院長及政務委員組織之。仿照美國設立的7個獨立機關，其首長均非由政務委員兼任，日後亦不參加行政院院會之運作。至於行政管理機關首長，雖未由政務委員兼任，不過咸信日後當會依例，由行政院院長以指定方式列席行政院會議。有關行政院會議之組成與運作方式，顯然已有重大之改變。

（四）幕僚業務回歸本院

　　就當前行政院所屬部會職掌事項觀之，主要幕僚機關大致有主計處、人事行政局、新聞局、大陸委員會、經濟建設委員會、研究發展考核委員會等六機關，此外國家科學委員會、公共工程委員會、原子能委員會等機關亦兼負有部會幕僚之職責。此次行政院組織法修正草案，除將經濟建設委員會與研究發展考核委員會合併為行政院國家發展委員會，然後與行政院科技委員會、行政院大陸委員會改歸為政策統合機關，原子能委員會改為獨立機關，而主計處

改制為主計總署，人事行政局改制為人事總署，仍維持幕僚機關之型態外，其他如新聞局、公共工程委員會原有之幕僚職掌，業已回歸院本部辦理，在院本部設內部單位專責辦理，對於精簡政府組織，不無正面助益。

（五）單位員額大幅成長

單就行政院本部觀之，此次行政院組織法修正草案似乎不見精簡，反而大幅擴增，縱然不計幕僚機關納編的內部單位，亦將部分原為任務編組的單位正式納編，將幕僚單位提升層次，單位數於是大幅成長。在員額方面，政務委員、副秘書長、顧問、廳長、副廳長、處長及參事等高級職務亦紛紛增置，總員額數遂由目前的235人至349人，一舉膨脹為682人至799人。這樣的結果，在野黨立委恐怕難以接受，而被精簡的部會級機關同仁，或恐也有反彈之聲。

總而言之，此次行政院組織法修正草案擬修正之幅度，堪稱歷來最大的一次，不論是組織的調整、職掌的劃分、員額的變動等項，都有迥異於以往，也有別於其他機關的特色，自然引起各方的關切與矚目。明白前述五個特色，自能瞭然於心。

四、相關問題探討

行政院組織法的修正工作，由於牽涉所屬部會組織與職掌的調整，既是政府改造的核心重大工程，攸關國家整體競爭力，也牽涉許多民眾的切身權益。因此，相關民眾的關心程度不亞於各機關公務員，這在無形中也增加修法的困難度與複雜度。茲綜合各方看法，略述相關問題如次：

（一）所屬部會似減未減

行政院目前所屬部會機關，若不計北美事務協調委員會，計有35個部會，此次行政院組織法修正，看似一舉減為23個部會，精簡程度達到三分之一，成果不差。然而細究其實，國立故宮博物院改隸總統府，中央選舉委員會等七機關或改或增設為獨立機關，新聞局等三機關隱身為院內部單位，均不計入。若將這些機關或單位還原，真正精簡掉的機關只有青年輔導委員會與蒙藏委員會而已。即連最具有指標意義的客家委員會、原住民委員會，最後因選票考量，也都存活下來，遑論其他？職是，有人批評，如此大張旗鼓，只是在玩數字遊戲與欺騙社會大眾而已，亦非全無道理。

（二）部會設置未見章法

修正草案中有關各部會之設置，可謂毫無章法，根本不合學理。如國軍退除役官兵輔導委員會之職掌幾乎沒有增加，卻升格為退伍軍人事務部。又農業委員會在所轄之林務局、水土保持局、農田水利等業務改歸環境資源部，所轄之漁業署、水產試驗所等業務改歸海洋事務部之後，業務量已去掉一半，卻仍然升格為農業部。再者，文化與體育業務的相關性不大，在強調「力與美的結合」情況下，硬是被送作堆，合併成為文化體育部，這叫藝文界人士、體育界人士如何是好？顯然的，類此情形是很難令人心服的。

（三）獨立機關逃避監督

按此次行政院組織法修正草案中並未明列獨立機關的名稱，理由是仿照美國獨立機關的運作，並未將獨立機關列入內閣部會之中。問題是我國這七個獨立機關仍然隸屬於行政院，依然受行政院的指揮監督，只是其首長不出席行政院會議而已，究有多少超然獨立行使職權的空間，實在不無疑問，這也難怪有立法委員批評獨立

機關的設置，除減少部會數，美化帳面外，恐有藉此逃避國會監督的嫌疑。看來，如果行政院不能提出更好的理由，獨立機關的構想恐怕不易被接受。

（四）單位擴增有違改造

在修正草案中，除納編三個部會級機關外，院本部亦大量增設單位，將現有單位層級提升，如增設七廳、國會聯絡處、發言人室，又分別將人事、會計、政風由室提升為處即是。這樣的作法給人的感覺，似乎不是精簡與改造，而是藉機擴編，使行政院成為一個龐然大物，不只有違政府改造之旨，亦與常情不符，恐怕未來立法院審議時，會有很大的爭議。

（五）員額大增並非精簡

行政院組織法如果完全照目前行政院提案版本通過的話，行政院本部的法定總員額將從目前的235人至349人，一舉膨脹為682人至799人，員額成長二倍有餘。在這些增加的員額中，又不乏政務委員、副秘書長等高級職務。這樣的安排，不但不符合組織精簡的員額，未來的人事費用負擔，也勢必快速攀升，加速政府財務惡化的程度。

（六）無給顧問流於酬庸

目前行政院組織法中並無顧問職稱之設置，當然也沒有所謂的無給職顧問，不過應現實需要，行政院不僅違法設置專任顧問數人，甚至遴選許多無給職顧問，以廣招徠，以為酬庸。在行政院組織法修正草案中，不但未見檢討取消，甚至明白規定於第18條、第19條之中。可以想見的，在取得法律依據後，日後的行政院無給職

顧問一定更多，更流於酬庸，國家名器恐怕更不值錢矣！

　　一言以蔽之，行政院組織法修正草案中確實仍然存在許多值得探討的問題。撇開政黨意識形態不談，從行政專業的角度切入，上述六個問題都是思慮不周、難以服人之處。如果行政院不能再提出強而有力的理由去說服立法委員或社會大眾，短期之內想要三讀通過，恐怕會有相當的困難。

五、小結

　　行政院組織法自民國38年修正調整後，歷時五十餘年均未對基本組織架構加以變更。面對社會環境的快速變遷與政府職能的大量擴張，早已不敷適用。因此社會各界早有修正組織法、調整部會組織的看法。然而究宜如何調整改造，則因牽涉各機關的本位主義及許多民眾的切身權益，彼此各有不同立場與見解，一時之間似乎難以整合、獲致共識。

　　此次行政院在政府改造委員會的督促下，能夠衝破既有藩籬，任政府改造的大纛之下，將行政院組織法修正草案送至立法院審議，至屬難能可貴。雖然草案條文中難免有思慮不周、失之草率之處，未來的立法前途如何，目前也難揣度得知，不過總算跨出了第一步。但願經由民主理智的討論之後，能夠很快獲得共識，將此一法案付諸三讀通過施行，那不只是國家之幸！也是全國民眾之福！

捌、行政院組織法修正條文探討
——民國99年2月修正公布條文

一、前言

行政院是我國五院之首,相當於其他民主國家之內閣、總理府或國務院,掌理全國行政事務,職權龐大而複雜,院本部及所屬機關人數眾多,遠非其他四院可以比擬。故行政院之職權行使、人事動態、政策調整改變等,一向為社會各界所矚目;而攸關行政院設置的基礎工程變革,也就是行政院組織法的修正過程,更是舉國上下一致關心不已。

這次政府組織改造工程牽動甚廣,歷時甚久;必須調整或配合修正的組織法案甚多,其中以組織改造五法,即中央行政機關組織基準法、中央政府機關總員額法、修正行政院組織法、行政院功能業務與組織調整暫行條例、行政法人法等五法最為關鍵。特別是行政院組織法的修正,上承中央行政機關組織基準法的原則與精神,下啟各部會組織法職掌業務與組織架構的調整變動,尤其居於樞紐地位。

我國行政院組織法在民國38年修正,奠定八部二會之基本架構後,很長一段時間未有修正,雖然行政院數度研議修正,但均不了了之。民國91年4月終於送至立法院審議,惟因當時朝小野大,審議過程並不順利;依立法院職權行使法第13條「屆期不予繼續審議」之規定,行政院復於93年9月、94年3月、97年2月及98年4月四度研擬修正草案函請立法院審議,在朝野立法委員捐棄成見、共同努力之下,終於在99年1月完成三讀,並咨請總統於同年2月公布。此一過程可謂十分艱辛,所得成果委實不易,彌足珍惜。

二、修正條文重點

此次行政院組織法修正草案，雖以行政院提案為主，不過另有呂學樟、潘維剛、黃昭順、潘孟安、田秋堇、張嘉郡及翁金珠委員等分別領銜提出之七個版本，立法院司法及法制委員會爰併案審查後提朝野黨團協商；經過多次協商及溝通，在部會機關數獲致共識後，整個修正草案的協商終於峰迴路轉，乃能送請院會進行二、三讀，順利完成修法程序。

按這次修正條文，係屬全文修正，全部條文十五條，一樣不分章節，不過實際條文內容已大幅修正。茲略述此次重要條文修正內容如下：

（一）大幅調整部會組織

這次行政院組織法修正之重心乃在各部會組織之設置。第3條明定設十四部，即：內政、外交、國防、財政、教育、法務、經濟及能源、交通及建設、勞動、農業、衛生福利、環境資源、文化、科技等部；第4條明定設八委員會，即：國家發展、大陸、金融監督管理、海洋、僑務、國軍退除役官兵輔導、原住民族、客家等委員會。

（二）增設獨立機關型態

我國原無獨立機關型態，民國93年6月制定中央行政機關組織基準法時從美國引進獨立機關之制。此次行政院組織法修正，在第9條明定設3個獨立機關，即：中央選舉委員會、公平交易委員會與國家通訊傳播委員會。

（三）部分機關裁撤更名

此次行政院組織改造的核心，在所屬部會數由37個大幅精簡為29個，被精簡裁併的部會計有：蒙藏委員會、青年輔導委員會、體育委員會、原子能委員會、公共工程委員會、研究發展考核委員會、消費者保護委員會、新聞局等8個部會，刪減幅度不小。此外，兩個主要幕僚機關人事行政局與主計處，基於人事一條鞭及主計一條鞭之旨，仍然維持，但機關名稱修正為人事行政總處與主計總處。

（四）增置政務職務員額

為應業務運作需要，這次行政院組織法修正，將政務委員人數由5人至7人增為7人至9人；另增置政務職副秘書長1人及特任職發言人1人。有關政務職務員額一口氣增加4人。

（五）員額編制授權另定

我國各機關員額數，不論採總員額或單位員額規定方式，過去都在組織法明定上下限，謂之法定員額。此一作法明顯不利機關組織員額之調整。這次修正案依中央政府機關總員額法之旨，刪除原有職稱及員額數之規定，而授權另以編制表定之，以增加員額調整之彈性空間。

（六）明定開始施行日期

為配合行政院功能業務與組織調整暫行條例及各部會組織法與相關法律之同步施行，本法明定自民國101年1月1日開始施行。

綜上所述，這次行政院組織法修正案，雖屬全文修正，但其修

正重心在部會機關之調整。至於運作方式，多數僅為文字或條次修正而已，基本上無關大局。

三、修正條文檢視

本法修正條文重點業已說明如上，從上面略述中，不難窺見此次修正的一些特色與相關問題。爰分點說明如下：

（一）依組織基準法精神修正

這次行政院組織法修正案攸關我國未來各種行政事務的推動，故各方矚目，角力亦多，在不斷的折衝妥協後終於定案。為使本法相關條文之處理能有所依據，乃制定中央行政機關組織基準法作為組織憲法，所有規範均依組織基準法規定而來。縱然在本法協商過程中，朝野多數委員已獲共識，但與組織基準法規定不同者，亦必先回頭修正組織基準法，確定後再動本法相關條文；最明顯的就是該法確定設十四部八會三獨立機關之總數後，本法再明定部會名稱與職掌，即是本此思維而為。

（二）明確區分部會機關型態

此次修法，行政院所屬二級機關的性質與名稱已大幅統整與釐清，原有的部、會、行、處、局、署、院等七種機關，名稱複雜難以辨認其性質的情況已有所改善，機關名稱僅保留部、委員會、總處、行、院等五種；委員會除一般統合、協調性者外，復有獨立機關性質之委員會。其中人事行政總處與主計總處均屬一條鞭之幕僚機關，而中央銀行是國家銀行，故宮博物院承襲自北京故宮，均有其特殊性與歷史性，故能維持其原擬名稱。其他均統一為部及委員會，除表明其為二級機關外，亦藉由機關名稱之規定，以釐清機關

之性質。

（三）秉持精簡原則整併部會

按這次行政院組織法研修，乃源自政府再造的潮流，並參考二、三十年前各先進國家推動企業型政府的實施經驗。在組織改造的核心就是按業務性質，精簡整併部會組織，我國由原37個部會級機關一口氣精簡為29個，精簡裁併程度不能說小。

（四）刪除彈性增刪機關空間

按行政院組織法自38年3月修正後，雖大致保持八部二會之基本架構，但因原第6條規定「經行政院會議及立法院之決議，得增設、裁併各部、各委員會，或其他所屬機關」，故依此一規定不斷膨脹增設許多機關。這次修正，業將此一條文刪除；易言之，未來將以這29個機關為原則，不再增刪機關。

要之，這次行政院組織法修正，攸關我國政府組織改造成敗甚鉅，故朝野政黨及各利益團體角力與拔河之痕跡頗為明顯。雖然最後結果充滿妥協，一再打折，但總是跨出極為重要的一步。由此一結果回頭檢視，不難從相關脈絡中理出如上一些特色，當有助於進一步的瞭解。

四、修正條文評析

這次行政院組織法修正，雖屬全文修正，但修正文字並不算多；雖屬重要修正，卻不能一步到位，而充滿許多折衝妥協的痕跡。爰從業務合理配置，並參考國外經驗，提出一些問題探討如下：

（一）農委會改制升格為部的問題

按農業主政單位，在中央政府遷臺初期僅為經濟部農業司，其後升格為農業局，再因與農復會合併升格為農委會，而後因精省之故，原省屬之農林廳、糧食局、林務局亦整併納入，故組織規模不斷擴大。就目前情況論之，改制為部固無可議；但行政院規劃係將占國土幾近一半之林務局及水土保持局劃歸環境資源部。果若如此，不只有損農林漁牧的完整性，而農委會的業務量恐怕也不足以升格為部矣！

（二）文化與科技升格為部的問題

按教育、科技與文化的關係極為密切，其實很難切割，故憲法第十三章第五節統稱教育文化，實則包括教育、科學、文化；日本均歸文部省管轄；我國早年亦曾在教育部下設文化局；但長期以來，除教育部外，亦分設文化建設委員會、國家科學委員會行使相關職掌事項。此次行政院組織法修正，則將後二者由委員會改制升格為部；究竟其業務量是否到達部的水準？以後與教育部之間是否會有職權爭議發生？又日本國土面積與人口數皆遠多於我國，何以日本以文部省即可統整辦理者，我國卻要分設三個機關辦理？恐亦有值得探討之必要。

（三）中央銀行非屬獨立機關問題

按中央銀行為國家銀行，除發行貨幣外，亦負有調節及穩定匯率與利率的重大責任，故應站在國家利益，本於專業考量而為，自不應受到執政者好惡的影響，故中央銀行一向秉持專業中立行使職權，以免受到政治干擾。本次行政院組織法修正，原有意明確給予獨立機關的地位，然而最後卻無疾而終，不能不說是個遺憾！

（四）保留服務特定族群機關問題

按分設中央部會機關，一向依業務性質予以區分，原以服務特定人群為對象的機關都有其特殊的階段性任務；在任務結束後，即應予以整併，方為正辦。此次修法，針對退除役官兵的退輔會，針對海外華僑的僑委會，針對客家族群的客委會，針對原住民族的原民會，竟然都文風不動，仍然健在。無怪乎，有人批評「這四個機關不裁併，組織改造就是玩假的」，寧非無理？

總而言之，這次行政院組織法修正，因涉及各方利益，故表面支持行政院的提案，實際上卻是角力不斷、一再妥協，原來追求的專業與理想只能退讓。所以精簡裁併的幅度看似不小，但如與日本、中國大陸等相互比較，即知我國改革的幅度仍然不夠，一些該裁而未裁的機關依然健在。上述問題的出現，代表組織改造未竟全功，尚待努力！

五、小結

行政院組織法在距離上次修正，即自69年5月迄至99年1月，將近三十年矣！這段期間國內外政經環境快速變化，行政院並不是不想因應環境需要予以修正，而是數次提案之後最終功敗垂成，結果不了了之。這次在立法院審議過程中，國民黨黨團書記長呂學樟、民進黨黨團總召集人柯建銘與立法院院長王金平不斷折衝，以及在全體朝野立法委員捐棄成見、共同努力之下，終於開花結果，真是大不易啊！

不過從修正條文觀之，雖可見其優點與特色，但亦不難發現一些問題。固然「先求其有，再求其好」、「立法是民主妥協的產物」蔚為主流，所以社會各界對這次的修法普遍叫好。然而從組織

原理與最佳原則切入，的確是有如上一些仍待努力克服的問題，自不應視而不見。

玖、行政院所屬部會機關的組織概況

一、前言

如前所言，這波政府組織改造工程，始自民國86年第四階段修憲，其後行政院、考試院首次於87年5月會銜送請立法院審議中央政府機關組織基準法草案，已歷多年，費時甚久。嗣於93年6月制定公布中央行政機關組織基準法，終於跨出組織改造的第一步；經過多年努力，復於99年1月分別修正通過中央行政機關組織基準法及行政院組織法，制定公布中央政府機關總員額法及行政院功能業務與組織調整暫行條例，嗣後又於100年4月制定公布行政法人法。至此，所謂組織改造的關鍵五法已全部到位。接下來就是所屬部會組織法的修正，這涉及各部會組織架構與業務職掌的調整裁併，也是極其複雜、不易處理的大工程。

依中央行政機關組織基準法規定，行政院所屬部之總數以14個為限，基於政策統合需要而設委員會之總數以8個為限，相當二級機關之獨立機關總數以3個為限，二級機關設附屬機關署、局之總數，除地方分支機關外，以70個為限。

依行政院組織法規定，行政院下設內政、外交、國防、財政、教育、法務、經濟及能源、交通及建設、勞動、農業、衛生福利、環境資源、文化、科技等十四部；設國家發展、大陸、金融監督管理、海洋、僑務、國軍退除役官兵輔導、原住民族、客家等八委員會；設主計、人事行政等二總處、中央銀行、國立故宮博物院；又設中央選舉、公平交易、國家通訊傳播等三個相當二級機關之獨立

機關委員會。

　　易言之，行政院所屬二級機關（含獨立機關），已由37個裁併為29個，除中央行政機關組織基準法規定之十四部八會三獨立機關外，另有二總處、一行、一院之設。

　　此外，行政院復直接下設相當於三級機關之獨立機關國家運輸安全調查委員會；又以任務編組方式，依作用法法源設立三級機關不當黨產處理委員會，以及相當二級機關之獨立機關促進轉型正義委員會。

　　在關鍵的組改五法經立法院審議通過，並奉總統明令公布後，行政院即積極催促各部會依組織改造方案，研擬組織法案送請立法院審議，迄108年12月底止，除內政、經濟及能源、交通及建設、農業、環境資源等五部之組織法案，因有職掌事項或其他爭議，以致未能完成立法程序外，其他二十四個機關均已修（立）法通過，相應展開組織與職掌的調整裁併，並依行政院功能業務與組織調整暫行條例規定處理財產、預算執行與人事等相關事宜。

　　茲分就已完成組改之部、已完成組改之委員會（不含獨立機關）、已完成組改之其他機關、未完成組改之部會等四部分，略論各部會組織概況。

二、已完成組改之部組織概況

　　在14個部中，已完成組改之部計有9個，其中固有機關名稱與職掌事項大致不變者，但也有職掌事項調整變動頗大者，謹分別說明之。

（一）外交部

組改前後，機關名稱與職掌皆未變更，係為辦理外交及有關涉外業務而設；其設立依據是100年11月通過的外交部組織法。置部長1人，政務次長2人，常務次長1人；下設領事事務局；另得派所屬人員駐境外辦事。

（二）國防部

組改前後，機關名稱與職掌未有變更，係為辦理國防業務而設；其設立依據是101年12月通過的國防部組織法。置部長1人，副部長2人，常務次長2人；下設參謀本部、陸軍司令部、海軍司令部、空軍司令部、後備指揮部、憲兵指揮部；另設次級軍事機關政治作戰局、軍備局、主計局、軍醫局；並得於適當地區設地方軍事法院或其分院。

（三）財政部

組改後，機關名稱未變，但職掌部分，因併入行政院公共工程委員會主管之政府採購、促進民間參與公共建設之業務，故有改變。係為辦理全國財政業務而設；其設立依據是101年2月通過的財政部組織法。置部長1人，政務次長2人，常務次長1人；下設次級機關國庫署、賦稅署、各地區國稅局、關務署、國有財產署、財政資訊中心。因本法部分條文尚未生效，故目前行政院公共工程委員會尚未裁撤，其職掌亦尚未納入。

（四）教育部

為辦理全國教育業務而設，組改後，機關名稱未變，但職掌部分已有大幅度的調整，除依法設國立大學與社教館所不變外，原文

化性較高之館所已移轉文化部管轄，但併入原行政院體育委員會與行政院青年輔導委員會業務。其設立依據是101年2月通過之教育部組織法，置部長1人，政務次長2人，常務次長1人；下設國民及學前教育署、體育署、青年發展署等三個次級機關。

（五）法務部

組改前後機關名稱與職掌大致未變，乃為辦理全國檢察行政、犯罪防治、犯罪矯正、司法保護、廉政、行政執行、法規諮商、行政院法律事務及司法人員養成等業務而設；其設立依據是107年5月通過之法務部組織法。置部長1人，政務次長2人，常務次長1人；下設調查局、行政執行署、廉政署、矯正署、最高檢察署、臺灣高等檢察署等六個次級機關與司法人員培訓機關。

（六）文化部

為辦理全國文化業務而設，前身是行政院文化建設委員會，組改後改為現名，併入原行政院新聞局主管之影視業務及教育部文化性較高之社教館所，其設立依據是100年6月通過之文化部組織法，置部長1人，政務次長2人，常務次長1人；下設文化資產局、影視及流行音樂產業局等二個次級機關。

（七）衛生福利部

為辦理全國衛生及福利業務而設，前身是行政院衛生署，組改後併入原內政部主管之社會福利業務，改為現名。其設立依據是107年6月通過之衛生福利部組織法，置部長1人，政務次長2人，常務次長1人；下設疾病管制署、食品藥物管理署、中央健康保險署、國民健康署、社會及家庭署、國民年金局等六個次級機關。

（八）勞動部

為辦理全國勞動業務而設，前身是行政院勞工委員會，組改後改為現名，但職掌事項大致不變。其設立依據是103年1月通過之勞動部組織法；置部長1人，政務次長2人，常務次長1人；下設勞工保險局、勞動力發展署、勞動基金運用局、職業安全衛生署等四個次級機關。

（九）科技部

為推動全國科學發展與技術研究及應用等相關業務而設，前身是行政院國家科學委員會，組改後改為現名，併入原行政院原子能委員會之職掌；其設立依據是108年12月通過之科技部組織法，置部長1人，政務次長2人，常務次長1人；下設新竹科學園區管理局、中部科學園區管理局、南部科學園區管理局等三個次級機關。

三、已完成組改之委員會組織概況

行政院所屬8個一般委員會（不含獨立機關委員會），迄至108年12月底止，均已完成組改。不論原有無冠行政院名，組改後均不再冠名。茲分別略述如下：

（一）國家發展委員會

為辦理國家發展之規劃、協調、審議、資源分配業務而設，由行政院經濟建設委員會與行政院研究發展考核委員會整併而來，以前者為存續機關，並改為今名。其設立依據是102年8月通過之國家發展委員會組織法，設主任委員1人，由行政院政務委員兼任，副主任委員3人，其中二人政務，一人常務；另置委員17人至27人，由行政院院長指定政務委員及相關首長兼任之。下設檔案管理局一個次

級機關。

（二）僑務委員會

　　為辦理僑務行政及輔導華僑事業事務而設，組改前後，機關名稱與職掌事項均無改變。其設立依據是100年11月通過之僑務委員會組織法，置委員長1人，副委員長2人，一人列政務，一人列常務；另置僑務委員90人至180人，任期三年，均為無給職。

（三）國軍退除役官兵輔導委員會

　　為辦理國軍退除役官兵輔導業務而設，組改後，除刪去行政院冠名外，機關名稱與職掌事項大致未變。其設立依據是102年7月通過之國軍退除役官兵輔導委員會組織法。置主任委員1人，副主任委員3人，其中二人列政務，一人列常務；另置委員9人至13人，由行政院院長派兼或聘兼之。

（四）原住民族委員會

　　為統合原住民族政策，保障原住民族權益，辦理原住民族業務而設。組改後，除刪去行政院冠名外，機關名稱與職掌事項大致未變。其設立依據是103年1月通過之原住民族委員會組織法，置主任委員1人，由原住民擔任；副主任委員3人，二人列政務，至少一人應由原住民擔任；一人列常務，應具原住民身分。另置委員19人至29人，其中原住民族各族代表應至少一人，依聘用人員聘用條例聘用，其聘期隨主任委員異動而更易；餘均為無給職，由主任委員提請行政院院長派（聘）兼之，任期二年，任滿得連任；但委員為有關機關代表者，其任期隨職務異動而更易；委員應有二分之一以上人數具原住民族身分。

（五）客家委員會

為統籌辦理客家有關事務而設，組改後，除刪去行政院冠名外，機關名稱與職掌事項大致未變。其設立依據是100年6月通過之客家委員會組織法，置主任委員1人，副主任委員2人，一人列政務，一人列常務；另置委員21人至27人，為無給職，由主任委員提請院長聘（派）兼之，任期二年，任滿得連任，但委員為有關機關代表者，其任期隨職務異動而更易。

（六）金融監督管理委員會

為健全金融機構業務經營，維持金融穩定及促進金融市場發展而設；組改後，除刪去行政院冠名外，機關名稱與職掌事項未有改變，其設立依據是100年6月通過之金融監督管理委員會組織法。置主任委員1人，副主任委員2人，一人列政務，一人列常務，另置委員6人至12人，除原專任委員任期屆滿前，仍為當然委員外，其餘由行政院院長派（聘）兼之，為無給職。下設銀行局、證券期貨局、保險局、檢查局等四個次級機關。

（七）海洋委員會

為統合海洋相關政策規劃、協調及推動，並辦理海域與海岸巡防及海洋保育、研究業務而設，其設立依據是104年7月通過之海洋委員會組織法，係新成立機關，乃由原行政院海岸巡防署改制而來。置主任委員1人，副主任委員3人，其中二人列政務，一人為常務，另置委員17人至19人，由行政院院長派兼或聘兼之。下設海巡署與海洋保育署兩個次級機關。

（八）大陸委員會

為統籌處理有關大陸事務而設，其設立依據是107年6月制定公布之大陸委員會組織法。置主任委員1人，副主任委員3人，其中二人列政務，一人列常務，另置委員17人至27人，由行政院院長派兼或聘兼之。亦得視業務需要，於境外設辦事機構。除機關名稱刪去行政院冠名外，並無改變；雖然併入蒙藏委員會業務，但職掌大致未變。

四、已完成組改之其他機關組織概況

行政院所屬二級機關，除十四部八會外，另有三獨立機關、二總處、一行與一院，這七個機關統稱其他機關，均已完成組織改造法案的立法程序。茲分別說明如下：

（一）中央選舉委員會

為貫徹憲法保障民主法治及人民參政權之本旨，統籌辦理公職人員選舉、罷免及公民投票事務而設，組改前後機關名稱與職掌事項未有變更；係相當於二級機關之獨立機關。其設立依據是98年6月制定公布之中央選舉委員會組織法，置委員9人至11人，其中一人為主任委員，一人為政務職副主任委員，其餘皆為無給職，均由行政院院長提名經立法院同意後任命。委員任期為四年，任滿得連任一次。委員應超出黨派以外，依法獨立行使職權，於任職期間不得參加政黨活動；委員中同一黨籍者，不得超過委員總數三分之一。為辦理選舉事務，依法得於直轄市及縣（市）設選舉委員會。

（二）公平交易委員會

為維護交易秩序與消費者權益，確保自由與公平競爭，促進經

濟之安定與繁榮而設。係相當於二級機關之獨立機關，組改後，刪去行政院冠名，併入原行政院消費者保護委員會之業務職掌。其設立依據是100年11月通過之公平交易委員會組織法。置委員7人，其中一人為主任委員，一人為副主任委員，均為專任，任期四年，任滿得連任，由行政院院長提名經立法院同意後任命之。委員具同一黨籍者，不得超過委員總額二分之一；另明定委員須超出黨派以外，於任職期間不得參加政黨活動，並依法獨立行使職權。

（二）國家通訊傳播委員會

為落實憲法保障之言論自由，謹守黨政軍退出媒體之精神，促進通訊傳播健全發展，維護媒體專業自主，有效辦理通訊傳播管理事項，確保通訊傳播市場公平有效競爭，保障消費者及尊重弱勢權益，促進多元文化均衡發展，提升國家競爭力而設，係相當於二級機關之獨立機關，組改前後機關名稱與職掌事項未有變更。其設立依據是100年12月通過之國家通訊傳播委員會組織法，置委員7人，其中一人為主任委員，一人為副主任委員，均為專任，任期四年，任滿得連任，由行政院院長提名經立法院同意後任命之。委員應超出黨派以外，獨立行使職權，具同一黨籍者，不得超過委員總數二分之一。

（四）中央銀行

隸屬行政院之國家銀行，現行依據是103年1月通過之中央銀行法。設理事會，置理事11人至15人，由行政院報請總統派充之，並指定其中5人至7人為常務理事，組織常務理事會；本行總裁、財政部長及經濟部長為當然理事，並為常務理事；除當然理事外，理事任期為五年，期滿得續派連任。設監事會，置監事5人至7人，由行政院報請總統派充之，行政院主計長為當然監事；除當然監事外，

監事任期為三年，期滿得續派連任。監事會置主席1人，由監事互推之。本行置總裁1人、副總裁2人，任期均為五年，期滿得續任命之。除設總行於中央政府所在地外，並得於國內設立分行及辦事處，必要時得於國外設立辦事處；另為協助經濟建設，亦得設立各種基金。

（五）國立故宮博物院

為整理、保管、展出原國立北平故宮博物院及國立中央博物院籌備處所藏之歷代古文物及藝術品，並加強對中國古代文物藝術之徵集、研究、闡揚，以擴大社教功能而設。其設立依據是97年1月通過之國立故宮博物院組織法。置院長1人、副院長2人，一人列政務，一人列常務或比照大學校長資格聘任。

（六）行政院人事行政總處

行政院為辦理人事行政之政策規劃、執行及發展業務而設，其前身為行政院人事行政局，組改後改為今名，但職掌事項未變。設立依據是100年11月通過之行政院人事行政總處組織法，置人事長1人，副人事長2人，一人列政務，一人列常務；下設公務人力發展學院一培訓機構。

（七）行政院主計總處

為辦理全國歲計、會計及統計業務而設，其前身為行政院主計處，組改後改為今名，但職掌事項未變。設立依據是101年2月通過之行政院主計總處組織法，置主計長1人，副主計長2人，一人列政務，一人列常務。

五、未完成組改之部會組織概況

前言之，行政院所屬部會級機關，在組改後將由37個減為29個，截至民國108年12月底止，已完成組改法案審議者計有24個，但因職掌爭議或其他因素，仍有5個機關尚未完成。茲依行政院送請立法院審議的草案內容，說明這些機關未來規劃的組織概況如下：

（一）內政部

為辦理全國內務行政業務而設，行政院前曾於105年2月將內政部組織法修正草案送請立法院審議，嗣因政黨輪替，於105年7月撤回，嗣後又於107年5月重新送案。依該草案所定，在職掌部分，主要移出社會福利業務到衛生福利部；在組織架構部分，置部長1人，政務次長2人，常務次長1人；下設警政署、消防署、移民署、國土管理署與國家公園署等五個次級機關。

（二）交通及建設部

為辦理全國交通行政、交通建設及產業業務而設，行政院前曾於105年2月研擬交通及建設部組織法草案送請立法院審議，嗣因政黨輪替，於同年7月撤回，復於107年5月再度送案。依該草案所定，機關名稱小有變更，職掌事項主要是移出氣象業務到環境資源部；置部長1人，政務次長2人，常務次長1人；下設觀光署、公路局、高速公路局、鐵道局、民用航空局、航港局等六個次級機關。

（三）經濟及能源部

為辦理全國經貿行政、經濟建設及能源業務而設，行政院前曾於105年2月研擬經濟及能源部組織法草案送請立法院審議，其後因政黨輪替，於同年7月撤回，復於107年5月再次送請審議。依該草案

所定，機關名稱小有變更，職掌事項主要是移出水資源、地質礦產業務到環境資源部；置部長1人，政務次長2人，常務次長1人；下設產業發展署、國際貿易署、能源署、中小及新創企業署、水利署、智慧財產局、產業園區管理局、標準檢驗局等八個次級機關。

（四）農業部

由行政院農業委員會改制升格而來，為辦理全國農業、漁業、林產業及畜牧業行政業務而設，行政院前曾於105年2月研擬農業部組織法草案送請立法院審議，嗣因政黨輪替，於同年7月撤回，復於107年5月再次送請審議。依該草案所定，在職掌部分，主要將林業、水土保持部分業務移歸環境資源部；在組織架構部分，置部長1人，政務次長2人，常務次長1人；下設農糧署、漁業署、動植物防疫檢疫署、農村及農田水利署、農民服務及農業金融署、農業科技園區管理中心等六個次級機關。

（五）環境資源部

為辦理環境及資源業務而設，由行政院環境保護署改制升格而來，行政院前曾於105年2月研擬環境資源部組織法草案送請立法院審議，惟因政黨輪替，於同年7月撤回，嗣後於107年5月再次送案。依該草案所定，在職掌部分，併入原交通部主管之氣象業務，原經濟部主管之水資源及地質礦產業務，原農委會主管之林業及水土保持業務；在組織架構部分，置部長1人，政務次長2人，常務次長1人；下設中央氣象署、水資源保育署、森林及自然保育署、水土保持及地質礦產署、毒物及化學物質署、環境管理局等六個次級機關。

六、小結

　　據上所述，組織改造可說是牽涉廣泛，極其複雜的政治工程，所以一路走來不只費時甚久，也是跌跌撞撞，屢見困頓。原先偏向專業性與理想性的調整規劃，卻不能免俗的向政治現實妥協；在修正中央行政機關組織基準法放寬部會總數後，行政院組織法也順勢因應調整，也因此目前各部會的組織與職掌，與原先的規劃，其實已有很大的出入。如果與組改前相較，不論就業務相近性、職掌統整性與領導功能性言之，都已有很大的進步與改善。

　　務實以觀，行政院組織改造工程已歷二十多年，目前已近尾聲，僅餘六個部會組織法案尚未經立法院審議通過，乍看似乎即將大功告成；然而，愈到最後審議的機關，其職掌爭議往往愈大，雙方的角力一時難以分出勝負，所以只能一而再、再而三的往後拖延；而能否按照行政院的構想通過，也是個未知數。說不定行政院提送的草案條文被改得面目全非，甚至已通過的組織法案還得再拿回來修改呢？

　　期盼剩下的六個部會機關的組織法案能儘快審議完成，這一波的組織改造工程順利落幕，讓公務員可以安心的、順利的推動業務，也讓全體國人得以瞭解其申辦事項的對應機關。那才是組改的初衷，也是國人之福氣！

拾、中央政府機關組織調整的困境

　　政府再造是行政院近年來大力推動的跨世紀政治改革工程，其優劣成敗，直接關係政府效能與國家競爭力，間接影響人民的福祉權益，不可謂不重要。而組織再造則是政府再造的核心工程，直指

中央與地方政府機關組織體制的變革，更是政府再造能否成功的關鍵因素。組織再造刻已按既定時程積極辦理，也得到初步的成績，不過未來遭遇的阻力可能有增無減，能否竟其全功，恐仍不容樂觀。

這次的組織再造，主要包括：研擬中央政府機關組織基準法及總員額法草案、調整行政院暨所屬機關組織、調整臺灣省政府及省議會組織、調整地方政府組織、建立組織及員額績效評鑑制度等五大工作項目。其中行政院暨所屬機關組織的調整，以及精簡臺灣省政府與省議會組織職權兩項，堪稱是組織再造的兩大指標股。透過這些措施，希冀達到：擴大組織員額調整彈性，縮短組織法規法制作業時間；簡併政府機關層級、單位與事權，合理管制機關員額；強化地方自治功能，擴大民間參與公共事務等三個目標。

由組織再造工作進度觀之，大多數項目均在掌握之中，不過中央政府機關組織基準法與總員額法兩草案的立法工作，由於朝野立法委員歧見甚深，立法進度已有落後，至於調整行政院暨所屬機關所繫之行政院組織法修正草案的進展，因為各部會機關本位主義作祟等緣故，則是嚴重落後。原本預定87年12月完成修法，已不可能實現，所以也無法如期在89年12月前完成各部會及所屬機關組織的調整作業。

儘管立法進度延宕嚴重，朝野政黨輪替執政，所幸執政者均能以國家為念，將組織改造工作放在施政首位，不同政黨接力推動組織改造工程，終於在民國99年1月完成關鍵組改四法的立（修）法，並於100年4月通過行政法人法。此後，即積極展開29個部會級機關的檢討與修正調整工作。可惜的是，迄至108年12月，仍有內政部等5個機關組織法案卡在立法院，未能完成審議，付諸實行。

　　從組織再造的基本原則出發，政府組織不應僅止於達成目標、適應環境、維持模式與整合內部而已，更重要的是積極發揮組織功能、提升組織效能。所有的組織調整悉以理性、務實的角度衡量，完全摒除政治因素的考慮。職是之故，業務性質相近或業務量明顯不足之機關都應裁併。以現有部會級機關的業務性質及業務量觀之，再參考日本與中共的作法，行政院部會級機關由37個簡併為29個，似仍嫌多。但已是自38年以來的首次異舉，殊屬難能可貴。如果主政者不能善盡溝通之責，相關人員不能共體時艱、齊赴目標，這一部分的組織再造工程，恐怕最後仍是不了了之或草草收場。

　　中央政府機關組織調整所遭遇的困難，主要來自下列四個因素：

一、歷史包袱與政治考量

　　行政院所屬各機關之設置，皆有其政策層面的特殊考量，例如僑務委員會、客家委員會等，然而時空改變，業已完成階段性任務後，即應加以裁併。卻因為沉重的歷史包袱、龐大的人情壓力、選票的政治考量等因素，主政者不敢拿出勇氣，不願意當壞人，所以仍然繼續存在。再者國人普遍有提升機關層級，才足以表示重視此項業務的誤解，加上有心擔任政務官者的推波助瀾，新機關也就如雨後春筍一般的冒出頭來。新增的機關不斷增設，該裁的機關卻不易裁掉。如果主政者與相關人員不能揚棄歷史包袱與人情顧慮，以務實的、理性的態度去思考與面對此一問題，中央政府機關的組織調整工作就不可能做好。

二、部會機關的本位立場

　　站在全方位政府的立場，每一施政項目都是重要的，然而因為

資源有限，卻不能沒有輕重緩急之別。站在個別機關的立場，充分表述職掌事項的重要性並無錯誤，但如果只知有己，一味堅持立場，不知與其他機關協調配合，也不能顧及整體的話，機關組織的調整裁併方案縱勞請上級機關長官英明裁奪，也很難做下去。在這次擬議的調整方案中，可能被裁併的機關，除研考會本身外，幾乎個個都強烈表達反對意見，許多民意代表、學者專家及標的人口也加入戰局，使得問題更形複雜，組織再造的工程只得往後再延。

三、民意機關不願被剝權

依憲法規定，行政院應向立法院負責，職是立法院享有監督權、法案及預算案審議權，以及其他重要職權。但在組織再造過程中，立法委員既未被事先徵詢意見，而所提送的法案條文中，又不乏侵犯立法院原有職權者，例如中央政府機關組織基準法草案中，擬將三級機關組織改以行政命令規範；這些顧慮又豈是行政院一句「建立彈性快速調整機制」所能解釋？立法委員是否甘願放棄監督與審議權？社會大眾是否同意將效能放在民主之上？也是組織再造能否成功的關鍵因素。

四、其他機關的配合程度

此次組織再造有關中央政府機關組織調整部分，原僅限於行政院暨所屬機關，故其他一級機關大體均作壁上觀，顯出一副事不關己的態度，但事實上其他院級機關暨所屬機關的職掌事項較少，組織可能更為浮濫，員額可能更為寬鬆，與行政院所屬機關之間也存有許多職掌重疊、職權爭議的現象。表面上他們都平起平坐、分工合作，實際上卻又有監督制衡的味道，例如銓敘部一再堅持對各機關員額編制表中有關職稱、官等、職等的審核即是。如果不能獲得其他機關的充分配合，在組織再造過程中，行政院勢必不時被扯後

腿、潑冷水，縱使勉力做到，也只是行政院塑身成功，其他機關依然臃腫，仍不能說是達到組織再造的真正目的。

　　要之，組織再造的立意與出發點皆屬良善，兩大指標股之一的精簡臺灣省政府與省議會組織職權，在88年7月進入第二階段作業後，大體上可說是又順利往前邁進一大步。至於調整行政院暨所屬機關組織，在範圍上並不包括中央政府機關全部，顯然有所不足；在進度上也遭致許多意料之內及難以想像的阻力。論者有謂精省初始亦有許多阻力，其後不也排除困難順利往前邁進？因而推論行政院所屬機關組織的調整也必能「開低走高」；不過他們顯然忽略：省政府在被精簡的過程中，除訴諸民意與輿論外，並無能力與中央對抗，但行政院所屬各機關首長個個都能直達天聽、左右決策。如前所述四個理由，其困難度遠遠超過精省作業。固然期盼中央政府機關組織的調整再造工程能夠順利達成，但觀諸行政院組織與職掌的裁併調整，迄今已歷二十年，仍未竟全功；似乎也難令人抱持樂觀的態度。

第五篇

員額篇

壹、中央機關員額管理的背景概況

一、前言

任何措施，非人與錢莫辦，國家行政亦然；此故，在所有政府機關中均設有人事與主（會）計單位。早期的人事與主（會）計偏重在監督制衡，現在則強調支援配合。員額管理是人事行政的一環，從員額管理的變化中，不難窺出這種改變。

人事行政是一切行政的基礎，政府的各項施政都要靠「人」規劃推動，人力可謂是我國當前最寶貴的資源。司馬光曾言：「為政之要，莫如得人；百官稱職，則萬務咸治」。為政在人，如果人事行政健全，現代化有效能政府的基礎已經奠定。而員額管理來自於組織，是人事行政的源頭，員額管理工作如果做得好，人事行政就有好的開始。但很遺憾的是，長久以來，員額管理工作雖有在做，卻沒有得到應有的重視。

所謂員額，亦有簡稱為「員」者，係指計算官員的數量詞，或指各種職稱可任用的人數，也可說是政府組織中各種不同職缺的集

合。員額的多寡，雖不涉及成員素質的優劣與官職等級的高低，卻攸關組織的大小，也影響職務的安置、組織結構的設計、控制幅度的安排等事項。所謂員額管理，係指對政府機關員額的設置與安排，予以有效的規範與管理之謂。有員額而後有員額管理，有員額才能任用，也才有後續一連串的人事管理措施；員額管理的重要性不言而喻。近年來，政府當局鑒於公務人力快速膨脹，若不能有效控管，人事成本勢將排擠其他重要建設支出，始注意員額管理的問題。為配合政府再造工程，行政院前院長蕭萬長業已指示研擬中央政府機關總員額法草案送請立法院審議，欲將員額管理法制化、常規化、合理化的用心昭然若揭。89年5月唐飛新內閣組成，雖未對員額管理發表政策性的看法，但在「精簡組織、提升效能」的政策目標下，員額管理政策仍循著既定的改革方向繼續跨步向前。

其後，執政黨數度輪替，儘管政黨意識形態不同，施政重心有別，但繼續推動組織改造，落實員額管理的方向，卻未改變。

二、中央機關員額管理的概況

行政院是中央政府機關（包括國立學校在內）員額管理的主管機關，人事行政局則是唯一的幕僚作業機關。不只此也，在民國83年7月省縣自治法與直轄市自治法公布施行之前，亦即尚未賦予各地方政府人事自主權時，所有的請增員額案，亦須逐級轉報人事行政局核准，人事行政局可謂掌握員額管理之大權。

我國過去的員額管理，主要針對請增的設置員額予以管理，對於既存的現有員額並未定期檢討，既無法律規範，除「健全機關組織功能合理管制員額作業要點」外，亦無其他行政命令可資依據，完全憑藉相關主辦人員的專業經驗、道德良知以及行之多年的慣例。為便於瞭解其中之梗概，謹分述如次：

（一）員額設置

員額是靜態的數目，必經設置的程序才存在於組織之中。若按規範範圍區分，員額可分為總員額與單位員額兩種；若按規定方式區分，則可分為法定員額、編制員額、預算員額與實際員額四種。所謂總員額，係指某一政府機關組織的全部員額數。由於人事、主（會）計、政風單位的一條鞭領導體系，一個機關的總員額數通常不將這三個單位的人數計算在內；也因為「工不入法」的傳統作法，通常也不把技工、工友及其他臨時人員計算在內。所謂單位員額，係指組織內部某一單位所分配的員額數。區分總員額與單位員額的實益是，如採總員額方式訂列，則員額可在單位之間流通，用人較有彈性；如採單位員額方式訂列，則員額數固定在某一單位，不能流通，如有必要，只能借用或修改單位員額數，雖較明確，卻欠缺彈性。大致言之，人數較多之機關多採單位員額方式訂列，如立法院組織法即是；而人數較少之機關多採總員額方式訂列，如考試院組織法即是。

所謂法定員額，係指依照各該機關組織法規所規定的員額數。法定員額因在法規條文中規定，所以通常與職稱、官等、職等併列，它的最大特色是只有機關首長與單位主管明訂人數，其餘職務只有上限與下限人數，甚至僅有「若干人」的規範，保有較大的彈性空間。所謂編制員額，係指各機關學校以編制表規定的員額數，通常明訂人數。中央政府機關依中央法規標準法第5條第3款規定應以法律定之，已在組織法規中規定法定員額，故不再以編制表另訂編制員額。先前少數派用機關、籌備處及各國立學校在組織規程中僅有法源依據，主要係依編制員額加以規範。有時法定員額與編制員額混用而不加以區分，惟如上述，兩者實有區分；在通常情形下，兩者亦僅有其一。

　　所謂預算員額，乃各機關學校年度預算內編列人事薪俸支出的員額數。預算員額數可能每年不同，但一定在法定員額及編制員額範圍之內，而預算員額也最為具體實在，因為只有獲准編列預算，才能進用人員。所謂實際員額，係指各機關現有的在職人數。因為人員之間流動的時間差距，或有缺但未補實等情形，實際員額數通常少於預算員額數。

　　行政院對於中央政府各機關的員額管理，雖然包括法定員額與預算員額兩種，但主要係針對預算員額。因為組織法規所定的法定員額數，係為因應法律修改不易之事實，保留未來數年乃至數十年發展需要而設置，通常較為寬鬆，也較有彈性。預算員額則係通過每年預算，以管制各機關人員的進用，必須在組織法通過取得法定員額之依據後，衡酌業務上的需要，才能逐級報請增設預算員額。正由於預算員額特別重要，人事行政局自然以此為主要的管制窗口。

（二）管理流程

　　中央政府機關的法定員額係在各該組織法規中規範，所以法定員額的設置，係按照法制作業程序辦理，其修正或廢止時亦同。易言之，必經立法院審議通過，始生效力。預算員額則分請增與現有兩部分，請增之預算員額必須專案逐級轉報請行政院同意後始能設置，至於現有之預算員額，則按預算程序列入年度預算案辦理，雖然每年所列預算員額數可能不同，但一定在法定員額或編制員額的範圍內。

　　法定員額與編制員額，因涉各該職務之職稱、官等與職等，尚應在立（修）法之前送會考試院或函送考試院備查；在地方自治機關，除應經同級民意機關審議及權責機關審核外，亦應送銓敘機關

備查，始告完成法定程序。實際員額係實際在職人數狀況的真實反應，僅需定期彙報上級機關備查即可。

由上所述，可知行政院對於預算員額的管理，係以請增部分為主；至於現有部分，則係每年一度的例行公事，無足輕重，也無關大局。有關請增預算員額的作業流程，大致可歸納為衡酌需要、逐級報核、實地評估與裁量決定等四個流程。

依行政院85年9月訂頒之「健全機關組織功能合理管制員額作業要點」規定，各機關請增預算員額前，應先審酌是否確屬當前施政重點或業務迫切需要，並先通盤檢討、充分運用現有人力，及就加強推動工作簡化、業務資訊化、委任、委託、外包及運用志工參與公共事務相對節餘之員額檢討調整，如仍不敷業務需要，且其整體缺額率在預算員額百分之五以內時，始得提出申請。

各機關依前開規定，認有需要而提出請增預算員額，基本上是循組織體系由下而上逐級報核，直至行政院為止。在行政院以外各機關，則層轉至同層次之院級機關後再轉送行政院。在層轉的過程中，主管機關應先行檢討辦理人力評鑑，並依評鑑結果實施員額移撥及人力相互支援；如發現現有編制員額或人力尚未充分有效運用時，應發回重行檢討或覈實刪減請增之員額。

人事行政局接獲行政院交辦之各機關請增員額案件後，通常均送請主計處表示意見，並視情況前往實地評估，瞭解請增員額機關人力配置及業務量等實情，以作為核給多少員額之依據。俟正式簽報院長核准後函復，並副知主計處核給人事經費，整個申請作業流程因以告終。

（三）審核原則

　　每一機關應設置多少員額始為恰當，實是一個頗難拿捏的問題。通常考量法定員額的上下限時，既會斟酌其業務量的多寡，卻也難脫政治性的考慮，在相關人員與民意代表的討價還價聲中定案；由於是列入法規條文中，所以嗣後修正的可能性也較小。至於未訂法定員額而以編制員額規範者，亦經權責機關層層審核後報行政院核定，請增的預算員額亦同；而現有的預算員額則在此一範圍內列入年度預算案辦理。政府機關的員額設置乍看可謂頗有彈性，並無一定基準或原則可言。

　　依健全機關組織功能合理管制員額作業要點規定，各機關除新增機關及為處理重大專案業務、推動重大建設及依法新增業務所需者外，一律不得請增員額。反面觀之，符合此四項要件之一者，即可請增。此一規定雖然稍嫌抽象，也頗有彈性，但卻是當時請增預算員額時唯一的審核原則與法令依據。

三、小結

　　作為核配各機關員額多寡的幕僚作業機關，人事行政局面對中央政府機關請增員額案件，首先衡量的就是是否符合前述要件？除來自其他院級機關或有政策交辦的案件外，通常會先退請各機關就內部需求再行檢討，並視實地評估結果或書面填報資料做出決定。審核的不成文規則，表面說是「當用則用，當減則減」，實際是「嚴格把關，只減不加」；但對於自我審核較嚴格的機關、來自其他平行的院級機關或執行特別重大任務的機關，審核尺度稍寬，刪減的名額會少些。給多給少之間，人事行政局迄未如同國立大專院校每班四員一工的設置基準，建立一套客觀調整的機制；亦未如日本定員法將內閣機關、總理府和省的常勤職員，限定在50萬9,508人

以下；（行政院人事行政局，1993：50）全憑主觀判斷與自由裁量，審核權限頗大，幾無任何限制。也因此每年預算員額不斷成長，公務員實際人數繼續膨脹，以87年7月至12月半年期間為例，即增加職員員額1,560人之多。人事行政局試圖將預算員額平均年增率控制在百分之一點八之下，（行政院經濟建設委員會，1999：3-5）其用心令人敬佩，但能有多大效果，實在不無疑義。

要之，請增預算員額的審核原則僅是一抽象的規定，審核標準則是「沒有標準」，全憑主管機關相關人員的自由裁量。此與其他人事行政業務泰半均屬羈束處分的性質，頗有差別。

貳、中央機關員額管理的問題檢視

公務員是組成國家統治機器的重要元素，抽離人員的元素，政府任何施政措施均無法推動，也將失去意義。公務員的素質與數量，在現代政府中，因而顯得格外重要。

員額就是人數，本質上是公務員的數量問題，不過如果公務員的素質高，效能相對提升，在一定業務量之下，所需人數自然可以較少，反之亦然；因此員額數與公務員的素質高低也息息相關。從另一個角度來看，員額的多寡亦足以判斷組織的大小與重要性。員額在行政管理上所顯示的意義，顯然不只是人數而已。

所謂員額管理，係指對政府機關員額的設置與安排，予以有效的規範與管制之謂。機關有員額，始能依法任用人員，也才有後續一連串的人事管理措施；員額管理可說是人事行政工作的第一步。我國一向不太重視員額管理的問題，不過這些年來，政府當局有鑒於公務員人數不斷膨脹，人事經費支出居高不下，已嚴重排擠其他

重要建設支出，始轉而重視此一課題。除於民國85年9月函頒「健全機關組織功能合理管制員額作業要點」，以作為員額管理之行政命令依據外，並配合政府再造工程，研擬「中央政府機關總員額法草案」，於87年5月函請立法院審議。可以想見的是，一旦中央政府機關總員額法完成立法程序，員額管理工作勢將有一番重大的變革。

　　不過在中央政府機關總員額法草案尚未通過施行前，各機關員額管理的主要依據，仍然只有健全機關組織功能合理管制員額作業要點一種。行政院是中央政府機關（包括國立學校在內）員額管理的主管機關，人事行政局則是幕僚作業機關。雖然機關員額通常有法定員額或編制員額、預算員額、實際員額之區別，理論上均應同等重視，不能偏廢，但實際上人事行政局的員額管理工作，明顯偏於預算員額，且只在請增預算員額時設下關卡，加以審核，對於平時的現有員額，幾乎不曾聞問。

　　就此前各機關員額管理業務予以深入觀察，不難發現若干缺失。謹分述如次：

一、在管理規定方面

　　我國過去員額管理的唯一規定，是屬於行政命令層次的「健全機關組織功能合理管制員額作業要點」，在中央政府機關總員額法草案通過施行前，可謂欠缺任何法律依據。其規定之層次明顯偏低，難免引人非議。而此一要點僅有原則性的規定，太過於抽象化，類似的案例可以給，也可以不給，又令人有政治力介入的聯想。

二、在管理機關方面

行政院人事行政局可謂掌握中央政府機關預算員額管理的大權，該局接獲行政院交辦之各機關請增員額案件後，通常只送請行政院主計處表示意見。至於職司人事管理的考試院、業務管考的行政院研考會均完全被排除在外，這是值得商榷的。正因為這些員額管理屬人事行政之一環，行政院始交由人事行政局主政，可是該局卻不同意全國最高人事主管機關考試院聞問，不是很奇怪嗎？而某機關業務是否應增加人手，職司管考的研考會應該較之人事局清楚才是，何以排除研考會呢？

三、在審核標準方面

人事局核增各機關預算員額的主要標準是新增機關及為處理重大專案業務、推動重大建設及依法新增業務等四項，其審核標準可謂嚴苛，但實際上並非如此。如屬有權監督者之要求，或有政治力介入的話，便完全走樣，審核標準幾乎沒有標準可言。這種基於政治考量，而非行政管理；屬於便宜措施，而非長遠考量；全是個案衡酌，而無通盤規劃的審核標準，也難免引人非議。既使實地查核工作幾乎流於形式，也使得專業幕僚的研析意見派不上用場，首長講話算數，其他的程序不過幌子而已。

四、在審核作法方面

按人事行政局對於各機關的員額管理是平常不管，對於現有員額不管，對於修正各機關組織法的法定員額不重視，而將重心置於各機關請增預算員額之際。審核流程由下而上，頗為冗長，而審核結果就是核給員額，只有給多給少的問題，不給的情形幾乎沒有。至於核減員額的情形，只在裁併機關或單位時才會出現。這也難怪

我國公務員總人數成長率雖已緩和下來，卻仍然年年不斷增加。

五、在員額運用方面

我國各機關勞逸不均的現象普遍存在，聖（剩）人、賢（閒）人、要（藥）人共組的「三人堂」無時不在，各機關首長要負很大的責任。只知向上力爭人員的增加，從不主動要求刪減員額，卻鄉愿的不敢要求所屬同仁，不知善用現有人員；無怪乎各機關總是存在著勞逸不均的不平之鳴，而各機關人數也不斷的增加。

正因為員額管理工作出現以上若干缺失，人事行政局知道不改進不足以解決問題，所以配合政府再造工程，研擬提出中央政府機關總員額法草案，期能釜底抽薪從根本去改進這些缺失。雖然此一草案亦不無瑕疵，但較諸無法律可管的情況，可謂改善許多。深盼此一法案的通過施行，帶來員額管理新的契機；也期盼制度面的改善，有助於相關人員心態面的調整。只有心態的真正調整改進，前述員額管理的缺失才可望有效解決。

參、中央政府機關總員額法草案評析
——民國87年5月行政院、考試院會銜提案版本

一、前言

近年來，隨著國內政經情勢的重大改變，原本扮演經濟發展幕後重要推手角色的政府機關，也在民間業者、學者專家與大眾媒體的強力呼籲，以及政府機關本身的自我覺醒之下，吹起改革的號角。行政革新、精簡省府組織、政府改造等攸關政府組織結構及員額管理的改革方案相繼推出。能否如願將整個中央政府改造成精簡、彈性、不斷創新及有應變能力的「企業導向型」組織，不但考

驗歷屆政府的執政能力，也牽動政府的施政效能及人民的信賴，顯然格外重要。

雖然中央政府機關組織基準法草案與中央政府機關總員額法草案均是政府再造的重要法案，彼此關係密切，故不論送請行政院審查、考試院會銜或立法院審議，均係同步進行。不過細究其實，兩者仍有不同，一偏組織設置基準，一偏員額管理。按業務性質區分，前者屬研考業務，故由研考會主管，後者屬人事業務，故由人事行政局主政。以下謹就中央政府機關總員額法草案內容加以摘述，並試圖歸納其特色，探討其問題。

二、中央政府機關總員額法草案要點摘述

中央政府機關總員額法草案全文計分十一條，不分章節。揆諸其體例安排規範內容，大致可分為通則、員額設置與調配、附則三部分。第1條明定立法宗旨，第2條規定適用範圍，第3條就員額加以定義，係屬通則範圍。第4條規定員額總數，第5條明定機關員額訂定權責與程序，第6條規定機關員額設置及分配原則，第7條規定員額應裁減或移撥其他機關之情形，第8條規定年度預算執行中與新設機關、新增業務時員額移撥之原則，第9條規定編制表訂定原則，並賦予訂定員額配置基準之法源，此六條條文可謂本草案中最重要的主體規範，俱為員額設置與調配之範圍。第10條規定約聘僱與技工、工友等人數之編定，第11條規定施行日期，論其性質則屬附則之範圍。

為進一步瞭解本草案的內容要點，以作為論述的基礎，謹逐條扼要說明如次：（行政院人事行政局，1998：16）

在通則部分，計有三條。第1條明定立法宗旨：為管理中央政府

機關員額，增進員額調配彈性與提升用人效能。第2條規定適用範圍為中央政府各一級機關與所屬機關，但中央銀行、國營事業機構及公立學校不包括在內。所稱一級機關則界定為國民大會、總統府、行政院、立法院、司法院、考試院、監察院與國家安全會議等八個機關。至於一級機關所屬之各級機關，依其行政層級，分別稱為二級機關、三級以下機關。第3條就員額加以定義，所謂員額係指機關為執行業務所置之政務人員，以及定有職稱、官等之文職人員數。

　　在員額訂定與調配之主體部分，共列六條。第4條計分三項，規定中央政府機關員額總數為12萬人，不過此一總數不包括地方機關隨業務移撥中央各機關之員額，司法院及所屬各級機關如因業務需要，並經立法院同意增加員額者，也不受此一總數之限制。第5條計分五項，規定各一級機關及所屬各級機關配置員額之總數，由行政院徵詢一級機關後，在12萬人之最高限額內定之；各二級機關及所屬各級機關配置員額之總數，由該管一級機關就所分配得到之總數定之。各機關依前述規定訂定之員額，應統由行政院編入年度總預算案，送請立法院審議。又此一員額經分配訂定後，各機關原以組織法規所定之員額即停止適用。

　　第6條規定機關員額設置與分配原則，明定各機關員額之設置及分配，應衡酌：1.業務職掌及功能；2.施政方針、計畫及優先順序；3.預算收支規模；4.人力配置及運用狀況等四個因素決定之。第7條計分兩項，第1項規定機關應視業務實際需要及消長情形，機動調整內部單位人力之配置；如遇有：1.機關或內部單位裁撤或減併者；2.業務及功能萎縮者；3.完成國家重大建設、專案業務或計畫等階段性任務者；4.實施組織及員額評鑑所為裁減或調整移撥員額之決議者；5.實施分層負責、逐級授權，或推動業務資訊化、委任、委託、外包及運用社會資源節餘之人力者；6.其他因政策或業務需要，須為裁減

或調整移撥之情事者，其員額應予裁減或移撥其他機關。第2項復規定，移撥其他機關之人員，必要時應由受撥機關或其主管機關實施專長訓練。

第8條第1項規定，年度預算執行中，機關推動業務所需人力，應由該管一級機關就分配之員額統籌檢討調配；其因調配人力移撥員額時，所需經費得由移撥機關在原預算範圍內支應。第2項規定，因新設機關或單位、新增業務及因應國家重大政策或專案業務需要請增員額者，應由該管一級機關認定有必要後，就檢討節餘之人力予以調整、移撥；如仍有不敷，再根據檢討調整結果，依預算程序辦理。第9條分列四項，規定機關應就其層級、業務性質及職責程度，依職務列等表妥適配置各官等之人員，訂定編制表；編制表有關考銓業務事項，不得牴觸考銓法規，並應函送考試院核備；各官等職等員額之配置基準，由考試院會同行政院定之。至於軍文併用機關，其軍職人員編制表，由各該機關定之。

在附則部分，僅有兩條。第10條規定機關之聘用與約僱人員、駐衛警、技工及工友人數，由行政院配合總預算案編定之。第11條則規定本法施行日期，由行政院定之。

綜上述之，本草案條文實在不多，而第4條員額總數的限定，以及第5條及第8條有關員額訂定權責、程序、員額調整、移撥原則與處理程序，可謂主體重心之所在。特別是第4條，將是本草案立法通過後，能否實施成功的關鍵，值得關心留意。

三、中央政府機關總員額法案主要特色

中央政府機關總員額法草案內容業經摘述如上，由以上的說明中，不難歸納其特色。茲說明如次：

（一）第一部員額法律

　　所謂員額，簡單的說，就是各種職稱可任用的人數。（傅蕭良，1990：45）原有法定員額、編制員額、預算員額與實際員額之不同，法定員額係指各政府機關組織法規所規定的員額上下限，有時與編制員額混用不分。依中央法規標準法第5條第3款規定，關於國家各機關之組織應以法律定之，故一組織即有一法律依據，目前中央各機關所據以設立之組織法或組織條例，除規範職掌事項、隸屬關係、組織架構等重要事項外，也規定人員組成等事宜，包括職稱、官等職等、員額數及其他事項。所以員額在法律中雖早已出現，但卻是零散的，較不重要的。本草案若通過施行，將是我國有史以來第一部專門規定員額的法律，也將以特別法的地位凍結各機關原組織法有關員額規定的適用，其重要性不言可喻。

（二）明定總員額上限

　　有關員額管理，原有巨向與微向兩種客觀調整的機制。規定全國總員額上限後，授權由政府首長在此一範圍內彈性調整的作法，係屬前者；例如日本定員法將內閣機關、總理府和各省的常勤職員總數，限定在50萬9,508人以下即是。（行政院人事行政局，1993：50）規定一員額設置基準，各機關學校員額之增加或刪減，依基準自行調整，但不限制總數的作法，係屬後者；我國目前公立大專院校每班4員的設置基準，公立小學每班1.7員的編制，教職員員額隨同學生班級數調整的作法，即為其例。我國各級機關公務員員額之調整，既無如公立大專教師可依設置基準自行調整，亦未如日本中央行政機關常勤職員受到總數之限制，以致數十年來公務人員總數不斷增加，而各上級機關重重嚴格的審核，也未必能讓請增員額機關心服口服。本草案通過施行後，雖仍難免除上下級機關對於員額的「討價與還價」，甚至可能更兇，但至少對於員額的成長已能有效

的控制。

（三）由上而下分配法

　　員額的設置與組織的大小、職掌的多寡、業務量的繁簡有密切的關係，這也就說先有業務職掌，才會成立組織；組織設立後才有員額設置，有員額才能任用人員，也才能據以推動業務。所以組織的設立，通常是由上而下，先有政策方案後再成立組織，但員額的設置，則反其道而行，由下至上，根據實際業務的需要擬定員額數，再報請上級機關核定；我國過去的作法一向如此。然而本草案通過施行後，在員額設置與管理方面，將有重大變革。首先在機關員額總數範圍內，將員額分配給各一級機關，各一級機關保留本身所需要者外，再分配給各二級機關分配。如此一來，雖能發揮統籌調配之功能，但上級集權之情形亦將更為明顯。

（四）只規範中央機關

　　我國過去各政府機關的員額設置與管理，在中央政府機關，係以各機關組織法或組織條例規定的員額數為上限，也就是在法定員額範圍內，另加預算員額的控管，預算員額通常少於法定員額；在地方政府機關，係另訂編制表，編制員額通常與列入每年總預算案的預算員額一致，兩者作法出入頗大。本草案只規範中央機關，在訂定最高總額後，大體參照地方機關的作法，藉編制表與年度總預算案控管員額。但既未將地方機關一體納入，甚至將明顯屬於中央政府重要一環的中央銀行、司法院及所屬各級機關也做除外規定，其規範對象勢將更為縮小。

（五）民意監督將減弱

依中央法規標準法第5條第3款規定，關於國家各機關之組織應以法律定之。而所有法律案，依憲法第63條及第170條規定，均應由立法院議決通過。至於年度預算案，依憲法第59條、第63條等相關條文規定，亦應由立法院議決通過。申言之，代表民意監督政府施政的立法院，對於各機關員額的監督原有兩條管道，一是透過組織法制定或修正的審議，在事前針對法定員額加以監督；另一是透過總預算案的審議，在每年針對預算員額加以監督。然而本草案通過施行後，前者即告消失，徒留後者而已，民意機關的監督勢將減弱。

（六）首長員額權成形

此前中央各機關對於員額的處理方式，通常都先送請修正組織法或組織條例，將法定員額的上限與下限提高，再以業務需要、人手不足，且未達法定員額的上限或下限為理由，層轉行政院請求增加預算員額。雖然行政院人事行政局通常會要求各機關再行檢討，甚至前往實地查證，可謂層層審議，過程嚴謹；然而下級機關向來只有請增員額的情形，根本沒有請求刪減員額的可能。況且中間層轉的上級機關往往做順水人情，不願核實刪減員額，再加上各上級機關只能在送案時被動審核，以致負最後把關責任的人事行政局，不論如何嚴格，員額數還是不斷向上攀升。本草案通過施行後，此一情況即將有所改變，上級機關首長將化被動為主動，不但可以核給員額，也能刪減員額，員額權已隱然成形。

（七）人事單位權責重

以往各級機關人事單位主辦請增員額案件，除行政院人事行政局外，一向奉命辦事，極為單純。請增員額機關人事單位必須估算

員額，敘明事實與理由，中間層轉機關要不是公文照轉，就是小刪一些，意思意思。至於人事行政局則扮演「酷吏型」的角色，一定要刪，而且大刪，藉以表示審核認真嚴謹，符合用人精簡之旨。請增員額機關人事人員抱持的心態是「能增就增，就算不增也無損現況」，人事行政局相關人員的一貫想法則是「能刪就刪，就是給了也無所謂」，兩者立場對立，想法不同，但同樣僅負擔最起碼的責任而已。不過本草案通過施行後，在員額受到限制，且由上而下分配的情況下，某一機關（單位）增加員額，其他機關（單位）勢必相對減少，人事單位只有以更積極，更負責的態度，為機關首長做好員額分配與管理的幕後工作，才能面對新局。可以想見的是，未來的人事單位權責一定更為重大。

綜上所述，本草案具有許多特色，未來如順利通過施行，不但是我國有史以來專門規範政府機關員額的第一部法律，也將在員額設置與管理作法上發生實質的、根本的改變。以往下級執行機關動輒以「業務需要，人手不足」等理由向上級機關「要人」的情況，當可有效改善。精簡人事，提升用人效能，已是未來不可避免的發展趨勢。

四、中央政府機關總員額法草案問題探討

中央政府機關總員額法草案自民國86年9月行政院蕭萬長院長上任，交待人事行政局積極研擬。雖然列為最優先施政項目，也投入大量人力與心力，但因擬案時間短促，某些地方仍難免除思慮不周、倉促提案的批評。茲提出相關問題探討如次：

（一）法律名稱問題

本草案名為「中央政府機關總員額法（草案）」，其中「政

府」與「機關」二詞不無重複累贅之嫌。按「政府」雖為傳統政治學者所好用，而機關一詞則為行政法學者經常使用；但就一般意義言之，兩者並無不同。堆疊使用，雖能強化效果，但法律用詞貴在簡潔明確，以最精準簡明的文字表達最完整的意思，故兩者應可捨棄其一。又本草案有關總員額的規定，其中只有第4條一條而已，雖然第4條最為重要，但以一條條文之內容界定法律名稱，終究有所不妥。衡酌第1條立法宗旨之說明及全部條文規範之精神，並參考日本立法體例，簡稱為「總員額法」亦有不妥，似宜改稱「員額設置法」或「員額管理法」，方屬妥適。

（二）適用範圍問題

本草案既以「中央政府」為名，但並未就「中央政府」的定義加以界定，反而只就「一級機關」解釋，不無捨本逐末之嫌。而國營事業機構及公立學校之性質，與政府機關明顯不同，且國營事業即將逐步進行民營化，公立學校已有員額設置基準，可以彈性調整員額，兩者不納入適用範圍，於法於理均可成立。然而中央銀行本身就是行政機關的性質，肩負政府政策功能，其所屬人員本應適用公務人員管理法規，但為顧及所屬人員權益，並與其他公營銀行取得平衡起見，始從優適用國營事業金融機構的人事管理法制，而今竟易客為主，因其適用金融機構人事管理法制，反過來要求排除在本草案的適用範圍之外，恐怕值得斟酌。如果中央銀行可以排除適用，則屬學術研究機構的中央研究院、國史館，屬司法審判性質的司法院所屬各級法院，當更有理由不予適用。又軍事機關與一般政府機關差異極大，其屬於行政院、國防部之關係，則不容抹煞，本草案並未排除適用；但觀諸其他條文，卻又好像無意適用，警察機關亦復如是，顯然不夠周延。至於地方政府機關是否應該納入本草案適用範圍，固然見仁見智，但鑒於地方政府機關近年來公務人員人數的快速成長，如不宜納入本草案，亦宜另訂專法或在相關法規

中予以規範，才能遏止地方自治權限擴大後人員無止境的增加。

（三）員額定義問題

　　所謂員額，簡單的講，既是指各種職稱可任用的人數，也是組織中各種不同職缺的集合。因此本草案只將員額界定為執行機關業務所置之政務人員，以及定有職稱、官等之文職人員數，範圍似嫌過小。因為在一般行政機關，除常任公務人員外，尚有為數不少的聘用人員、約僱人員、駐衛警、技工、工友，儘管所具資格、工作性質不同，但彼此之間亦有替代性，且均屬機關整體員額之一部分，將之排除在外，是否妥適？實在值得斟酌。又在類如中央研究院、國史館等學術研究機構，以及教育部所屬的社會教育機構，尚有許多比照教師，雖有職稱，但未列官等的研究人員，並不合本草案員額之定義，是否就排除適用？不免啓人疑竇。

（四）限定總額問題

　　本草案之以總員額為規範重心，主要係參考日本之作法，而人事行政局原先擬定總員額為15萬人，案經報奉當時行政院長蕭萬長刪減為12萬人。此一數字雖較中央各機關組織法規所定之法定員額總和17萬2千餘人為少，卻比目前中央各機關預算員額總和11萬餘人為多。又政府角色由消極管制轉為積極多功能後，業務量勢必遞增，公務員勢必隨著時間的推移而向上攀升，請增員額時無論如何檢討精簡，不出數年一定超過12萬人，屆時又該如何？是隱藏員額數不公布違法事實呢？還是隨即修法提高員額上限？這12萬人上限到底能「撐」多久？在在令人懷疑。這也難怪立法委員在87年5月21日法制委員會第一次審查會議時，對此一規定提出的質疑與批評最多。與其把員額總數「卡死」，毫無彈性，圖個表面好看，或許不如按總人口比例、平均國民所得、經濟成長率等基準，賦予其客觀

成長的機制。

（五）分配方式問題

本草案所定員額之分配，首先係由行政院統籌分配給各一級機關，其次再由一級機關分配給所屬二級機關，然後再由二級機關分配給三級以下機關，各機關再依此一分配到的員額數訂定編制表及列入年度概算。不用說這種由上而下，一級一級分配下來的結果，一定是重上輕下、頭重腳輕。真正需要人手辦事的第一線執行機關，因為層級較低，又凜於上級機關的權威，可能要不到足夠的員額。影響所及，政府的服務效能與品質也許就得打個折扣，是得是失，立可見及。

（六）監督管道問題

各機關有關人事法規事項，除上級機關監督外，原有立法院與考試院兩條監督管道。本草案通過施行後，因為仍然明定「編制表有關考銓事項，不得牴觸考銓法規，並應函送考試院核備」，所以無損於考試院既有的監督權責。然而立法院原有兩種監督方式已去其一，也就是不能再藉組織法制定或修正的審議，針對法定員額加以監督，只能透過年度總預算案的審議，對預算員額予以監督，無疑削弱立法院的職權。至於上級機關對員額的監督，因為其本身也是員額分配的競爭者，能否客觀公正的監督，也令人懷疑。

（七）配合規定問題

本草案通過施行後，既為我國第一部專門規定員額的法律，必然十分重要；也一定會有某些事先料想不到的課題，所以有待配套的子法規應該不少。然而觀諸本草案條文，卻僅賦予各官等職等員

額配置機關之法源，其他連訂定施行細則之規定都沒有。究竟係本草案已夠周詳完整，所以不再需要另訂補充規定、執行規定或其他規定？還是倉促提案，思慮不周？恐怕值得深入去探究。

　　總而言之，本草案雖然投入大量人力與心力，但因研擬提案時間過於倉促，以致未能全面性的，更周延的思考。因此在法律名稱、適用範圍、員額定義、限定總額、分配方式、監督管道、配合規定等七方面，仍有些許瑕疵。固然這些瑕疵無礙大局，不過如果能夠加以克服，相信法案的品質一定更為提升，日後在執行上也會更為順利。

五、小結

　　法律既是制定當時政治社會環境的真實反應，也是不同意見人員折衷妥協的產物；既是遵循的規範準繩，也是追求的目標理想。不容否認的，中央政府機關總員額法草案就在這樣的時空背景下研擬，然後送請立法院審議。它的出現，說明主政者有意朝此方向改革，也可預料到我國中央政府機關員額設置與管理，即將進入一個嶄新的境界。

　　觀諸這十一條條文，雖然內容不多，卻十分重要，自不難歸納得知以上「第一部員額法律」等七個特色。經由一番探討後，也不難暸解本草案尚有以上「法律名稱」等七個問題尚待克服。當然這些問題只是「雞蛋裡挑骨頭」，所期盼者，經由民主、理性、公開的不斷討論，使得本草案的「出爐」，更為客觀、周延與可行。

　　要之，我們樂見中央政府機關總員額法草案的通過施行，也期盼它對我國中央政府各機關員額的設置管理，帶來正面的、良好的效果。

肆、中央政府機關總員額管理法草案的轉變
——民國88年6月立法院法制委員會審查通過版本

　　人是構成國家的重要因素，也是一切社會活動的基礎。沒有人員的組成與互動，也就沒有繽紛多姿、璀璨光彩的人文及社會生活。政府機關由公務員所組成，直接或間接代表國家統治全國人民，也為全國人民服務，一樣離不開人。公務員素質的良窳、數量的多寡，對於政府機關的效能與形象，乃至於國家社會的長遠發展，均有不可輕忽的影響。

　　從人事管理的角度出發，公務員的素質，長期的有賴教育培養，短期的有賴訓練達成，並藉考試加以篩選過濾，藉任命予以配置用人；而公務員的數量，主要有賴員額管理措施予以控管。我國各政府機關先前除行政院85年9月訂頒之「健全機關組織功能合理管制員額作業要點」外，並無統一的員額管理辦法，中央政府機關除於各該組織法律有法定員額之上下限外，主要是藉專案請增及每年編列的預算員額表現出來，而地方政府機關平時編制員額與預算員額合而為一，亦僅在請增員額時始有變化。

　　長久以來，此一情形並無明顯改變。但自民國86年7月第四階段修憲，在增修條文第3條規定：「國家機關之職權、設立程序及總員額，得以法律為準則性之規定。各機關之組織、編制及員額，應依前項法律，基於政策或業務需要決定之。」之後，已流露出政策改變的風向。本於此一規定，行政院隨即交付研究發展考核委員會研擬中央政府機關組織基準法草案，人事行政局研擬中央政府機關總員額法草案。雖然此兩草案在業務性質方面有所不同，故分開研擬，但彼此關係密切，且均是政府再造的重要法案，所以一路走來幾乎同步進行。

　　中央政府機關總員額法草案報經行政院第2575次會議及考試院第九屆第77次會議決議通過後，兩院旋即會銜於87年5月函請立法院審議，該院法制委員會雖已進行審查，惟並未完成全案審查。依88年元月總統公布之立法院職權行使法第13條：「政府機關及立法委員提出之議案，每屆立法委員任期屆滿時，尚未完成委員會審查之議案，下屆不予繼續審查」之規定，兩院復於88年5月再度函送立法院審議，法制委員會隨即於6月完成審查，報請院會排入待審二讀法案中。惟因朝野政黨對於草案條文內容仍有許多歧異之見，以故行政院雖與黃爾璇、劉光華等多位委員一再協商、多所讓步，並同意將法案名稱修正為中央政府機關總員額管理法草案，但仍未能在政黨協商中獲得共識，進入二讀程序。適逢89年5月民進黨取得執政權，初步看來，似有意繼續推動此一法案通過施行，不過由於民進黨籍立法委員在立法院仍屈居少數，恐怕也無力推動。

　　就這個一前一後的草案版本加以比較，似乎不難瞭解朝野政黨協商的藍本——中央政府機關總員額管理法草案，與法制委員會審查通過的中央政府機關總員額法草案，除法案名稱不同，減列一條條文外，主要尚有下列五點不同：

一、適用範圍放寬

　　總員額法草案原規定適用機關為國民大會、總統府、行政院、立法院、司法院、考試院、監察院、國家安全會議等八個一級機關及其所屬機關，並明文排除中央銀行、國營事業機構及公立學校的適用。但總員額管理法草案中，除前開所提之中央政府機關均包括在內外，並將適用範圍擴及於中央銀行、國營事業機構、國立學校以及中央政府撥款成立之財團法人，適用之機關增加不少。

二、員額定義放寬

在總員額法草案中，所稱員額係指機關為執行業務所置之政務人員，以及定有職稱、官等之文職人員數，其定義僅為政務官與狹義的公務人員。而總員額管理法草案卻將此一定義大幅放寬，除前開人員外，復將機要人員、約聘僱人員、駐衛警察、技工及工友人數悉數納入，其員額數幾已涵括機關內的所有人員。

三、總額控管不同

總員額法草案第4條訂下本法的最重要規範，即機關員額總數最高為12萬人，但此一總數不包括地方機關業務移撥中央各機關之員額，而司法院及所屬機關、檢察機關因業務需要經權責機關核准增加員額者，亦不在限制之列。總員額管理法草案則未規定員額總數，僅要求行政院應於本法施行日起或新內閣成立後一個月內公布分類分項之員額總數，送請立法院審議；其因執行行政改革須調整員額總數時，亦同。復規定立法院審查行政院送請審議之員額總數，應於一個月內完成之；逾期未完成者，視為已經完成審查。至於地方自治團體實施行政改革須將業務移撥中央機關時，於其業務功能調整期間，應另附其增編之員額數。

四、配置方式有別

總員額法草案中，對於各一級機關及所屬機關配置員額之總數，規定由行政院徵詢一級機關後，在員額總數中定之；各二級機關及所屬機關配置員額之總數，由該管一級機關就其所得分配之總數定之；各三級以下機關配置之員額，由該管二級機關就其所得分配之總數定之。至於以何種方式規定，則無明文規範，僅要求由行政院編入年度總預算案，送請立法院審議。在本法公布施行後，並

以「後法優於前法」之法理，排除各機關原有組織法規所定員額之適用。而總員額管理法草案在由上級機關分配員額數、應編入年度總預算案、排除原組織法規適用等部分，雖一如舊規，未見更動，但卻明確規定分配其他一級機關或其所屬各級機關的員額總數，均應以命令定之，藉以免除權責機關的便宜行事，並消除下級機關不確定性的疑慮。

五、作業程序增加

總員額法草案僅規定員額配置之原則，各機關應視業務實際需要及消長情形，機動調整內部單位人力之配置；如有法定情形之一者，其員額應予裁減或移撥其他機關，對於作業程序完全沒有規定，但總員額管理法草案對於作業程序則有進一步的規定，即各機關在裁減或移撥其他機關員額之前，應定期評估每一職位的工作量及工作性質，積極淘汰冗員，抑制員額之膨脹，如因新行政需求而須增加員額時，應先就現行機關組織員額作合理之調整。

大致言之，行政院與考試院會銜送請立法院審議中央政府機關總員額法草案，主要是順應世界先進各國推動政府再造運動的潮流趨勢，依據憲法增修條文之規定，配合中央政府機關組織基準法草案而提出。其本意在授權行政機關機動調整，以期適應外在環境的快速變化，確保政策的有效達成，出發點應無不妥。然而因有侵犯立法權及違反中央法規標準法之疑慮，加上行政機關未能以充分理由去說服朝野各政黨立法委員全力支持，所以不但立法院法制委員會審查通過的草案版本已有改變，朝野政黨所據以協商討論的草案版本更有不同。如上所言，自不難瞭解其改變，亦不難得知此一法案的前途，仍然充滿荊棘。

伍、中央政府機關總員額法探討
——民國99年2月制定公布條文

一、前言

　　員額，是各機關為遂行法定職掌，而配置各種不同職務的人數。各機關推動業務，非人不行，非錢難動，沒人沒錢萬事休；特別是人的因素，更是機關優劣成敗的關鍵。是故，各先進國家莫不重視人的素質與數量，我國亦然；此前各機關組織法也將各種職務人數的配置，視為最核心的規定。

　　不過，此一情況在啟動政府再造後，已有些微的轉變。為打造一個精簡、彈性、創新、有應變力的「企業導向型」政府組織；我國除研擬制定中央行政機關組織基準法，以統攝各機關組織的設立、調整與裁併外，亦積極研議中央政府機關總員額法，作為各機關配置員額的準據。

　　按中央政府機關總員額法草案的研訂，係由人事行政局主責，早於民國87年5月行政院即與考試院會銜函請立法院審議，惟因朝野立法委員一時未有共識，以及「屆期不予繼續審議」之故，嗣延宕至99年1月立法院始三讀通過，並咨請總統於同年2月公布。

二、制定條文重點

　　中央政府機關總員額法全文共十一條，不分章節。除第1條明定立法目的乃管理中央政府機關員額，增進員額調配彈性，提升用人效能，以及第11條明定施行日期由行政院會同考試院定之外，其規範重點約如下述九點：

（一）適用及準用機關

本法第2條規定適用範圍為行政院、立法院、司法院、考試院、監察院等五院及其所屬各級機關。至於總統府及國家安全會議則列為準用機關。

（二）分別為五類員額

本法第3條將員額分為五類，並明定不包括軍職人員。第一類指機關為執行業務所置政務人員，定有職稱、官等職等之文職人員，醫事人員及聘任人員；但不包括第三類至第五類員額及公立學校教職員。第二類指機關依法令進用之聘僱人員、駐衛警察及工友（含技工、駕駛）；但不包括第三類及第四類員額。第三類指司法院及所屬機關職員（含法警）、聘僱人員、駐衛警察及工友（含技工、駕駛）。第四類指法務部所屬檢察機關職員（含法警）、聘僱人員、駐衛警察及工友（含技工、駕駛）。第五類指警察、消防及海岸巡防機關職（警）員。

（三）各類員額之上限

本法第4條第1項首先明定員額總數最高限為17萬3,000人；第2項再分類規定，第一類人員員額最高為8萬6,700人，第二類人員員額最高為4萬1,200人，第三類人員員額最高為1萬3,900人，第四類人員員額最高為6,900人，第五類人員員額最高為2萬4,300人。

（四）員額精簡與調整

本法第4條第3項規定，本法施行後，行政院人事主管機關每四年應檢討分析中央政府總員額狀況，釐訂合理精簡員額數；於總預算案中向立法院提出報告。第4項規定，本法施行後，因組織改制或

地方政府業務移撥中央，中央機關所增加原非適用本法之員額，不受本法規定員額高限限制。第5項又規定，因應國家政治經濟環境變遷，或處理突發、特殊或新興之重大事務，行政院於徵詢一級機關後，得在第1項員額總數最高限之下，彈性調整第2項第三類人員以外之各類人員員額最高限。

（五）各機關員額配置

本法第5條規定，司法院及所屬機關配置之員額數，由該院就第4條第2項第三類員額最高限內定之。其他各一級機關及所屬各級機關配置員額之總數，由行政院在第4條第2項所定各類人員員額最高限內，徵詢一級機關後定之。各二級機關及所屬各級機關配置員額之總數，由該管一級機關就前款分配之總數定之。各三級以下機關配置之員額數，由該管二級機關擬訂，報請一級機關就前款分配之總數定之。各機關並應將實際員額數及人力類型，編入年度總預算案；年度中機關改隸、整併或調整之員額，應報請該管一級機關核定之。至於準用機關各年度員額數及人力類型，應會商行政院後編入年度總預算案。

（六）機關訂定編制表

本法第6條規定，各機關組織除以法律定其職稱、官等、職等及員額者外，應依公務人員任用法第6條規定，就其職責程度、業務性質及機關層級，依職務列等表妥適配置各官等職等之人員，訂定編制表。編制表中有關考銓業務事項，不得牴觸考銓法規，並應函送考試院核備。在本法施行後，除本法、各機關組織法規及編制表外，不得以作用法或其他法規規定機關之員額。

（七）業務移撥之處理

　　本法第7條規定，機關業務移撥其他機關或地方機關，現職人員應隨同業務移撥或依相關規定辦理退休、資遣。機關改制為法人型態或民營化時，現職人員應隨同業務移轉，原機關公務人員不願隨同業務移轉者，由主管機關協助安置，或於機關改制之日依相關規定辦理退休、資遣。隨同業務移撥、移轉人員之權益，應依公務人員任用法、保障法及相關法規處理。因移撥、移轉應精簡之員額，得由一級機關於精簡員額最高百分之二十範圍內，配合次年度預算審查核定分配予該管二級機關運用。

（八）員額調整與移撥

　　本法第8條第2項規定，機關新增業務時，應先就所掌理業務實際需要及消長情形，調整現有人力之配置。如有下列情形之一者，其員額應予裁減或移撥其他機關：1.機關或內部單位裁撤或簡併；2.業務及功能萎縮；3.現有業務由民間或地方辦理較有效率或便利；4.完成國家重大建設、專案業務或計畫等階段性任務；5.實施組織與員額評鑑所為裁減或調整移撥員額之決議；6.實施分層負責、逐級授權，或推動業務資訊化、委任、外包及運用社會資源節餘之人力；7.其他因政策或業務需要，須為裁減或調整移撥之情事。又，同條第5項規定，移撥人員應由受移撥機關或有關主管機關實施專長轉換訓練。第6項規定，裁減人員必要時得由有關主管機關提供轉業訓練。

（九）應定期實施評鑑

　　本法第8條第1項規定，各機關應定期評鑑所屬人力之工作狀況，並依相關法令對於不適任人力採取考核淘汰、資遣、不續約、訓練、工作重新指派等管理措施。第3項規定，一級機關每兩年應評鑑所屬二級機關員額總數之合理性；二級機關每兩年應評鑑所屬三

級機關員額總數之合理性。員額合理性之檢討,應特別著重機關策略和業務狀況配合程度。評鑑結果可要求員額應予裁減或移撥其他機關,移撥員額時,現職人員不得拒絕,但得依相關規定辦理退休、資遣。第4項規定,員額評鑑應本獨立專業原則,由一級機關或二級機關指派高級職員及遴聘學者專家,以任務編組方式為之。

(十)專責機關管員額

本法第9條第1項規定,行政院應指定專責機關或單位,掌理各機關員額管理之規劃、調整、監督及員額評鑑等事項;其員額管理、準用機關準用範圍及相關事項之辦法,由行政院定之。第2項規定,司法院及所屬機關員額管理之規劃、調整、監督及員額評鑑等事項,由司法院參照前項規定辦理,並函知行政院指定之專責機關或單位。

(十一)優惠退離之措施

本法第10條規定,為增進人力精簡之效果,行政院得不定期採取具有時限性之人員優惠離職措施,並應以自願申請方式進行;其辦法由行政院定之。

綜上,本法計有十一條條文,其內容要點大致可歸納為上述十一點,這其中又以第4條總員額及五類員額之上限最為重要。

三、制定條文特色

每個法律都有其立法目的與規範事項,當然有其特殊之處,與其他法律不同;但此所指特色,是就立法體例而言。本法之特色,除前面論述草案時所提及之第一部員額法律、明定總員額上限、由

上而下分配法、只規範中央機關、民意監督將減弱、首長員額權成形與人事單位權責重等七個特色外，因為後來草案條文的不斷修正調整，最後三讀通過條文已有不少改變，也增加了五個特色。爰依制定公布條文說明如次：

（一）分類規定員額上限

本法不只如同日本定員法規定機關員額總數，且依其性質再分為五類，亦明定各類員額上限；可謂雙重限制。不過除第三類司法院及所屬機關員額外，其他類別員額上限在行政院徵詢一級機關後是可以彈性調整的，嚴格規範中又不失保持彈性之必要。

（二）臨時人員員額入法

廣義的臨時人員指不占正式職缺的機關成員，即所謂的非典型人力，或稱輔助人員，或輔佐人員。一般所指臨時人員，包括屬職員層級的約聘人員、約僱人員、駐衛警察，屬勞工層級的工友（含技工）、駕駛等。我國各機關組織法規原都未將臨時人員員額納入規範，然而在實務上，因為請增正式員額不易，相對的增置臨時人員較為容易，所以多數機關都以業務需要為名，置有大量臨時人員，一些鄉（鎮、市、區）的臨時人員甚至占總人數的一半以上。為管控臨時人員的成長，避免「前門緊閉，後門大開」的情形繼續下去，本法乃將聘僱人員、駐衛警察及工友（含技工、駕駛）規定為第二類員額，納入規範。

（三）確立員額管理機制

過去員額管理的最大問題是員額只增不減，以致政府組織愈趨臃腫肥大。為改革此一弊病，本法首先明定總員額上限，再規定各

類員額上限，復規定機關業務移撥或機關改制時的處理方式。在平時亦責成一級機關每兩年應評鑑所屬二級機關，二級機關每兩年應評鑑所屬三級機關，並依評鑑結果裁減或移撥員額；各機關則應定期評鑑所屬人力工作狀況，給予適當管理措施。此外，尚明定機關員額應予裁減或移撥之七種情事。有關員額裁減或移撥的管理機制，已經確立。

（四）一級機關權責大增

本法就各類員額規定後，再明定各一級機關對所屬二級機關員額配置數有被徵詢權，對所屬三級以下機關員額配置數，則有核定權。對於機關改制或業務移撥後，應精簡員額最高百分之二十的範圍內，亦有分配權。此外，對於所屬二級機關尚有每兩年一次的員額評鑑權。由此可知，配合領導與監督關係，一級機關的員額管理權責已大幅增加。

（五）人事總處掌控大權

員額管理與待遇調整的權責，長久以來都是人事行政局擔綱，但並無法律上的明確依據。本法的法制主管機關明定是行政院；所規範的員額數核定權與員額配置權，最終、最高、最後都歸於行政院，然後下授給該局與改制後的人事行政總處。該總處透過上級機關行政院，仍然掌控員額分配與管理的大權。

總而言之，本法的制定施行，不只對我國的員額管理，提供明確的法律依據，也將帶來偌大的改變與影響。如上所言，除原在研擬草案階段所提及的特色外，就制定的條文中，也可看到迥異於以往的五個特色，值得留意！

四、制定條文評析

由上面對制定條文的重點概說與特色論述中，不難發現本法的一些問題。茲分別說明如次：

（一）準用機關與準用範圍的問題

本法第2條明定本法適用於五院等一級機關；總統府及國家安全會議則準用之。按總統府與國家安全會議乃中央政府機關，並無疑義，何以不是適用？而是準用？又，倘言總統府與國家安全會議準用之，則該二機關所屬之中央研究院、國史館與國家安全局等究竟能否準用？自不無疑義。又第9條第1項後段準用機關準用本法之範圍及其他相關事項之辦法，由行政院定之；而非由行政院與該二機關定之，不啻將此一權力片面賦予行政院，使行政院有凌駕在該二機關之上的疑慮，這恐亦非當初列為準用機關之初衷。

（二）與其他法規相互配合的問題

中央行政機關組織基準法與中央政府機關總員額法二者都是政府組織再造的重要法案，送請立法院審議後，前者被限縮為中央行政機關，後者仍保留中央政府機關，適用範圍已然不同。又在機關分級中，本法僅規定「依其層級」，但在組織基準法中，尚有「不必逐級設立」之字眼。二者規定明顯不同，類如不當黨產處理委員會、國家運輸安全調查委員會，組織基準法明定為三級機關或相當三級機關之獨立機關，但直接隸屬於行政院，在本法中將因依其層級可能被認定為二級機關。兩者規定有所出入，這明顯是立法上的疏漏。

（三）總額與分類定額規定的問題

本法第4條明定機關員額總數為17萬3,000人，其定額基準為何？此與蕭萬長任行政院長時第一次送案的12萬人相較，其差別實不可以道里計。其主要差別所在，乃計算基準不同所致，固為識者所瞭解，但仍難免為一般社會大眾咋舌。又第三類分類定額規定，其特殊之處在法官獨立審判，但不限於法官；其他職員、聘僱人員、駐衛警察及工友皆包含在內。其員額數由司法院就最高1萬3,900人限額內定之。則司法院所屬機關在員額管理方面，恍如一獨立王國，不受行政院統籌調度之限制。所謂增進員額調配彈性，提升用人效能之立法目的，在司法院及所屬機關之範圍，恐怕要打折再打折矣！

（四）一級與四級機關評鑑的問題

本法第8條除明定各機關應定期評鑑所屬人力之工作狀況外，在機關評鑑方面，亦明定一級機關每兩年應評鑑所屬二級機關，二級機關每兩年應評鑑所屬三級機關。至於一級機關與四級機關有無需要評鑑？完全付之闕如。是否一級機關權責大，所以其員額分配一定合理？是否四級機關規模過小，即無須評鑑？還是有意規避？論者謂恐非如此。為達本法之立法目的，一級與四級機關自應納入機關評鑑的範圍。

（五）欠缺員額調增之機制的問題

本法第8條第2項雖提到機關新增業務時，應先就所掌理業務實際需要及消長情形，調整現有人力之配置。但話題馬上轉移到員額應予裁減或移撥等七種情事。是否配合新增業務，增加員額？還是定死員額，只減不增？其實為因應政經環境的複雜多變，新增業務的增加可想而知，完全不提員額調增的標準與機制，反而卡死員額管理的合理性與彈性，恐非所宜。

（六）未明令限制借調支援的問題

過去上級機關如人手不足，格於請增員額不易，且需時較久，故往往從下級機關借調人手或以工作支援方式辦理，例如司法院、最高法院即從第一審法院中調來許多辦事的法官，法務部也從檢察機關中調檢察官到部辦事，各級教育行政主管機關從國中小學借調教師辦理行政事務者更是所在多有。此種借調與工作支援的方式，突顯上級機關的權威，也壓榨下級同仁的負荷，自不可取。但本法並未予以限制，究是思慮不及？或有意縱容呢？

要之，本法在爭議與妥協聲中三讀通過，雖然主管機關期其符合需要，達致立法目的；但不能否認的，還是有一些值得改進的問題存在。以上所述五點，可供政府當局參考！

五、小結

中央政府機關總員額法條文數只有十一條，真的不多，但如果與本法參考標榜的日本定員法比較，條文內容規定顯然又多上許多。身為我國第一部員額法律，在立法過程中可以參考的資料其實不多。

由上所述，可知本法最重要的規定乃第4條規定的員額總數，以及分為五類員額管理的高限。當然員額的分配管理、評鑑處理等事項，也是本法規定的重點。

從本法的重點摘述中，不難歸納得知其特色，也可看到一些問題所在，應予正視。

陸、中央政府機關總員額法修正條文探討
——民國108年12月修正公布條文

前言之，中央政府機關總員額法草案最早於民國87年5月由行政院與考試院會銜送請立法院審議，其後因政黨輪替及屆期不續審之故，兩院亦多次再送立法院審議，卒於99年1月三讀通過，咨請總統於同年2月公布。我國的員額管理，因而進入法制化的階段。

迄民國108年12月，為應實際需要，復就本法進行部分條文修正。這次僅修正第3條、第4條及第11條條文。爰就修正條文依次略述如下：

修正第3條條文，在第1項第1款但書中增列公立醫院職員，也就是說第一類員額不再包括公立醫院職員。

修正第4條條文，第1項員額總數最高限，由17萬3,000人調降為16萬900人，第2項第一類人員員額高限由8萬6,700人調降為7萬4,600人，第二類員額高限由4萬1,200人調降為4萬100人，第三類員額高限由1萬3,900人調增為1萬5,000人，第四類與第五類員額數則維持不變。

修正第11條條文，增訂第2項，明定本法修正條文自公布日施行。

由上所述，可知這次修正條文重點，除施行日期外，主要有四點：一是將公立醫院職員排除在第一類員額之外，二是調降員額總數為16萬900人，三是調降第一類員額高限為7萬4,600人，三是調降第二類員額高限為4萬100人，四是調增第三類員額高限為1萬5,000人。

　　按第一類員額原本包括政務人員、常任文官、醫事人員及聘任人員，而排除公立學校教職員。理由是軍公教人員性質各有不同，本法旨在規範政府機關文職人員，故軍職人員與公立學校教師自不宜納入。而公立學校員額核給，早有一套按班級數核給的機制，如大專院校每班四員一工的計算基準，但這裡的員，係包括教師與職員，所以教職員一併排除在第一類員額數之外，當無疑義。此次修正但書，增列公立醫院職員，主要是因一些規模較大的公立醫院係由公立大學所附設，例如國立臺灣大學醫學院附設醫院、國立成功大學醫學院附設醫院。在同一學校之內，有的排除，有的適用，亦有不宜；故此次修正，一併排除在第一類員額數之外，應屬合理。也因為刪減公立醫院職員人數後，相應減列第一類員額，並調降總員額為16萬900人。

　　至於刪減第二類聘僱人員等員額1,100人後，悉數移列第三類司法院及其所屬機關員額，即有待商榷，一因約聘僱等臨時人員本不占機關法定員額，其資格與薪資皆低，以此改換司法院員額無異狸貓換太子，人事費將因而大幅膨脹；二因司法院所屬機關員額既單獨列為第三類，且課司法院以分配之權責，又明列其員額不得調降，則該院員額只增不減，顯有違本法管制員額、彈性調控之初衷；本法施行不及十年，即增給該院1,100人，其增幅之大，不知羨煞多少其他苦哈哈的機關？恐怕也有違本法控制員額數的立法目的。

　　要之，本次修法，雖然修正三條，但其核心就是公立醫院職員不計入第一類員額，以及第三類司法院暨所屬機關增列1,100人。其他的員額總數、第一類員額數、第二類員額數之調降，實乃相應配合之調整，至於修法之妥適性如何？論者自有公斷。

柒、中央政府員額管理的發展趨勢

從上述探討說明中，不難瞭解，中央政府機關總員額法三讀通過付諸施行後，員額管理勢將發生根本性的變革。而從條文內容中，也不難看出主政者的意圖與未來的政策走向。因為朝野立法委員之間歧見甚深，在部分委員的堅持下，還曾一度將法案名稱修正為「中央政府機關總員額管理法」，減為十條條文，並將原文內容大幅度修改。最後法案名稱雖仍維持不變，但條文內容更動不少，已如前述，於茲不贅。從此一法案規範的精神，可以窺見員額管理的發展趨勢，主要有下述六點：

一、法律授權處理

員額管理工作的決策面政治性頗高，但其執行面又偏於技術層次。由於此一本質的限制，再加上各機關業務性質的差異性，故難以對總體員額予以法律規範，只能按各機關業務量之繁簡多寡，衡量其未來發展需要，在組織法規中給予法定員額，再由行政院核給真正能進用人員的預算員額，而預算員額此前是無「法」可管的。在中央政府機關總員額法通過施行後，此一情況已有重大改變。員額管理已法制化，不但超越各機關組織法律的規範，凍結其法定員額的適用，其管理權也將因法律之授權，而由行政院分散至各院級機關。

二、採行定額管理

按中央政府機關預算員額的設置與管理，原未賦予客觀調整的彈性機制，亦未限定總員額數，以致員額數不斷的擴充膨脹。雖然行政院在民國82年推動行政革新時，曾定下三年內精簡員額百分之五的目標，後來確實也順利成，但在此前後，員額均不斷成長，人

事行政局一度改以年增加率不超過百分之一點八為努力目標，試圖控制員額的成長。在中央政府機關總員額法通過後，中央政府機關的總員額數，除特殊機關或有特殊情事者外，目前限定在16萬900人，已以法律明文加以限制；行政院再將此一總數分配給各院級機關，循序而下。不但總員額數被固定下來，各機關員額數在分配後也告確定，只能在組織體系內調整流通。此一參考日本定員法規定而採行的定額管理方式，在實施之初，也許會有許多爭議與阻力，卻是有效控管、不得不走的一條道路。

三、從上至下分配

我國政府機關的員額設置原採由下而上的方式，根據實際業務量擬定員額數逐級報核。然而在中央政府機關總員額法，已明確改為從上到下的作業方式，參照每年度總預算案的編列方式，根據各機關提報的需求，行政院一次將總員額數分配給各院級機關，各院級機關再據以分配給所屬各二級機關，循序而下，並配合年度總預算案辦理。以往在請增員額過程中，上級機關只打折刪減員額的情形可望改善。此一根本性的變革，勢將牽動未來對員額管理的思考模式。

四、重視協調作業

過去各政府機關對員額如有需求時，總是向上力爭，試圖讓自己持有的「餅」擴大。但中央政府機關總員額法通過施行後，原組織法規定的法定員額將被凍結適用，法定員額因此消失；而因訂定編制表的緣故，預算員額將與編制員額合一，員額的意義趨於單純化。「餅」——員額數被固定不能放大後，機關內部單位之間、平行機關之間、上下級機關之間的協調作業，即變得十分重要。如果協調順利，主管機關長官即易於核定，否則就會陷於爭議不斷之處

境。協調作業在未來員額管理的重要性，不言已喻。

五、定期員額評鑑

　　先前人事行政局雖偶有對請增員額機關實施實地評估，或在某一時間對某些機關實施員額評鑑的情形，但均無法律依據，也非制度化、常態化、定期辦理的事項。惟中央行政機關組織基準法已明定各一級機關應定期辦理組織及員額評鑑，中央政府機關總員額法也明定辦理員額評鑑的機制，以作為機關組織設立、調整或裁撤及員額調整之依據。雖然有些評鑑項目、評鑑標準難以訂定，評鑑過程也不易客觀，可能遭遇一些阻力；不過定期實施組織及員額評鑑，憑評鑑以監督所屬機關之用人，將是未來的發展方向。

六、員額成長趨緩

　　依中央政府機關各組織法規所定之法定員額上限總和為17萬餘人，而現有實際預算員額總和為11萬餘人，中央政府機關總員額法草案原將員額總數定為12萬人，但不包括地方機關隨業務移撥中央各機關之員額；而司法院及所屬各級機關、檢察機關因業務需要而同意或奉准增加員額者，亦不受限制。法案通過時定為17萬3千人，目前修正調降為16萬9百人。行政院雖預留員額成長的空間，但並不大，也許數年後此一限制會被修法突破，不過當前及未來一定會監督控制總員額的數字限制，員額成長速度勢必趨於緩和，甚或零成長，人事經費負荷也可望紓緩。

　　總之，員額的本質不涉及人，只是數字，員額管理基本上也只是數字的變化而已。然而以通俗的話，從另一個角度來說，員額其實就是名額，也就是人數。一個機關組織所需員額的多寡，主要來自業務量的考慮，而員額的多寡，則是判斷組織大小的主要依據。

　　員額管理是人事行政工作的第一步，至為重要。以往中央政府機關的員額管理工作，主要偏重在預算員額，行政裁量權限頗大。主管機關早年除依照「健全機關組織功能合理管制員額作業要點」之規定，尋求更客觀、更合理之改進措施外，當前也配合政府再造方案，依中央政府機關總員額法規定，試圖從大處著眼，合理有效的控管員額成長。

　　由中央政府機關總員額法規定的條文內容，不難從字裡行間嗅出員額管理未來的發展趨勢。期盼此一發展趨勢，有益於員額管理與組織發展，也有助於政府整體效能的提升。

第六篇

法人篇

壹、法人的意義與種類

　　法律上所指的法人，並不是法國人的簡稱，亦非指有血有肉有生命的真人，而是指依法律規定，由人與人的結合而組成的人為組織。易言之，是由法律賦予獨立人格，能享受權利，負擔義務，成為權利義務主體的組織。法律之所以創設法人，乃有社會實際上的需要，且與自然人相對及區隔的緣故。因為法人的創設，使得社會更加多采多姿與蓬勃發展，且能彌補國家功能的不足。

　　法人，依其設立的法律依據與主要性質，可大別為公法法人與私法法人兩大類。公法法人簡稱為公法人，乃依公法規定而設立的法人組織，依其主體地位之不同，可再分為國家、地方自治團體與其他公法人三種。私法法人簡稱為私法人，乃依私法規定而設立的法人組織，依其成立基礎為區分標準，可分為財團法人與社團法人兩種。社團法人依其成立目的，復可分為公益社團法人、中間社團法人與營利社團法人三種。謹分述如下：

一、國家

國家是最主要的公法人，以行使統治權為主要目的，具有完整的權利能力，是國際法與國內公法的權利義務主體。不過國家做為公法人，並不見法律規定，而是學理上的通說。至於代表國家行使統治權與執行公權力的中央政府，以及執行部分公權力的各部會機關，因不具有完整的權利義務能力，故雖為行政主體，或可說是國家公法人的一部分，但並不是公法人。

二、地方自治團體

依地方制度法第2條第1款規定，依法實施地方自治之地方自治團體，具公法人地位，但省非地方自治團體，省政府為行政院派出機關。易言之，依法實施地方自治的直轄市、縣（市）、鄉（鎮、市），均為公法人。按地方自治團體乃國家依法設立，為分擔國家統治權行使，辦理地方自治事務，在法律規定之範圍，具有完整的權利義務能力，故為權利義務之主體。不過直轄市、縣（市）政府及鄉（鎮、市）公所雖為該地方自治團體之代表，但僅具執行能力，不具有意思表達能力，頂多只能說是該公法人的一部分，其本身並非公法人。

三、第三類公法人

在國家與地方自治團體之外，尚有依公法設立的公法人，即歸類為其他公法人，或稱為特殊公法人，或叫做第三類公法人，目前屬於此類的公法人，除較早成立的各地農田水利會外，尚有國家表演藝術中心、國家中山科學研究院、國家運動訓練中心、國家災害防救科技中心、國家住宅及都市更新中心等五個。依農田水利會組織通則第1條規定，農田水利會是公法人，惟農田水利法修正通過

後，農田水利會將自109年10月1日改制為公務機關農田水利署，下設17個分署。至於所謂的營造物與公營事業機構，並非公法人。行政院依「行政法人建制原則」，前已研擬行政法人法草案兩度送請立法院審議，並於100年4月制定公布在案。除國立中正文化中心設置條例已先行完成立法，並於93年3月1日掛牌正式運作，是我國第一個行政法人組織，嗣後納入臺中國家歌劇院、高雄衛武營國家藝術文化中心、國家交響樂團，並改制為國家表演藝術中心繼續運作外，103年4月復有國家中山科學研究院等三個機關改制；105年1月則有國家資通安全科技中心成立，惟因其組織條例被立法院廢止，隨即於同年5月裁撤，遂使該中心成為曇花一現的行政法人。在地方，亦有於106年6月設立之高雄流行音樂中心等多個行政法人陸續成立。此外，主管機關亦曾有將公立大學、博物館、圖書館及其他研究、文化、訓練、社教機關改制為行政法人之擬議。一俟完成改制，這類公法人的數目勢必大增。

四、財團法人

　　財團法人乃依捐助財產為主要基礎而設立的法人組織，多數雖依民法規定設立，但亦有少數係依特別法律成立者，如工業技術研究院、海峽交流基金會等。在性質上屬私法人，大多數均具有公益性，例如私立學校、私立醫院、私立博物館及社教機構等；不過也有極少數的財團法人是為私益而成立，例如以親屬救助為目的而成立的財團法人。設立財團法人，除以遺囑捐助者外，均應訂立捐助章程，在向法院登記前，並應得到主管機關之許可。

五、社團法人

　　社團法人乃依人之集合，即以社員為主要基礎而設立的法人組織，性質屬私法人。依其成立目的，復可分為營利社團法人、中間

社團法人與公益社團法人，其法律依據亦各有不同。茲分別說明之：

（一）營利社團法人

營利社團法人也叫做經濟性的社團，是以營利為成立目的的社團法人，所追求的是社員的利益。其種類甚多，民法只為原則規範，至於其資格取得、設立條件與程序等事項，悉依特別法之規定。例如股份有限公司之申請設立，應依公司法規定辦理；合作社之申請設立，應依合作社法規定辦理。

（二）公益社團法人

公益社團法人是以公益為成立目的的社團法人，亦即其成立宗旨是為社會上不特定多數人的利益，而非為社員的利益。其成立依據主要來自民法的規定，在設立登記前，應得到主管機關的許可。目前屬公益社團法人者，主要是各種以公益活動為主的社會團體。

（三）中間社團法人

中間社團法人亦與公益社團法人一樣，屬於非經濟性的社團，不過其成立目的既非為營利，也非為公益，而是介於兩者之間；其定位亦不全然植基於私法，有些是屬於公法與私法之間的社會法；故名為中間社團法人。當前各種職業團體，如工會、工業會、律師公會、醫師公會等，大致均屬之。不過職業團體在法律授權或政府委託行政業務範圍內，對其會員亦可行使公權力，即超脫私法人之地位。大體言之，中間社團法人亦多依特別法規定辦理。

要之，我國法人資格之取得，不論是直接基於法律規定而取

得，或經主管機關許可並向法院登記而取得，或直接向主管機關登記即取得，其型態大致可分為上述五種，其中社團法人尚可分為三種。至於所謂的外國法人，乃屬私法人之領域，除因申請人之國籍有別而採認許主義外，一樣可以歸入上述分類之中。

貳、行政法人的由來與建制

依政府再造綱領，行政院組織改造推動委員會提出行政法人化等四化之構想，以作為政府組織的塑身大法。行政院人事行政局在民國91年即奉示積極研擬行政法人法草案，在徵詢社會各界意見後，兩度送請立法院審議。立法院黃昭順等委員相應召開國立大學行政法人化公聽會，邀請學者專家探討相關問題；立法院法制委員會與教育及文化委員會亦召開聯席會議，針對第一個以行政法人理念設計的國立中正文化中心設置條例草案加以審查，並報請院會完成二、三讀，終於在93年1月公布，並自同年3月1日正式掛牌運作。透過媒體輿論的廣泛報導，行政法人這個名詞似已進入許多關心政府再造人士的腦海中。不過因為行政法人法遲至100年4月始制定公布，而第一個以行政法人組織型態運作的國立中正文化中心運作迄今，其實施時間尚短；且復於103年4月配合「一法人多館所」政策，改制更名為國家表演藝術中心，實施成效之評價亦頗為紛歧。此故，社會大眾對行政法人的內涵與定位，大致仍停留在霧裡看花的階段。

探討行政法人，首先必須從法人的概念談起。按法人組織，源自憲法第14條規定人民有集會及結社之自由，其規範主要見諸民法第一編第二章第二節之中。法人是指法律規範的一種人，以與自然人相對，自然人是有血肉與生命的真人，惟法人並非是真實的人，

而是法律擬制的人，即依法律而賦予權利義務的人為組織。除專屬於自然人者外，法人在法令限制內有享受權利、負擔義務之能力。依民法規定設立的法人，通稱為私法法人，簡稱為私法人，依其性質復可大別為財團法人與社團法人兩大類。

　　社團法人是以人的結合而組成的法人，按其組成目的可再分為營利社團法人、公益社團法人與中間社團法人三種。營利社團法人是以營利為目的而成立之社團，其資格取得應依特別法規定。公益社團法人是以公益為目的而成立之社團，除依民法規定辦理外，在登記前應經主管機關之許可。中間社團法人並非民法所規定，顧名思義是介於公益社團法人與營利社團法人之間，非為公益，也不以營利為目的。至於財團法人是以捐助的財產為基礎而組成的法人，絕大多數財團法人均為公益目的而成立，僅有極少數，如親屬救助等，是為私益目的而成立。財團法人於設立登記前，應經主管機關之許可，除以遺囑捐助者外，均應訂定捐助章程，明定法人目的及所捐財產。

　　公法法人，簡稱公法人，乃依公法規定而成立的法人，以與私法人相對，主要是以行使統治權或分擔統治權為目的。通說認為國家是最主要的公法人；此外，當前我國明定公法人組織之法律，尚有地方制度法、農田水利會組織通則、行政法人法，以及國家表演藝術中心等五個個別組織設置條例。易言之，公法人的型態主要有國家、地方自治團體與第三類公法人三種。

　　一般依權責分工而設置的中央各政府機關，其所為行為之效果最終雖均歸屬於國家，但因不具完整的權利能力，只是行政主體而已，並非公法人。由各級政府機關設置或持有過半數股份的公營事業機構，係從事私經濟活動為主，故雖在人員及財務等方面均受行政法規之約束，在性質上仍非屬公法人，而是屬於私法人中的營利

社團法人。至於各級政府機關為達成特定目的，而以人與物的結合，提供特定利用關係的營造物，雖具有公共性，但非為行使統治權之必要，亦無完整的權利能力，既不是行政主體，也不是公營事業機構，當然更不是公法人。此外，由各級政府機關捐助成立或委託行使公權力，藉以達成公益目的或一定行政功能的財團法人、基金或基金會等，種類雖多，但均依附於行政主體而存在，部分雖有獨立性，但均無完整性，很明顯的也不是公法人，不過依其性質，則有可能屬私法人中的財團法人。

所謂行政法人，是指國家為執行特定的公共任務，依一定程序設立，而具有公法性質的法人。此前國內並無其制，可謂是全新的組織設計。在性質上既非屬私法人中的財團法人或社團法人，亦非國家或地方自治團體型態的公法人，或可說是第三類公法人、特殊公法人或其他公法人。其概念主要源自英國的行政機構（Executive Agency；或譯執行署、行政署）及日本的獨立行政法人，但並不全然相同。

英國係不成文法國家，其常任文官的素質與效能早為舉世所公認。惟為挽救江河日下的國勢，更有效率的執行公務，前首相柴契爾夫人（Mrs. Thatcher）主政時，便積極進行一連串的政府改造措施。其中一項建議內閣部會只制定政策，另創設行政機構據以執行。行政機構的組織特徵，在於：1.屬內閣部會首長的職權，不必以法律設置；2.設執行長，以公開競爭方式任命，通常有一定的契約任期；3.執行長每年需與主管部會協商訂定工作綱領，包括工作目標、經費財源、薪資與人事管理基準等；4.主管部會以設定任務目標及給與經費而予以控制；5.未具法律上的獨立人格，所屬人員仍是公務員。

日本自1999年7月起陸續制定獨立行政法人通則法、獨立行政法

人通則法施行相關法律整備法等法案，並自2001年4月將獨立行政法人制度正式付諸施行。所稱獨立行政法人，係指基於國民生活及社會經濟安定等公共利益之觀點，有必要予以實施之事務及事業，但鑑於該事務或事業之性質，無必要由國家親自直接予以實施者，若委由民間機構辦理則有不被實施之虞，或有必要令單一主體獨占性的實施，方得以促進該事務或事業有效率的或有效果的推動，而依法所設立之法人。為應實際需要，獨立行政法人又分為一般獨立行政法人（即非國家公務員型獨立行政法人）與特定獨立行政法人（即國家公務員型獨立行政法人）兩種類型。（行政院研究發展考核委員會，2003：190）

由於日本獨立行政法人是在國家之外獨立存在的法人，原則上應不適用國家公務員法、國家行政組織法與定員法規定。惟因遭遇社會各界質疑與改制機關人員反彈，為減少改革阻力，在初期改制的89個機關中，有百分之九十五的機關是改為特定獨立行政法人，而非一般獨立行政法人；其管理幹部及職員仍保有公務員身分，不過其所受法律規範仍較一般國家公務員寬鬆。

按日本獨立行政法人應經設立登記行為始能成立，其名稱及分設內部單位，則由個別法規定，置法人董事長及監事，均由主管機關首長任命。法人董事長代表獨立行政法人，並綜理業務；監事，監察法人業務。獨立行政法人於業務營運開始時，應作成業務企劃書，取得主管機關首長之認可，並依據主管機關所定之中期目標研訂中期計畫及年度計畫，據以執行。其財源主要來自於政府，並依一般企業經營會計原則處理，每年製作資產負債表、損益表等會計報表，接受監事監察及主管機關監督。主管機關為監督獨立行政法人，得設考核委員會；特定獨立行政法人另應依規定向國會提出報告。

　　大體言之，日本政府充分尊重獨立行政法人的自主性與自律性，對於業務營運的監督，主要落在大政方針與事後檢討。因此，日本獨立行政法人不論在營運、人事或財務管理方面，均具有很大的彈性與透明度。

　　民國91年11月，行政院組織改造推動委員會提出「行政法人建制原則」，明定行政法人之設置條件係具有下列情形之一者：1.國家之公共任務不具強制性，適合積極採行企業化管理經營措施，無由國家親自執行之必要者；2.國家之公共任務有去政治化之強烈需求，不宜由國家親自執行者；3.國家之公共任務基於兩岸或外交關係之特別考量，不適合民營化者；4.國家之公共任務適合民營化，但因無法自給自足或其他因素，基於過渡階段之考量者。除應制定行政法人設置基準或通則性法律作為主要規範依據外，性質特殊者得制定個別組織法律，屬同類型者得制定通用性組織法律。未來如有擬新設或就舊有組織改制為行政法人者，由行政院評估委員會進行審核評估後依法設置之。

　　原則上行政法人應設董事會，董事人數以11人至15人為原則，其中一定比例得為專任，董事長由監督機關首長提請行政院院長聘任之。行政法人可自行訂定人事規章，報請監督機關核定後實施，可謂具有一定人事自主權。隨同改制移撥之舊有人員，其相關權益保障事項由行政院會商考試院於相關法律中明定，改制後新進用之人員不再具有國家公務人員身分。

　　行政法人具有一定之自治權能，得訂定自治規章及作成行政處分。其營運經費，由監督機關透過預算程序捐助；其預算編列，由董事會負責審議後，報請監督機關核定，不送立法院審查；其所擬具之營運計畫，應報請監督機關核定。監督機關對於行政法人，原則上僅得為適法性監督，不得為適當性監督；監察院亦不得對行政

法人及其代表人、職員行使彈劾、糾舉或糾正權，僅能透過監督機關間接監督之。另為達成經營彈性及追求效率之目的，行政法人應建構一套內部監督機制，建立健全會計制度，採權責發生制及一般公認會計原則，以及向監督機關提送年度營運狀況報告，定期主動公開相關資訊。

綜上述之，可知行政法人在開始建制的階段，主要是為提高效能與彈性，強化競爭力，因而仿傚英國執行署與日本獨立行政法人理念，所創設的新型行政組織。在組織屬性上，行政法人不但屬於法人，且是公法人，更是不同於農田水利會的特殊公法人，介於地方自治團體與公設財團法人之間。此就公共性強、公權力弱，影響雖重大，卻不易獨立生存的公共組織，如大學校院、研究機構、社教文化機構、職業訓練機構及其他公共營造物等，未嘗不是一個很好的改制發展契機。不過有關行政法人只受大體與事後監督，將如脫韁野馬的批評；以及對現有職員的保障不夠具體明確，恐怕也會遭致反彈與指責。這些問題，有關當局亟應勇於面對，早日化解，行政法人制方有普遍被接受及進一步擴展的可能。

參、行政法人的組織特性

行政法人，是一個在民國91年11月行政院組織改造推動委員會提出行政法人建制原則，並於92年4月由行政院會銜考試院送請立法院審議行政法人法草案後，突然竄紅的組織概念。迄今雖僅十數年，但因政府部門的積極宣導與社會各界不斷的討論，已然成為家喻戶曉、無人不知的名詞。然而國人是否真懂行政法人的型態與內涵？恐怕未必。

依行政法人建制原則規定，凡國家公共任務不具強制性，有去

政治化之強烈需求，基於兩岸或外交關係之特別考量，因無法自給自足或其他因素，雖適合民營化，但基於過渡階段考量等四種情形者，可設置行政法人。惟不論擬新設或就舊有組織改制者，均應經由行政院評估委員會審核評估後，始能依法申請設置。原則上行政法人應設董事會，董事人數以11人至15人為原則，其中一定比例之董事得為專任，代表人為董事長，原則上應為專任。在人事及組織編制方面，允許其自行訂定人事規章規範；在業務運作方面，允許其訂定自治規章及作成行政處分，營運經費則由監督機關透過預算程序捐助；在監督方面，除自行建構一套內部監督機制外，監督機關原則上僅得為適法性監督，但對於委託事項，則得為適法及適當性監督。

　　所謂行政法人，實為公法法人，乃指國家為執行特定的公共任務，依一定程序設立，而具有公法性質的法人組織。不只限於行政性質，亦涵蓋學術研究、藝術文化、訓練、職業訓練、科技發展等。之所以稱為行政法人，主要是受到日本獨立行政法人建制之影響。除國家、地方自治團體及農田水利會外，我國原無其他之公法法人，僅有性質較為接近的公設財團法人、公共營造物或公營事業機構（即政府出資超過一半以上，依民法設立的營利社團法人）。不過在民國90年以後引進日本獨立行政法人組織概念，行政院在政策上亦決定大幅推動此一新型組織型態，前曾兩度研擬行政法人法草案會銜考試院送請立法院審議，以作為各機關設置行政法人的主要依據。我國有史以來第一個行政法人——國立中正文化中心，業已先於93年3月1日掛牌運作；行政法人法則於100年4月制定公布。後續改設行政法人的機關組織，有國家中山科學研究院、國家運動訓練中心、國家表演藝術中心、國家災害防救科技中心，其個別組織法律亦經立法院分別於103年1月審議通過，並已掛牌次第展開運作；最近成立的則有105年1月成立的國家資通安全科技中心（惟已

於105年5月裁撤），107年8月成立的國家住宅及都市更新中心。此外，亦有高雄專業文化機構等地方行政法人陸續成立。（呂學樟，2020：115）

若就行政法人法的總體規範與目前個別行政法人組織法律規定觀之，我國行政法人組織可謂具有下列特性：

一、擬制性

法人並非有血有肉有生命的自然人，乃法律上擬制具有類同自然人人格的人為組織，具有完整的權利與義務。不論基於公法或私法設立，只要是法人組織，均具有擬制性，行政法人當不例外。

二、公共性

公法人不同於私法人之處，不僅在於其係依公法設立，更在於其具有公共性，與公眾有關，包含公資源、公利益與公權力。此雖與具公益性質的多數財團法人及少數社團法人相似，但無庸諱言，其公共性顯然更強，更值得注意。

三、設計性

我國原無行政法人之組織型態，在民國93年3月1日國立中正文化中心以行政法人掛牌運作後，始有第一個行政法人誕生。其人員編制、業務運作、財務經費與監督機制等雖有相關法律規範，也有日本獨立行政法人推動與實施的經驗可資參考，但終究是全新的組織設計，必須從頭開始，其設計性自是明顯不過。

四、自主性

行政法人雖屬公部門，許多措施作為仍受到國家法律的約束與限制，但既係具有獨立人格的法人組織，有完整的權利與義務，其在運作的獨立自主方面，明顯高於一般政府機關；另因其較不具公權力，與人民權利義務較乏直接關係，自主性也高於地方自治團體。大體上國家不再指揮命令，只保留監督權，亦即給予行政法人更大的自主空間，明顯與其他公組織有所不同。

五、低公權力性

按目前行政院的政策規劃，行政法人若非自現有具公益性的組織調整改制而來，便是新設。這些組織職掌業務的最大特性就是較不具強制性，也就是公權力較不明顯，因此可以獨立在「政府一體」的原則之外，能夠自主運作，而不虞有所影響。其低公權力的特性，亦屬明顯。

六、獨特性

行政院雖以行政法人法作為個別行政法人的組織規範基準，但個別行政法人的情況與需要各有不同，不能一體觀之。故其組織如何安排設計，仍應透過個別立法予以規範，也因此每個行政法人仍有其獨特性，與其他行政法人有所不同。

總而言之，如自傳統公私組織截然二分的角度觀之，行政法人仍屬於公部門，不過卻居於最接近私部門的區域，所以除法人共通的擬制性與自主性外，自然也具有公共性與低公權力性。另因新設及適應個別需要，設計性與獨特性也就突顯出來。不可否認的，這些特性就是行政法人與其他組織不同之所在。

　　如能掌握上述特性，對於行政法人，相信就不會再有「霧裡看花」、「不知什麼碗糕」的感覺。

肆、行政法人的設置目的

　　我國行政法人的設置目的，依行政法人法第1條規定：「為規範行政法人之設立、組織、運作、監督及解散等共通事項，確保公共任務之遂行，並使其運作更具效率及彈性，以促進公共利益，特制定本法。」其直接目的乃是確保公共任務之遂行，增進組織運作之效率與彈性，間接目的則是促進公共利益。此與日本建制獨立行政法人的四個目的，即：1.減量，2.效率化，3.提升服務品質，4.透明化；大致是相當的。

　　茲依該條規定，分述其設置目的如次：

一、確保公共任務之遂行

　　國家設置行政組織的主要目的，乃在確保公共任務的執行，如維護治安、保障人民生命財產安全等，其次是輔導、協助或仲裁私人利益之分配或發展。行政法人之設置，既由中央目的事業主管機關為執行特定公共任務而依公法設立，非依私法設立，旨在維持其公共性質，確保其公共任務之達成。至於其公共性的種類與程度，當視法律賦予個別行政法人的職掌而定。

二、增進組織運作之效率

　　行政首重專業與規劃，此與立法強調民主與開放，司法著重獨立與公正，明顯有別。惟有事先規劃與相信專業，乃能提升效率，

避免人力、物力與時間浪費。藉由企業精神的引進，人事、會計與相關法規的鬆綁，提高首長權力、減少核章、等標期等事項，及減少依法行政的束縛與約束，以期提高行政組織整體的效能。行政法人的組織與運作，即是當前政府部門考慮提升行政效率的主要途徑之一。

三、提升組織運作之彈性

為防止行政發生弊端，確保民主制度精神，「國會保留」、「依法行政」可謂是當前行政法的主流思潮與基本法理，然而因為法律規範的細密，制度確立後的不易變更，使得執行者的裁量空間與自由度遭到嚴重限縮，也難免因環境情勢的變更而顯得僵化與固著。行政法人雖仍受一些基本法的約束，但已擺脫許多一般行政法律的限制；特別是人事法規的鬆綁，當能使其增加彈性自主的空間，提升對外在環境應變的能力。

四、促進公共利益之實踐

公共利益的達成，並非一定要透過政府機關，也可透過慈善團體、民間公益團體、民間救援單位等機構達成之。然而不可否認的，公共利益的增進與確保，一向是政府機關責無旁貸、無可推諉的重責大任。為保證公共利益的實踐，政府遂依各種任務之性質，普遍設置各種機關（構）或學校，具體有效的去執行。行政法人既因執行特定公共任務而設置，依其個別設置目的，當能促進各該方面的公共利益。

要之，行政法人的設置目的，雖因個別行政法人性質與成立宗旨之不同而有區別；但總的來說，其目的不外乎上述確保公共任務之遂行、增進組織運作之效率，提升組織運作之彈性及促進公共利

益之實踐等四項。明乎此,則日後行政法人執行績效,即可據以檢
視矣!

伍、行政法人法概要——民國100年4月制定公布條文

一、前言

　　大致言之,行政法人制度之內涵,一方面是藉由鬆綁現行人
事、會計等法令之限制,由行政法人自訂人事管理、會計制度、內
部控制、稽核作業及相關規章據以實施,並透過內部、外部適當監
督機制及績效評鑑制度之建立,以達專業化及提升效能等目的。另
一方面,行政法人亦參採企業化經營理念,期能提升經營績效;復
透過制度之設計,使政府對於行政法人之補助,以及行政法人自身
之財產管理與債務舉借,能夠正當化、制度化及透明化的運作。此
外,對於機關(構)改制行政法人時,其現職公務人員之權益保
障,亦採「保留身分、權益不變」方向規劃,期以「溫和漸進」方
式,達到改制之目的。

二、立法說明

　　就行政法人法規定觀之,全文分為總則、組織、營運(業務)
及監督、人事及現職員工權益保障、會計及財務、附則共六章,計
四十二條。其要點如下:

　　(一)揭示本法之立法目的、行政法人之定義及其監督機關。

　　(二)明訂行政法人應擬訂人事管理、會計制度、內部控制、
稽核作業及其他規章;行政法人就其執行之公共任務,在不牴觸有
關法律或法規命令之範圍內,得訂定規章,並提經董(理)事會通

過後，報請監督機關備查。

（三）規定行政法人原則上應設董（理）事會，但得視其組織規模、任務特性，不設董（理）事會，改置首長一人；另應置監事或設監事會；其董（理）事及監事之資格、人數、產生方式、任期、權利、義務、續聘次數及解聘之事由與方式，應於行政法人個別組織法律或通用性法律明定之。

（四）規定董（理）事長之聘任方式與職權、董（理）事會及監事或監事會之職權。

（五）明訂行政法人置首長者，應為專任及其相關事宜。

（六）明訂監督機關之監督權限、監督機關應辦理行政法人績效評鑑及其內容。

（七）明訂行政法人應訂定發展目標與計畫、年度營運（業務）計畫與預算，以及行政法人應提報年度執行成果與決算報告書之程序與期限。

（八）明訂行政法人進用之人員，依其人事管理規章辦理，不具公務人員身分；行政法人置首長者，不得進用其配偶及其三親等以內血親、姻親，擔任行政法人職務；董（理）事、監事之配偶及其三親等以內血親、姻親，不得擔任行政法人總務、會計及人事職務。

（九）明訂原機關（構）現職員工之移撥安置、加發慰助金、月支報酬、月支薪津、保險年資損失補償及相關權益保障。

（十）明訂行政法人之會計制度、財務報表應委請會計師進行查核簽證，以及成立當年度對政府核撥經費之調整運用。

（十一）明訂行政法人公有財產、自有財產之定義及公有財產之管理、使用及收益。

（十二）規定政府核撥行政法人經費，應依法定預算程序辦理，並受審計監督。

（十三）規定行政法人之舉債限制、辦理採購相關規定，以及其年度財務報表、年度營運（業務）資訊及其他資訊應予主動公開。

（十四）明訂對行政法人之行政處分不服者，得依訴願法之規定，向監督機關提起訴願。

（十五）明訂行政法人解散之條件與程序，以及解散後人員、財產及相關債務之處理。

（十六）明訂行政院以外之中央政府機關及直轄市、縣（市）有行政法人化之需求時，得準用本法之規定。

如上所述，行政法人是新的組織設計，其中不乏改變既有體制與成規之處。做為基準法律，行政法人法遂鉅細靡遺、不厭其煩的予以規定，大體上其規範要點可歸結為上述十六點，應不難瞭解與掌握。

三、重點歸納

從前述行政法人法規定予以歸納，可以知道我國行政法人組織的概況，約有如下十個重點：

（一）設置基準

不論新設或改制，所執行之特定公共任務，以具有專業需求或須強化成本效益及經營效能，不適合由政府機關推動，亦不宜交由民間處理，且所涉公權力行使程度較低者為限。

（二）決策組織

主要有董事會制、理事會制與首長制三種類型，原則上行政法人應設董（理）事會；但得視其組織規模或任務特性之需要，不設董（理）事會，改置首長1人。行政法人設董（理）事會者，置董（理）事，以15人為上限，採任期制，由監督機關聘任；解聘時，亦同；其中專任者不得逾其總人數三分之一。董（理）事、監事採任期制，任期屆滿前出缺，補聘者之任期，以補足原任者之任期為止。又，行政法人設董（理）事會者，置董（理）事長1人，以專任為原則，由監督機關聘任或提請行政院院長聘任；解聘時，亦同。董（理）事長對內綜理行政法人一切事務，對外代表行政法人。另置執行長1人，負責營運及管理業務之執行，並由董（理）事長提請董（理）事會通過後聘任；解聘時，亦同。董（理）事長及執行長初任年齡不得逾65歲，任期屆滿前年滿70歲者，應即更換。但有特殊考量，經行政院核准者，不在此限。

（三）內部監察

包括置監事與設監事會兩種情形，明定行政法人應置監事或設

監事會，監事總人數以5人為上限；採任期制，均由監督機關聘任；解聘時，亦同。置監事3人以上者，應互推一人為常務監事。

（四）監督機關

行政法人之監督機關為中央各目的事業主管機關。監督機關之監督權限，包括：1.發展目標及計畫之核定；2.規章、年度營運（業務）計畫與預算、年度執行成果及決算報告書之核定或備查；3.財產及財務狀況檢查；4.營運（業務）績效之評鑑；5.董（理）事、監事之聘任及解聘；6.董（理）事、監事於執行業務違反法令時，得為必要之處分；7.行政法人有違反憲法、法律、法規命令時，予以撤銷、變更、廢止、限期改善、停止執行或其他處分；8.自有不動產處分或其設定負擔之核可；9.其他依法律所為之監督。

（五）人員進用

採行兩軌進用方式，原則上行政法人進用之人員，應依其自訂之人事管理規章辦理，不具公務人員身分，其權利義務關係，應於契約中明定。但原機關（構）現有編制內依公務人員相關任用法律任用、派用之公務人員，於機關（構）改制之日隨同移轉行政法人繼續任用者，仍具公務人員身分；其任用、服務、懲戒、考績、訓練進修、俸給、保險、保障、結社、退休、資遣、撫卹、福利及其他權益事項，均依原適用之公務人員相關法令辦理。但不能依原適用之公務人員相關法令辦理之事項，由行政院會同考試院另定辦法行之。人事、主計、政風人員之管理，與其他公務人員同。

（六）會計準則

明定行政法人之會計年度，應與政府會計年度一致。其會計制

度，應依行政院訂定之行政法人會計制度設置準則訂定。行政法人財務報表，應委請會計師進行查核簽證。

（七）財務經費

明定原機關（構）改制為行政法人業務上有必要使用之公有財產，得採捐贈、出租或無償提供使用等方式為之；採捐贈者，不適用預算法、國有財產法等相關規定。行政法人以政府機關核撥經費指定用途所購置之財產，為公有財產；由行政法人自行取得之財產為自有財產。公有財產之管理、使用、收益等事項，由監督機關定之。公有財產用途廢止時，應移交各級政府公產管理機關接管。復規定政府機關核撥行政法人之經費，應依法定預算程序辦理，並受審計監督。又行政法人所舉借之債務，以具自償性質者為限，並應先送監督機關核定。預算執行結果，如有不能自償之虞時，應即檢討提出改善措施，報請監督機關核定。

（八）爭議處理

對於行政法人之行政處分不服者，得依訴願法之規定，向監督機關提起訴願。

（九）解散事宜

行政法人因情事變更或績效不彰，致不能達成其設立目的時，由監督機關提請行政院同意後解散之。行政法人解散時，繼續任用人員，由監督機關協助安置，或依其適用之公務人員法令辦理退休、資遣；其餘人員，終止其契約；其剩餘財產繳庫，相關債務由監督機關概括承受。

（十）準用情形

明定本法於行政院以外之中央政府機關，設立行政法人時，可以準用。又，經中央目的事業主管機關核可之特定公共任務，直轄市、縣（市）得準用本法之規定制定自治條例後，設立行政法人。

綜上所述，行政法人的組織及運作大概情形，應已不難勾勒，且應有進一步之掌握矣！

四、小結

行政法人是我國在國家、地方自治團體、農田水利會之外的第三種公法人，是全新的組織創制，承載著低公權力、高公益性的任務執行。希能藉由法規、人事與財務等方面的鬆綁，使組織得以更有彈性，更有效率的運作，從而達到提高競爭力之鵠的；其目標不可謂不正確。行政法人法是個別行政法人組織的法源，既指引，也框限各行政法人的組織設計與運作；只有在不違背母法的前提下，始有其法律效力。揆諸上述規定，當前各行政法人，其個別任務目的固有不同，但其組織架構與運作方式，可謂大同中見小異矣！

陸、行政法人法檢視——民國100年4月制定公布條文

關於行政法人的相關規定，已略述如上。經由這一過程的探討，不難發現行政院人事行政局在法案草擬階段，雖然條文內容力求周延可行，組織設計力求創新突破，過渡規定力求無縫接軌；然而終究是新創制度與新設組織型態，其中仍有諸多有待思考審酌之處。這也說明社會大眾，特別是相關公務同仁的疑慮，不是沒有原因的。謹分述說明如下：

一、法人稱謂問題

　　如前所述，行政法人其實是國家與地方自治團體以外的特殊公法人或第三類公法人；之所以稱為行政法人，可謂受到日本獨立行政法人的影響。然而目前我國有意推動改制為行政法人的機關（構），包括社會教育、學術研究、職業訓練、文化、訓練等，其公權力之行政屬性均低，與一般對於行政之認知相去甚遠。職是，當初國立中正文化中心組織法律在立法院審議時，雖採行政法人之組織實體，卻不願在法律名稱冠上行政法人。此一情形，未來勢必會繼續出現，是否只稱公法人，或改稱為特殊公法人，或仍稱為行政法人，自然值得再三審酌。

二、權責分配問題

　　行政法人以提高效率、增進彈性、確保公共任務之達成為由，大幅鬆綁法規之限制，特別是進用人員，包括機關首長在內，不再受到公務人員任用資格限制，可謂大大增加監督機關與行政法人首長用人等各方面的權力。從正面看，自可提升組織效率與彈性，但從反面看，行政法人既然課責與監督較弱，則發生弊端之機率也相對提高。此一「權力增加、責任減少」，「只要彈性、不要拘束」的制度設計，顯然與「權責相符」的民主體制不符，也有值得檢討之處。

三、監督機制問題

　　在五權架構之下，我國任何行政機關除受直接隸屬之上級機關指揮監督，以及事後違法追究之司法監督外，也分別受到立法監督、考試監督與監察監督，但改制為行政法人後，只保留監察監督中的審計監督，且只限於政府核撥經費之監督，其他幾已完全取

消。因不具公務人員身分，考試監督形同全面棄守，而立法院只在
審議其組織法律與年度預算撥補經費時始能監督，恐怕也與多數立
法委員期待全面監督的想法相去甚遠。至於內部監事的監督，以及
監督機關的績效評鑑與依法監督能否發揮功能？亦難預料。是否會
成為脫韁野馬？誰也說不準，此一問題亦值得考慮。

四、組織領導問題

　　國立中正文化中心董事長與藝術總監的雙頭馬車領導及人事不
和傳聞，在該中心掛牌運作不久即鬧得沸沸揚揚。固然在行政法人
法已記取此一教訓，改由董事長或理事長綜理一切事務，對外代表
行政法人，然而重要事項應經董事會或理事會討論決定，恐怕因未
能即刻找到相關人員討論，以及因合議討論耗時較久，反而有害於
效率之提升；亦不免令人質疑。

五、雙軌任用問題

　　在多數未來規劃改制的行政法人當中，為避免現職人員反彈，
故同意現職人員繼續以公務人員身分留任。此種情形，與日本直接
以組織區分為一般獨立行政法人與特殊獨立行政法人的處理方式，
明顯有別。而同一機關中分別有兩種不同進用方式、身分保障、俸
給待遇、升遷路徑、退撫權益的人群，難免會區分比較、援引比
照。利之所在，競相要求；弊之所在，互相推諉，難免影響同仁的
士氣與工作效率，反而有害於組織目標的達成。

六、員工保障問題

　　對於要改制為行政法人的現職公務人員，主要有四種處理方
式，一是申請調任其他機關任職，二是加發慰助金辦理退休、資遣

離職，三是保留公務人員身分繼續任職，四是結算公務人員年資辦理退休、資遣，改依自訂人事規章轉任行政法人職務。其多種選擇方式，可謂對於現職公務人員權利盡到最大保障程度，然而對於聘僱人員、駐衛警察、工友，即無前述第一種或第三種選擇，難免讓這些人員人心惶惶，深怕中年失業的噩夢出現。在實際執行時，若現職公務人員申請調任其他機關任職時，依法主管機關應協助安置，屆時是否有足夠職缺可以安置？而如果大量釋出職缺，是否會影響公務人員高普考試之錄取分發？這恐怕也是值得進一步考慮的問題。

七、法人解散問題

　　行政法人因情事變更或績效不彰時，監督機關可以依法提請行政院同意後解散之。但解散後其人員由監督機關協助安置，相關債務由監督機關概括承受，而非課予董（理）事會、董（理）事長、首長一定責任，則這些經營人員如果胡作非為，一走了之，最後爛帳卻由政府出面收拾，是否公允？是否合乎法理？不又是「錢進私人口袋，債留政府埋單」嗎？社會恐怕難以認同。是故，此一問題亦應有所斟酌考量。

　　要之，行政法人制度既是新的創設，雖有日本、英國、德國等國家體制可以參考，但國情環境畢竟有所不同，自不宜盡信照搬。而行政法人組織在歷經十多年的努力後，截至民國108年12月止，只有國家表演藝術中心等五個；在地方，亦只有高雄專業文化機構等五個；目前可謂仍處於發展階段，尚未完全定型。許多措施方案事先難免思慮不周，進入執行階段後難免有所扞格，出現瑕疵。如上所述七個問題，政府當局似應有所斟酌或說明，始能釋除社會大眾的疑慮。

第七篇

結 篇

壹、檢視政府組織

眾所皆知，我國現行中央政府組織係依憲法五權分立精神而設，在憲法第三章至第九章分別規定國民大會、總統及行政、立法、司法、考試、監察等職權，因而分別設國民大會、總統府、行政院、立法院、司法院、考試院及監察院；其後依動員戡亂時期臨時條款第4款（現為憲法增修條文第2條第4項）規定，設國家安全會議。故中央政府遷臺以來，我國中央政府組織長期都設有八個一級機關（院級機關）。惟民國89年修憲，國民大會業已改為任務型；94年修憲，國民大會相關條文因停止適用之故，實際上已被裁撤，故當前計有七個一級機關。

不能否認的，我國政治運作的重心，一直都在總統、行政院與立法院三者。總統乃國家元首，由全國公民直接選舉產生，擁有任命行政院長、院際調解與國防、外交、兩岸關係等職權；立法院係民意機關，由立法委員組成，代表人民監督政府施政，審議預算、法律及其他重要政策，並有重要人事之同意權；行政院乃我國最高行政機關，在依法行政原則下，綜合執行各種大小行政事務，並指

揮監督各級行政機關，這三個機關的重要性無庸多言。特別是行政院，因為行政事務的無所不在，行政組織的層級結構，行政權力的如影隨形，影響人民權利義務更是至深且鉅。是以行政組織與職掌的增刪調整，一向為有心之士與社會大眾所矚目。

一、政府組織回顧

所謂行政院，有廣狹二義，狹義言之，僅指行政院院長、副院長、政務委員、秘書長及院內幕僚人員，亦即指行政院這個機關。廣義言之，除行政院院本部外，復包括所屬部會機關。我國行憲之初，行政院原設有：內政、外交、國防、財政、教育、司法行政、農林、工商、交通、社會、水利、地政、衛生、糧食等十四部以及資源、蒙藏及僑務等三個委員會。民國38年3月，行政院組織法修正，縮減為八部二會，即：內政、外交、國防、財政、教育、司法行政、經濟、交通等八部及蒙藏、僑務二委員會；此後，行政院很長一段時間即維持八部二會之基本架構。但隨著時間遞移及環境變遷，復依動員戡亂時期臨時條款及行政院組織法授權規定，陸續成立人事行政局及許多委員會、署等機關。

迄至100年行政院組織改造前，除傳統之八部二會外，尚有：中央銀行、行政院主計處、行政院人事行政局、行政院新聞局、行政院衛生署、行政院環境保護署、國立故宮博物院、行政院大陸委員會、行政院經濟建設委員會、行政院國軍退除役官兵輔導委員會、行政院青年輔導委員會、行政院原子能委員會、行政院國家科學委員會、行政院研究發展考核委員會、行政院農業委員會、行政院文化建設委員會、行政院勞工委員會、行政院公平交易委員會、行政院消費者保護委員會、行政院公共工程委員會、行政院原住民族委員會、行政院客家委員會、行政院體育委員會、中央選舉委員會、行政院海岸巡防署、行政院金融監督管理委員會、國家通訊傳播委

員會，共計37個部會級機關，其名稱則涵蓋部、會、行、處、局、署、院等七種。

如上所述，啟動組織改造後，依99年1月修正通過之行政院組織法規定，行政院下設十四部，即：內政、外交、國防、財政、教育、法務、經濟及能源、交通及建設、勞動、農業、衛生福利、環境資源、文化、科技等部；八委員會，即：國家發展、大陸、金融監督管理、海洋、僑務、國軍退除役官兵輔導、原住民族、客家等委員會；二總處，即：主計、人事行政總處；三獨立機關，即：中央選舉、公平交易、國家通訊傳播等委員會；以及中央銀行、國立故宮博物院，共29個部會級機關。惟因政治角力攻防，截至108年12月止，仍有內政部、經濟及能源部、交通及建設部、農業部、環境資源部等五個部會組織法案，尚未經立法院審議通過。

二、政府組織演進

從以上扼要說明中，不難得知我國行政院及所屬機關之演進，大致經歷緊縮、擴張、再限縮的階段，茲分述如下：

（一）因襲舊制時期

中央政府轉進來臺，海峽局勢飄搖動盪，兩岸不時有軍事衝突，執政者致力「反攻大陸，解救同胞」，一切以國防軍事為優先，政府組織也就因陋就簡、沿襲舊制。八部二會之組織架構也因此長時間被保留下來。

（二）逐漸擴張時期

民國60年代以後，隨著經濟起飛、教育普及、政治漸趨開放的

潮流趨勢，新興的社會問題也層出不窮。為解決這些問題，提升國民生活水準與素養，於是青輔會、研考會、農委會、文建會、勞委會、衛生署、環保署、公平會、公共工程會、原民會、客委會、體委會即在不同時間分別成立。截至100年組織改造啟動前，已達37個機關。機關數之多，堪稱世界之最。

（三）精簡瘦身時期

正因為我國中央機關數太多，顯得十分肥大臃腫，不只在橫的協調聯繫屢出狀況，在縱的領導統御也不是很順暢，故有識之士早已呼籲應進行精簡整併。然而精簡改造過程並不順利，行政院組織法雖已確定精簡為29個部會，機關名稱已定，但職掌劃分仍有歧見，以致組改未竟全功。就歷史演進言之，在101年組織調整改進後，可謂已進入精簡瘦身的階段。

三、政府組織特色

從以上探討中，可知我國中央政府組織之特色，至少有下列五點：

（一）五權分立架構

我國中央政府體制，乃遵循孫中山創立中華民國之遺教，建立五權分立體制，彼此分工合作，以五院制執行五權。雖然考試權從行政權獨立出來，但仍無損於綜合的、龐大的行政權；而立法權、監察權、司法權的行使，頂多也只是制衡與監督而已，所以在五權分立的表象之下，並無改變行政權獨大的事實。

（二）限縮地方權責

我國是單一國，地方一直都沒有司法、考試及監察權，而地方政府的行政與立法權限、地方自治的程度，係由憲法與地方制度法規範。在動員戡亂時期，雖有地方自治之名，但自治事項被限縮，當時中央與臺灣省政府基本上處於分工的關係，省政府主要在執行中央政府的政策，民國83年省縣自治法與直轄市自治法公布施行後，地方公法人的組織地位雖已明白確立，但自治事項依然有限，且受到中央部會相關業務嚴格的法規監督。地方權限被限縮，中央集權的制度規範依然沒有明顯的改變。

（三）機關數目龐多

我國中央部會級機關數目龐多，最多時高達37個，這還不包括總統府及其他四院所屬的部會，以及以作用法為法源而設立的任務型機關，如北美事務協調委員會、飛安委員會等。縱然在組織改造後，仍有29個之多，如再包括以作用法為法源而成立的黨產會及促轉會，亦達31個；此較諸美、日、英等國，均有過之而無不及。

（四）功能取向為主

我國中央行政機關之設，除政策考量外，主要考量業務相近性及業務量多寡，也就是以專業功能為主要依據，如國防、外交、教育、交通等部皆屬之；如為綜合性或難以歸納到相關部會者則統歸內政部；然而，在功能之外的小空間，卻也難免有政治考量，折衝妥協者亦無法避免。例如這次組織改造，對於以特定人群為對象之機關，如退輔會、僑委會、原民會、客委會原本都有精簡裁併之議，但最後都因選票因素而保留下來，即是明顯之例。

（五）縮減組織層級

我國由中央到地方，原為四級政府架構，但精簡臺灣省政府組織後，已簡化為中央、直轄市與縣（市）、鄉（鎮、市）三個層級；此較諸日本兩級政府組織，仍然稍多。在中央政府本身，最多時有五級機關，組改啟動後，亦限縮最多只設四級，如內政部警政署刑事警察局、交通部觀光局澎湖國家風景區管理處，均為四級機關；縱因轄區遼闊或業務量繁重而有必要另行設置下屬組織者，則分設派出單位，不再另設下級機關。

綜上所述，我國政府組織之設，有其獨特的嚴格背景；遷臺以來，大致可分為三個階段。這次的組織改造，可謂立基於五權分立萬能政府的基礎去進行，所以有以上五點與眾不同的特色，當然值得一提。

貳、探討組改過程

前已言及，「流動的河水不腐臭，滾動的石頭不生苔」，所以不論早期的行政革新，或由政府再造沿襲下來，現仍在進行中的組織改造，都是有其必要的。回顧過往，行政革新方案是連戰在民國81年擔任行政院長時所提，目標在建立廉潔、效能與便民的政府。此一方案立意雖佳，也持續進行中，但隨著連戰下臺，其後不了了之。起而代之的是，民國86年蕭萬長就任行政院長後所提出的政府再造綱領；組織再造即是其中最重要部分，其主要目標就是組織瘦身，旨在建立一個小而美、具有競爭力的企業型政府。嗣後雖然執政黨已多次更迭，且改造與再造二者名稱，時而更替，不過組改精神仍一脈相承，實質內容並無多大改變。

如前所述，我國組改過程係以民國86年第四階段修憲為濫觴，起步雖不算晚，但推動過程卻是困頓難行，十足牛步化，直至93年6月始三讀通過中央行政機關組織基準法；之後又陷於停頓，迄99年1月，關鍵組改五法中的四法分別通過，100年4月行政法人法通過，五法的最後一塊拼圖總算完成。其後，各部會即依據這五法規定，檢視修正或擬訂新的組織法案，陳報行政院核定後送請立法院審議，雖然多數機關組織法案已經通過並付諸施行。但遺憾的是迄至108年12月底止，仍有五個部會尚未完成修法，以致組改工程未竟全功；而因為這些法案涉及的職掌事項爭議較大，最後是否仍照行政院的規劃版本通過，其實也在未定之天。

從組改推動過程觀之，可以歸納四點說明之：

一、歷時多年，改革步調緩慢

這次中央政府組織改造，已歷二十餘年，看似已近尾聲，但正因為愈到後頭，爭議愈大，所以最後何時可以完成交卷，誰也說不準。此一情形，適足以說明組改涉及層面頗廣，故十分複雜，不易處理；改革步調也因此舉步維艱，顯得牛步化。

二、修憲起頭，侷限行政機關

這次組織改造，既在打造精簡、彈性、有應變力的小而美、小而能政府，對於立法院審議各機關組織法規的立法權難免有所影響，且與中央法規標準法規定有所扞格，例如：四級機關組織不再以法律定之，各機關員額授權以編制表定之等事項，故拉高層級至憲法層次，實係不得不然。不過為減少抗拒阻力，避免動搖國家體制，除中央政府機關總員額法外，基本上僅侷限於行政院及所屬機關，並不包括其他四院。

三、政院主導，納入各方民意

此次組織改造，由於涉及國家體制與重要政策，故不論是組改關鍵五法或各部會個別組織法案，行政院均負責任的提出完整的版本；然而在立法院審議過程中，朝野黨團或立法委員為反映民意，亦針對某些組織法案的部分條文，以行政院版本為基礎，對照提出修正草案或修正動議，送司法及法制委員會併案審議。固然最後立法院三讀通過的條文內容，是以行政院版本為主，但亦不乏採納民意修正之例。例如僑委會原本打算降編為外交部僑民署，但最後採納民意反映，仍予保留，即是一例。

四、政治考量，尚符組織專業

如前所言，我國中央行政機關之調整裁併，大致基於專業功能考量，亦能反映當前施政重心所在。但不能否認的，亦有某些部會係基於選票的政治考量而被保留下來，其中最明顯的就是原住民族委員會與客家委員會。正因為特定族群的選票考量，使得朝野黨團都不敢輕舉妄動；最後結果就是理想不敵現實，選票壓過專業，當然難以盡如人意矣！

誠然，組改過程已歷二十餘年，但仍有少數部會組織法案尚未立（修）法通過；故不能畫上句號，依然是現在進行式。如上所述四點，足可說明組改過程的概況，應予正視。

總之，改革是艱辛重大的工程，組織改造不只牽涉各機關權力消長，更攸關其生死存亡；故相關人員無不重視，甚至卯力護衛本機關的利益。組改過程之所以一再延宕、不斷拖延，不是沒有原因的。

參、策勵改進之道

　　不論在任何國家，在什麼時代，改革都是必要的，但也都是困難的、痛苦的。其中有冠冕堂皇的理由，也暗藏一些見不得人的勾當。好的改革，可以順應環境的變遷，使人民信服，帶來國家社會的長治久安與富強康樂；壞的改革，披著美麗的外衣，只顧貪圖眼前短暫利益，最終讓國家落入貧窮、落後、失序的困境；甚而因為背後的人事鬥爭與傾軋，使得仇恨、暴戾之氣揚升，人民無法安心立命、安居樂業與安享晚年，社會反而嚴重倒退。

　　由以上論述中，不難得知從行政革新到政府再造，再到組織改造，已有顯著的成果，但仍有一些瑕疵出現。往者已矣！策勵來茲，以下分從短期與長期兩方面，試擬改進與努力之道。

一、短期改進建議

　　這波組織改造工程已近尾聲，但「行百里路半九十」，愈到後頭，爭議愈大，愈見困難，但不往前動就陷入停頓、功虧一簣；故一定要設法克服，下述四點意見可供政府當局參考：

（一）所餘組織五法應儘快協調立法院通過

　　前言之，組改後行政院所屬部會及機關定為29個，截至108年12月底止，仍有內政部等五個機關組織法案尚未經立法院審議通過；這其中以環境資源部與農業部關於林業的職掌事項爭議最大。平心論之，農業部認為「農林漁牧」屬農業範圍，割裂林業，無疑挖掉腹部肌肉，並非無理；雖升格為部，但職掌反而減少，亦有悖於精簡之旨。惟不管最後如何定案，儘快協調這五個組織法案通過，絕對是當務之急。

（二）檢討修正現行法規不盡周妥完善之處

這次組織改造所通過的法律，有些顯然不符組織專業，自非合適；例如機關不必逐級設立，警察等機關不適用組織基準法，司法院及所屬機關職員，即第三類人員員額最高限不得調降等。這些規定或有悖於常情認知，或有違組織基準與員額彈性管理之本旨，自應適時予以檢討修正。

（三）三級以下機關善用行政法人組織轉型

如前所述，我國行政法人概念主要源自英國的執行署及日本的獨立行政法人，可說是第三類的行政法人，目前中央已設立的行政法人已有國家表演藝術中心等五個；地方行政法人亦有高雄專業文化機構等五個。就事實觀之，只要公權力較低，但公任務性高的機關，都適合轉型改制為行政法人型態，例如：勞動部所屬的勞動力發展署、人事行政總處所屬的公務人力發展學院等，政府當局自應善用此一機制，使得組織更有彈性，更具競爭力。

（四）任務編組機關不符法治常態應予裁撤

目前行政院依作用法法源而以任務編組方式成立的機關，主要有不當黨產處理委員會與促進轉型正義委員會；此外還在總統府下設新南向政策辦公室，在行政院下設年金改革辦公室等68個任務編組單位。這些任務編組機關或單位，少數政治爭議性極大，多數都有違組織基準法的立意，對現行體制衝擊極大，難免予人「不守法律、破壞法治」的批評。為彰顯法治國精神，自應儘速裁撤，回歸正常體制運作。

二、長期改進建議

　　機關組織的設立與裁併，主要立基於上位的政治制度與基本國策，就機關本身而言，職掌的相近性、業務量的多寡、執政者的意圖，也是重要考量因素。至於多數中下級機關的設裁存廢，則因民意反映、環境變遷、有權長官決策的影響最大。不能否認的，我國這次由上而下的組織改造，雖仍未竟全功，但已取得些許短期成果。若就長期而言，下述三點值得參採：

（一）基本定位，國家體制應先確立

　　我國遵循孫中山創立中華民國之遺教，雖採所謂五權體制，但長久以來，主要運作重心是在總統、行政院與立法院三者。如就憲法規定觀之，行政院尤其是重中之重，故有人說我國是內閣制；然而第三階段修憲後，總統已改由全民直接選舉產生，且總統有權自行任命行政院長，使得行政院院長的角色已由最高行政首長轉型為總統的執行長；不過行政院向立法院負責的機制沒有改變，而在廢除國民大會後，總統連形式上的報告都不必，幾已成為有權無責的超級大總統，誠有悖民主政治監督負責之常理。是以國家究是傾向內閣制？總統制？亦或雙首長制？宜先確認權責相符制度後，才能確定憲政機關的安排。

（二）大開大闔，啟動憲政層次改革

　　近年來修憲議題因涉及敏感的國家定位與領土界定問題，始終非常敏感；而因為修憲的高門檻設計，故自民國94年修憲後即未進行修憲。其實組織改造乃專業取向，不涉敏感政治議題，應該還是可以去做的。例如在遵循五權體制的國策下，融入獨立機關的概念，五權是否需要五院呢？是否在考試權與監察權分別獨立行使的前提下，能否廢掉考試院與監察院呢？而在動員戡亂體制已結束，

卻又傾向內閣制的運作下，國家安全會議是否仍應予保留？至於中央研究院與國史館是否應改隸行政院呢？凡此都有值得探討的空間。

（三）因應變遷，繼續探討調整改進

世界上沒有最好的組織，正如同沒有十全十美的制度，因為組織存在的目的就是適應環境變遷，達成組織目標。故現有的組織，在環境變遷或執政者理念變革後，是否仍有存在必要？例如早年為安置大批由大陸各省來臺的老兵，所以設立退除役官兵輔導委員會，其下又廣設各種事業單位；但在實施募兵政策後，兵源已大幅減少，退除役官兵也相對減少；又以文化為包裝，實質為選票考量的原住民族委員會、客家委員會；這三個機關在階段性任務達成後，是否仍有存在的必要？允宜繼續探討改進，萬萬不可因這次組織改造的定調而停止檢討。

總而言之，不論是行政革新、政府再造或組織改造，都是一個有計畫的改變過程，目的在追求更為美好的境地，所以不應停止腳步，允宜繼續的檢討改進。不好，要調整到好；好，還要追求更好。中華民國！加油！

第八篇

壹、獨立機關的概念與借鑒

　　獨立機關，又稱獨立機構，是政府機關組織的類型之一；乃指機關本其職掌獨立行使職權，不受上級機關指揮監督之謂。中央行政機關組織基準法第3條第2款定義獨立機關，是依據法律獨立行使職權，自主運作，除法律另有規定外，不受其他機關指揮監督之合議制機關。獨立機關的概念與組織設計源自美國，主要是因美國總統制與三權分立之制度設計，促成獨立機關在立法與行政之間扮演平衡角色的需要。自1887年國會通過州際商業法（The Interstate Act of 1887）而設立州際商業委員會（Interstate Commerce Commission, ICC）開始，美國不斷因應時代需要而設置或裁撤獨立機關，迄2016年止，總數約有70個獨立機關（周志宏，2006：19）。

　　為對抗總統權力擴張與行政權肥大化的傾向，美國將政府機關部門分為：總統之下政治決斷之執行（executive）與具專業性、中立性之行政（administration）兩部分。後者乃獨立機關，就是以「行政專業、行政中立與委任立法」對抗來自總統權力的指揮監督；可說是「集行政權、準立法權與準司法權於一身」的行政機

關，也可說是「第四種，沒有領導」之政府機關。

　　就組織型態言，美國獨立機關大致可分為首長制的獨立執行機構、政府經營之公共企業或政府公司、合議制的獨立行政委員會等三種。我國所引進的，也是較為相似的類型，乃合議制的獨立行政委員會。

　　我國獨立機關的制度概念，最早出現在民國93年6月立法院三讀通過之中央行政機關組織基準法。先前行政院會銜考試院所送法案並無獨立機關之組織概念，惟在黨團協商時採納呂學樟委員等46人提案，引進獨立機關及行政法人之組織型態。該法第3條第2款明確定義，獨立機關係依據法律獨立行使職權，自主運作，除法律另有規定外，不受其他機關指揮監督之合議制機關；又第4條第1項第2款規定，獨立機關之組織應以法律定之。行政院嗣於94年1月函頒「獨立機關建制原則」，做為設立獨立機關之準據。

　　隨後，行政院仿效美國聯邦通信委員會（FCC），欲成立國家通訊傳播委員會（NCC），即本諸獨立機關之建制而來，該會在95年2月成立，理所當然的成為我國第一個獨立機關。此後中央選舉委員會組織法於98年6月制定公布，公平交易委員會於100年11月修正公布，亦均採獨立機關之組織型態。如將以任務編組設立，明定相當二級行政機關的促進轉型正義委員會包括在內，我國目前計有4個相當於二級機關的獨立機關。至於依108年4月制定公布的國家運輸安全調查委員會組織法，而成立的國家運輸安全調查委員會，則係相當於三級機關的獨立機關。

　　由中央行政機關組織基準法及獨立機關建制原則的規定予以歸納，我國獨立機關組織的要點有下述三點：

一、獨立機關的隸屬關係

獨立機關均設於行政院，在層級上有相當二級，也有相當三級之獨立機關，但均直接隸屬於行政院。

二、獨立機關的組織型態

獨立機關均採委員合議制，重要決定應經委員會議通過。專任委員以5人至7人為原則，委員資格明定於組織法律；委員人選均由行政院院長提名，經立法院同意任命之。

三、獨立機關的職權行使

委員應超脫黨派之外，依法獨立行使職權，不受他人干涉；並受到任期保障。

綜上所言，獨立機關的組織設計，其本意是機關職掌具有公正性、中立性與專業性，必須抗拒來自上級或有權者的權力，所以立法賦予其獨立行使職權之依據。我國獨立機關主要仿效美國獨立行政委員會而來，目前僅有五個，機關數不多，且成立時間都不長，除參考他國經驗外，可謂還處於探索及調適的階段，自然談不上成熟與穩定。

貳、從組織改造看行政院組織架構的調整

我國行政院組織調整之擬議，由來已久矣！民國90年，立法院法制委員會召開公聽會，邀請時任行政院研考會主任委員林嘉誠及相關學者專家，就行政院組織法第3條條文修正草案發表意見。據林

主委的說法，在程序上希望立法院能先通過中央政府機關組織基準法暨總員額法兩個草案，再修正行政院組織法；在實質上若不計獨立性的行政委員會及故宮博物院等較為特殊的機關，內閣部會數打算調整裁併為25個。其他與會的立法委員、學者專家亦分別從世界潮流趨勢、發揮組織功能、提升行政效能、節約經費負擔等不同角度切入，立基點與主張方法雖有不同，但大致均對精簡組織、裁併部會持高度肯定的態度。

在民國89年5月我國首度政黨輪替執政之際，行政院所屬部會級機關，已高達35個之多（包括北美事務協調委員會），數目之多，舉世無出其右；即連世界超強美國（設15部）、歐洲大國德國（設14部）、英國（設17部）、法國（設17部）、北歐瑞典（設10部）、澳洲（設1室15部）、荷蘭（設13部）、近鄰日本（設1府12省廳）、新加坡（設14部）、號稱中央集權的中國大陸（目前為29個部會），（宋餘俠，2006：23）都瞠乎其後。而機關名稱之混亂，除部與委員會外，尚有行、處、局、署、院等名稱，令人目不暇給、眼花撩亂。為踐履陳水扁總統重視客家文化，及打造優質資通訊環境的競選承諾，行政院客家委員會及國家通訊傳播委員會嗣後也已設立，部會數攀升至37個。這也就是說，如果不實施組織再造、大力整併機關的話，我國的部會機關數不無可能再繼續向上攀升，遙遙領先世界其他各國。

我國部會機關如是之多，除歷史背景因素外，國人普遍的錯誤觀念與決策高層的政治考量，可謂是最主要的成因。早期「數大就是美」、「大有為政府」的觀念仍然深植入心，認為只有多設機關才足以管理與服務人民，也能夠安置各種特殊身分的人物，如退除役官兵、反共義士等。當前「救濟型政府」的作法雖已不再，但仍未建立整體性、前瞻性的觀念，凡事只從個別業務去考量，明的是

說提升機關層級，才足以顯示對此一業務的重視，實地上卻是造就一批人員升遷的機會，皆大歡喜。而政治人物為爭取選票或還人情的考量，輕率地答應升格或新設機關，更是以一時利害扭曲長遠制度的最惡劣示範。

機關組織一多，相互關係便趨於複雜化，許多問題因而浮現出來。為解決這些問題，遂又新設機關或新增人員，雖然解決某些問題，卻又發生新的問題；只好再增設機關與人員，於是落入惡性循環之中，機關組織遂漸腫大肥胖。除溝通協調困難、整合不易、效率降低外，也因為首長控制幅度太大，以致難以有效監督與管理。因而增加的人事成本與業務經費，更不在話下。

大體上我國原先的政府體制，是較偏於中央集權的五院制，院級機關較偏於政策的審議與監督；故縱使如採首長制的行政院，也有行政院會議的設置，其他則理所當然的採行合議制。採首長制的部級機關主要負責政策的制定、業務的監督與重要事項的執行；採委員制的部級機關則針對特定的業務事項，進行相關的協調與整合。至於一般業務的執行，如屬全國統一事項，向由部內相關單位或設下級機關執行；如有地方分治性質者，則分交省（直轄市）政府遞次辦理。嚴格來說，在民國88年元月地方制度法通過施行前，地方政府與中央的關係是偏於分工，而較少自治的成分。不過這些年來此一情況已大有改變，委員會不再是協調整合的機關，早已涉足實際執行的領域。因此文化建設委員會人手不足，而有擴大為文化部之議；其他委員會亦紛紛走上首長制，並負責執行之責，原應負決策之責的委員會議亦早已功能不彰、聊備一格矣！

從組織再造的角度切入，全面精簡調整政府業務、功能及組織，以建構一個彈性化、效率化及現代化的政府體系，允稱必要。因此在縱向上要精簡，也就是調整臺灣省政府及臺灣省議會的組織

與職權，將四級政府縮減為三級；在橫向上要瘦身，透過行政院組織法的修正，適度調整行政院暨所屬部會級機關的組織架構及業務職掌；也希望經由中央政府機關組織基準法與總員額法兩個法案的立法，建立隨環境變遷，而可以靈活調整改變的三級暨其以下機關，將中央政府塑造成一個創新、彈性、有應變能力的「小而能」政府。

就執行進度觀之，橫向的精省工作已經歷87年12月、88年7月兩階段的作業，大部分已如期於89年12月底前完成；少部分未完成者，則留待中央部會組織調整時一併處理。然而應該同時進行的中央政府精簡工作，似乎陷入泥淖之中。至於行政院組織法修正草案更是離譜，行政院內部始終吵翻天、擺不平，數年來行政院大門都出不了？遑論立法院的審議？好不容易在99年1月總算經立法院修正通過，但其後的各部會組織法修正案，進度依然牛步化；迄108年12月，仍有5個機關卡關不動；組織再造的困難度於此可見一斑。

不過，不管改革的過程如何艱辛困難，只要目標正確，仍然值得堅持下去。行政院組織架構的調整，除參採原先設計中央政府的原則外，亦宜調整角色的認知，政府不再是「大有為」，而是「小而能」。因此，無須操槳，只要領航；不必事事操勞，只要管重點，其他的順性引導即可。如無涉公權力運作者，宜儘量下放給民間，例如文化事務；如自治性質較高者，應交由縣（市）政府辦理，例如中小學教育；如已完成階段性功能任務者，則應與相關機關整併，例如蒙藏事務；如功能目標與業務性質相近、甚至重疊者，例如公平交易與消費者保護；如業務量明顯不如者，例如青年輔導業務，亦宜與其他機關合併。

當然精簡機關數目不是組織再造的目標，只是手段，只是重點，該裁併的應裁併，該保留的也應保留，甚至擴大。然而這些年

來以服務單一對象而成立的機關，如原住民族委員會；以單一特定
業務而成立的機關，如體育委員會、國軍退除役官兵輔導委員會，
其存續的價值也值得檢討。

　　如依上述原則檢討，中央行政機關似可大幅裁併為17個機關，
以八部為基本架構進行整併。僑務委員會併入外交部為僑民署；蒙
藏委員會與原住民族委員會合併，並將擬議中的客家委員會納入，
成為民族事務委員會；人事行政局主要業務併入銓敘部，幕僚業務
回歸院秘書處；財政部與主計處合併，各部會內部單位會計處與統
計處併為一單位；海岸巡防署一署三制，不倫不類，打散後各自回
歸內政部、國防部與財政部；退除役官兵輔導委員會併入國防部，
所屬事業機關予以民營化，或納入經濟部國營事業委員會管理，並
強化退伍軍人協會組織；青年輔導委員會、體育委員會、文化建設
委員會、新聞局均併入教育部，中小學教育與社會教育大幅下放給
縣（市）政府，社會體育與文化事務儘量委諸民間團體辦理，國際
新聞業務併入外交部，故宮博物院則改制為法人機構經營；原子能
委員會併入國家科學委員會，成立科技發展部；經濟建設委員會與
研究發展考核委員會職掌雷同，整併為國家發展部；公平交易委員
會與消費者保護委員會性質相似，屬經濟活動之規範與仲裁，併入
經濟部下設獨立性的委員會辦理；中央選舉委員會職司選務，與主
管選政的內政部密不可分，理應併入；而公共工程委員會與內政部
營建署關係密切，更應合併；至於北美事務協調委員會如不便併入
外交部，則應向亞東關係協會一般，改為民間機構。其餘法務部、
中央銀行、衛生署、環境保護署、大陸委員會、農業委員會、勞工
委員會可予保留，惟業務職掌與機關名稱仍應配合調整。

　　要之，原行政院下屬37個部會級機關，規模過於龐大，有礙行
政效率及組織目標的達成。從組織再造的角度出發，並參考國外類

似作法，不只可以精簡為目前的29個部會級機關；甚至可以再刪減裁併12個機關，只保留17個機關已足。雖然精簡政府機關組織的過程異常艱辛，但為國家社會的長遠發展，仍然有必要堅持做下去。

參、從組織改造看文化組織的調適

文化部組織法於民國100年6月經立法院三讀通過後，行政院文化建設委員會旋即升格為文化部；依法辦理全國文化業務。多年來藝文界人士的奔走呼籲終於成真，心願已了，無不雀躍歡欣！

不容否認，這些年來，「成立文化部」、「文化事權統一」的呼聲喊得滿天價響，然而因為涉及政府再造與行政院組織調整等問題，到底該不該成立事權統一的文化部？也就是一個專管文化事務的部級機關？歷來迭見爭議。多數藝文界人士從發展文化藝術的觀點，堅持應該成立；但部分教育界人士認教育與文化是一體兩面，根本難以切割；也有一些行政管理的學者從當前部會數目已經過多，成立文化部不一定能提升行政效率；甚至從比較政治的觀點，認為只有義大利等文化大國與共產國家才設專管文化事務的部會；對是否成立文化部持保留的態度。上述這些說法均言之成理、不無見地。基於國家公民的一分子責任，爰從不同角度略抒一己淺見。

一、文化的存在問題

按文化原本存在於民間，深具各地特色。文化的土壤與植栽都在民間社會，而非政府，政府所能做的就是輔導與獎勵，如同施肥一般。文化的本質與政治不僅不同，而且格格不入，因此應該有文化行政，卻不能文化政治化，也不宜有御用文化或威權文化。當全國文化完全一致之際，不僅扼殺各地文化的生機，文化也將質變為

政治。

二、文化的權責問題

按文化事權朝統一、一致的方向發展，既可以提升效率、復可避免多頭馬車現象發生，從政府再造的觀點言之，確屬美事一椿。然而所謂事權統一，不應僅止於將原屬內政部主管的古蹟業務，原屬教育部主管的古物業務，原屬新聞局主管的電影出版業務，收歸文建會即告完成。查主管文化業務，或主管業務偏重於文化業務的部會級機關原多達七個，除文建會、故宮博物院外，尚有蒙藏委員會、原住民族委員會、客家委員會，以及由政府出資的法人團體，即：文化總會、國家文藝基金會。這些機關是否願意打破本位主義的迷思，將相關的文化事權交給文建會，恐怕才是文化事權能否統一的主要關鍵。

三、文化的本質問題

按文化與每個人的生活息息相關，但文化的本質是軟實力，且多數存在民間，基本上不涉及政府公權力。此與其他政府行政完全不同，不只可以下授地方政府辦理，甚至可以委諸民間辦理。易言之，文化業務是最能落實地方自治的事項之一。中央有無建立一個龐大的、專責辦理的文化部之必要？誠然值得深入探討。

四、文化人的心態問題

大體言之，某些文化藝術工作人員總是希望政府給錢就好，但最好不要管他，所以往往不修邊幅，個性孤僻自大，作息日夜顛倒，平日無所表現，但興緻或靈感一來，可以三天不睡一氣呵成。職是，如以公務員身分去約束文化藝術人員，以政府機關屬性去定

位藝文團體,將會是一件辛苦而困難的事情。環視當今藝文界的種種情形,不正是如此嗎?

綜上述之,文化事權應該統一,除故宮博物院因性質與地位特殊,可以法人型態讓其繼續獨立存在外,其他部會級文化機關均應整併。又教育與文化既無法切割,似可仿照日本文部省之成立,讓兩個部會合併,而非讓文建會升格文化部。然後將文化業務大量下放給地方政府與民間團體去發揮,中央只保留獎勵、輔助與監督的權責。畢竟文化業務是最能落實地方自治的事項之一,而藝文團體勢必愈來愈多,藝文活動及表演場所也日趨多元,藝文經費不能完全仰賴政府。如是我國文化組織才能更為精簡,文化行政才會更有效率,各地文化活動也才有更進一步蓬勃發展的機會。

肆、從組織改造論考銓組織的變革

一、前言

考試院乃我國最高考試機關,是一個歷史悠久的憲政機關,也是舉世獨一無二的組織設計;地位崇高,掌理公務人員與專技人員之考選,公務人員之銓敘、保障、撫卹、退休事項及公務人員任免、考績、級俸、陞遷、褒獎之法制事項。其職掌事項相較於行政院,可謂單純、靜態許多,卻攸關公務人員與專技人員的素質與水準,連帶的也影響政府的施政品質及社會大眾的公眾利益,其重要性不言已喻。

考銓組織,乃廣義的考試院,即一般所稱的考試院及所屬機關;除由院長、副院長、考試委員組成合議制,併同所屬相關幕僚人員構成的院本部外,也包括所屬的四個二級機關,即考選部、銓敘部、公務人員保障暨培訓委員會(簡稱保訓會)、公務人員退休

撫卹基金監理委員會（簡稱退撫基金監理會）；兩個三級機關，即
公務人員退休撫卹基金管理委員會（簡稱退撫基金管理會）與國家
文官學院（簡稱文官學院）；以及一個四級機關，即國家文官學院
中區培訓中心（簡稱中訓中心）。至於因舉辦考試之需要而臨時組
成的典試委員會與試務處，則屬任務編組，且通常由院長、副院
長、考試委員兼任典試委員長，及由考選部同仁兼辦試務處工作，
雖應包括在內，但一般人通常不會特別在意。

　　這次的政府組織改造，除員額部分外，基本上僅及於中央機
關，且以行政院及所屬機關為限。考試院及所屬機關不在組織改造
之範圍，所以「西線無戰事」、「事不關己」，但其實本於「設官
分職」、「政府一體」原則，考試院組織有無改進空間？一樣值得
關心。特別是民國93年6月立法院三讀通過，制定中央行政機關組織
基準法時，引進獨立機關的概念與建制，此一獨立機關的構想能否
適用在考銓組織呢？當然也是一個令人好奇的問題。爰從獨立機關
的角度出發，探討考銓組織的沿革、概況以及改進建議。

一、考銓組織的沿革與概況

　　孫中山創立民國，倡導三民主義及五權憲法。在中央政府組織
設計，其權能區分、五權分立可謂是最重要的核心架構。所謂五權
分立，乃參照西方孟德斯鳩（Barean De Montesqueau）的立法、行
政、司法三權分立體制，以及我國封建傳統特有的考試、監察制度
措施，將考試權從行政權抽離獨立出來，又將監察權從立法權抽離
獨立出來，因而設立行政、立法、司法、考試、監察五院，行使五
種治權，彼此相繫相維、分工合作，以達萬能政府之旨。

　　孫中山五權分立之主張，主要見於建國大綱、五權憲法與三民
主義演講本之論述，他之所以主張考試權獨立，主要是鑒於西方國

家行政權兼掌考試權，衍生任用私人流弊，酬庸與分贓現象充斥，造成賢者不能進，狎近者到處占，不只影響政府施政效能與品質，甚且成為爭名奪權的罪惡淵藪。如能有公正公平的考試制度，「凡候選及任命官員，無論中央與地方，皆需經中央考試銓定資格」，自能為國舉才，以濟選舉與用人之窮。

民國17年，國民政府依孫中山遺教，試行五院制，公布考試院組織法，戴傳賢就任考試院院長，成立考試院籌備處；民國19年1月6日考試院及考選委員會、銓敘部正式成立。其後考選委員會曾修正為考選處，36年改制定名為考選部，（徐有守、郭世良，2019：46）以迄於今。

民國56年，總統依動員戡亂時期臨時條款規定，在行政院下設行政院人事行政局，統籌辦理行政院所屬各機關及公營事業之人事行政，其業務並受考試院指揮監督。民國82年，立法院三讀通過行政院人事行政局組織條例，明定該局有關考銓業務，並受考試院之監督。（考試院，2020：197）民國101年，依政府組織改造方案，該局改制更名為行政院人事行政總處。

民國84年，為配合公務人員退撫新制實施，除設立退撫基金監理會外，並在銓敘部下設退撫基金管理會。民國85年，為辦理公務人員保障暨培訓事項，復成立保訓會；88年並於該會下設國家文官培訓所，98年該所改制更名為文官學院，復設下屬四級機關中訓中心。於是考試院「一院二部二會」及所屬機關之架構已然完備；這也就是當前考銓組織的全部。

現行考試院組織之主要依據，是憲法第八章考試第83條至第89條及增修條文第6條規定。其中第83條規定：考試院為國家最高考試機關，掌理考試、任用、銓敘、考績、級俸、陞遷、保障、褒獎、

撫卹、退休、養老等事項。第84條規定：考試院設院長、副院長各
一人，考試委員若干人，由總統提名，經監察院同意任命之。第88
條規定：考試委員須超出黨派以外，依據法律獨立行使職權。增修
條文第6條第1項規定：考試院為國家最高考試機關，掌理左列事
項，不適用憲法第83條之規定：1.考試；2.公務人員之銓敘、保障、
撫卹、退休；3.公務人員任免、考績、級俸、陞遷、褒獎之法制事
項。同條第2項規定：考試院設院長、副院長各一人，考試委員若干
人，由總統提名，經立法院同意任命之，不適用憲法第84條之規
定。此四條文，可謂是考試院組織最高的、最重要的、最原則性的
依據。

　　如上所言，在訓政時期，國民政府試行五院制，已制定公布考
試院組織法，考試院嗣於民國19年正式成立。但行憲之後，依憲法
第89條規定，考試院組織法係於民國36年3月制定公布，隨後於同年
12月修正，並自37年6月施行；49年11月、56年6月兩度修正局部條
文。83年7月該法大修，在考試委員之決策層級雖無改變，即考試委
員名額仍為19人，任期仍為六年，遴任資格亦無改變；惟對各機關
執行有關考銓業務僅有監督權，刪除指揮權；另賦予公務人員保障
暨培訓委員會成立之法源；在幕僚部分，增置副秘書長1人，明定置
組長3人，由參事兼任，遂開啟「分組辦事」之門。

　　民國83年7月，考試院處務規程配合組織法之修正亦大幅翻修，
除明列秘書長、副秘書長及參事之職稱與職掌外，並明定設秘書
處、第一、二、三組、編纂室、資訊室、機要室等單位，復設人事
室、會計室、統計室、政風室等幕僚單位。此外依其他行政命令規
定，另設有訴願審議委員會、法規委員會及研究發展委員會等任務
編組，其工作人員由現職人員調兼。

　　民國108年12月，立法院院會據時代力量黨團、立法委員李俊

俋、段宜康等人提案，三讀修正通過考試院組織法部分條文修正草案，將考試委員人數由19人刪減為7人至9人，院長、副院長、考試委員任期由六年刪減為四年，在考試委員遴任資格方面，刪除其中曾任考試委員與典試委員長兩款資格規定，只保留曾任大學教授十年以上等三款規定，此外在幕僚之職稱、員額，亦有部分增刪調整。惟有關考試委員人數與任期等規定，係自下一屆，即自109年9月1日起施行，尚不影響現職人員任職權益。

　　考選部組織法最早於民國37年7月制定公布，嗣後於78年1月及83年11月兩度全文修正，奠定現行組織架構之基礎。除部長、政務次長、常務次長、主任秘書之職稱、官職等級與人數外，明定分設考選規劃司、高普考試司、特種考試司、專技考試司、總務司、題庫管理處、資訊管理處、秘書室等單位，以及人事室、會計室、統計室、政風室等幕僚單位，並得設各種委員會，分別處理有關業務之審議或研議等事項。

　　銓敘部組織法雖可上溯自民國17年12月國民政府制定公布之條文，33年8月也有全文修正；但行憲後，主要於46年7月、76年7月、78年1月、85年1月、91年1月五度修正，以迄於今。該法明定部長、政務次長、常務次長、主任秘書等正、副首長、幕僚長之職稱、官職等與人數；也分設法規司、銓審司、特審司、退撫司、人事管理司、地方公務人員銓審司、總務司、秘書室，並設資訊室、人事室、會計室、統計室、政風室等單位，以及各種委員會。查上開地方公務人員銓審司原係配合精簡臺灣省政府組織而設，後來基於種種考量，該司實際上已裁撤，相關業務移由其他單位辦理。

　　保訓會組織法係於民國85年1月制定公布，該會旋於同年6月成立；是我國最年輕的部會級機關之一。該法嗣於民國91年1月、98年2月兩度修正，全文共十條。除明定正、副主任委員及主任秘書之職

稱、官職等級及人數，賦予文官學院成立之法源依據外，最重要者
厥為專兼任委員之規定。依該法第4條規定，置委員10人至14人，其
中5人至7人專任，職務比照簡任第十三職等，由考試院院長提請總
統任命之；餘5人至7人兼任，由考試院院長聘兼之；任期均為三
年，任滿得連任。但兼任委員為有關機關副首長者，其任期隨職務
異動而更易。專任委員具有同一黨籍者，不超過其總額二分之一。
第6條復規定：有關公務人員保障事件及公務人員培訓之政策、法規
之審議決定事項，應經委員會議決定之。本會委員於審議、決定有
關公務人員保障事件時，應超出黨派，依據法律獨立行使職權。此
外，該法第5條亦明定委員應具有四款資格之一者，方得遴任。

　　復依該會處務規程規定，該會分設保障處、地方公務人員保障
處、培訓發展處、培訓評鑑處等四個業務單位及秘書室、人事室、
主計室、政風室等四個幕僚單位。

　　國家文官培訓所組織條例於民國87年11月制定公布，該所旋即
於88年7月成立；嗣於98年11月，該所組織條例修正為國家文官學院
組織法，99年3月文官學院揭牌改制，並依國家文官學院區域培訓中
心組織準則之規定，設立中區培訓中心。依該法第3條規定，置院長
1人，由保訓會主任委員兼任；另置副院長、主任秘書。又依編制表
規定，分設研究發展組、訓練發展組、交流合作組、評鑑發展中
心、數位學習中心等業務單位，以及秘書長、人事室、政風室、主
計室等幕僚單位。中區培訓中心除置主任、副主任各1人外，分設二
課辦事。

　　為辦理公務人員退休撫卹基金事宜，依公務人員退休撫卹基金
管理條例第2條規定，分別制定公務人員退休撫卹基金監理委員會組
織條例及公務人員退休撫卹基金管理委員會組織條例，並據此設立
退撫基金監理會及退撫基金管理會。前者隸屬考試院，為二級機

關，置主任委員1人，由考試院副院長兼任，並置委員19人至23人，由中央與地方政府有關機關代表及軍公教人員代表組成，均由考試院院長聘兼。其下置執行秘書1人，並分設業務組及稽查組兩組辦事，至於人事、主計、政風事項，由考試院派員兼辦之。退撫基金管理會隸屬於銓敘部，置主任委員1人，由銓敘部部長兼任，副主任委員1人，專任；另置委員13人至17人，由銓敘部遴聘國防部等機關業務主管及專家學者組成之，均為兼任。在辦事人員部分，該會置主任秘書1人，又分設業務組、財務組、稽核組、資訊室、秘書室及人事室、會計室等單位，辦理各項職掌事項。

綜上所述，廣義的考試院，即一般所稱的考試院及所屬機關，除院本部外，也包括考選部、銓敘部及所屬退撫基金管理會、保訓會及所屬文官學院與中訓中心、退撫基金監理會。就上開各該組織法規定觀之，考試院本身乃依法獨立行使職權的合議制憲政機關。保訓會亦屬合議制，但為二級機關，在審議保障事件時，委員亦應依法獨立行使職權。考選部與銓敘部屬首長制，至於退撫基金監理會與退撫基金管理會雖亦為委員合議制型態，但因委員皆為兼任，且三個月或一個月才開會一次，似較偏向代表性、諮詢性與監督性，而無決策性之實質功能。

三、考銓組織的現況剖析

就以上對考銓組織的沿革與概況有所描述後，爰剖析說明如下：

（一）就組織淵源言之

孫中山主張五權分立、考試權獨立及設置五院，但並未提及廣義的銓敘部分（即自任免以迄退撫的一系列人事行政事項）是否也

應獨立出來；只以在封建王朝均設有吏部，民國初年北洋政府亦設有銓敘局，國民政府訓政時期因襲既往成立銓敘部，斯時正因試行五院制，即將該部歸屬性質較為接近的考試院。就職權性質以觀，該部劃歸考試院轄下，自有其合理性；也正因為銓敘部劃歸考試院，使得考試院的組織與職掌不至於太過單薄。

（二）就組織職掌言之

考試院所掌管的考試，因涉專業與公平性，而保障事項，類如一般機關的訴願案，屬準司法性質，尤須客觀中立、公正專業的審理，自有設立獨立機關，以獨立行使職權的必要。至於其他的任免、考績、級俸、陞遷、褒獎之法制事項，或銓敘、撫卹、退休事項，固屬制度措施，不宜短時間大幅更張，惟究屬行政權之一部分，有無獨立行使職權之必要，實有討論之空間。

（三）就組織性質言之

考試院既是由院長、副院長、考試委員組成的合議制機關，且明定考試委員需超出黨派以外，依據法律獨立行使職權，故考試院實質上為憲法上的獨立機關無疑。惟因獨立機關係規定於中央行政機關組織基準法中，該法只規範行政院所屬機關，不及於總統府與其他四院，故考試院並非該法所稱的獨立機關。該法所屬的考選部、銓敘部均係採首長制的行政機關，退撫基金監理會乃為合議制的監督機關，均非獨立機關。至於保訓會亦屬合議制機關，復明定委員於審議決定保障事件時，應超出黨派，依據法律獨立行使職權；故在保障部分，該會為實質上的獨立機關，但在培訓及其他行政部分，則非獨立機關。至於在每次考試舉辦前臨時組成的典試委員會，事涉機密、公正與專業，自有獨立行使職權之必要，但因屬任務編組，自非機關，當然談不上獨立機關。

（四）就人員組成言之

考試院院長、副院長、考試委員均為特任官，依法由總統提名，前經監察院，嗣改經國民大會，現則經立法院同意任命之；其人選遴任與任命方式符合獨立機關人員的產生方式，並無疑義。可議者在於委員的五種遴任來源，在108年12月考試院組織法修正時，雖刪除曾任考試委員、典試委員長等二款既得利益者的保障條款，僅餘其他三款；對於曾任大學教授十年以上，與高等考試及格二十年以上曾任簡任職十年以上等二款資格，可謂較為具體，也符合專業要求，洵屬妥適，但仍保留「學識豐富，有特殊著作或發明者」，按這一款原規定後半段「富有政治經驗，聲譽卓著者」，十分模糊抽象，使得總統提名有很大的酬庸空間，而不必顧及專業與合適性。曾經有某屆考試委員的人選，超過一半是依此一款後半段資格規定而來；甚至只具講師資格，只因政治正確、關係良好，即獲遴任，學術界及實務界不滿之聲音即出現矣！至於保訓會主任委員、政務職副主任委員並非由委員中產生，不受任期保障，乃隨選舉或政黨政治運作而進退之政務人員，不符獨立機關之旨；而常務職副主任委員為常任文官，受到永業任職的保障，在政務職專任委員之上復置常務職副主任委員，既不符「政務、常務分置」之組織原理，亦與獨立機關人員組成方式有違。又該會專任委員由考試院院長提請總統任命之，而未經立法院同意之程序；另兼任委員職務之設計，及由考試院院長聘兼之規定，亦與獨立機關之旨有間。

（五）就實務運作言之

考試院院會審議案件，約十分之七為銓敘部提報，不到十分之二為考選部，保訓會僅約十分之一，其餘（含考試院秘書長、退撫基金監理會）不足十分之一；依理言之，考試委員應以具法政專長，懂考銓行政之學術界與實務界人士為主，始能發揮專業決策之

功能，兼顧代表性之適足。然而因主持典試之考量，理、工、農、醫、教育等各領域無所不包；甚至因政治上的酬庸，多數考試委員無法提出專業性的意見，卻要共同做成決策，於是外界批判「外行領導」、「流於背書」的聲音即告出現；而裁減考試委員人數之議，也始終沒有停歇。這次考試院組織法修正，考試委員名額雖已從19人減為7人至9人，遴任資格由五款減為三款，但平實的說，假使在上位者不能改變酬庸的心態，不能以專業公正為取向，考試院合議制的決策品質即難以提升，遑論成為公正、專業的獨立機關。

總之，就考銓組織現況予以剖析，考試院本部接近憲法上的獨立機關，所屬的保訓會在形式上也屬法律上的獨立機關，其他機關則非。不過就實務以觀，不論是組織性質、組織職掌、人員組成、實務運作情形，距離以公正、專業為主的獨立運作，顯然仍有一段距離。如考試院有意朝考試權獨立的方向邁進，考試權希望得到社會各界的尊重與支持，上述情形即不能視而不見啊！

四、考銓組織的改進芻議

從上所言，考試權獨立於行政權之外，考試院與行政院平行並列，層級之高，舉世僅有；考試委員的職務位高權重，但職權行使的專業性與公正性卻常被質疑。就孫中山的政治藍圖，或現行法制上的地位言之，考試院應該是憲法上的獨立機關，但就實際情形以觀，卻非如此。儘管公務人員或專技人員對於考試院的評價是正面大於負面，但學者專家的看法卻不一致，而社會大眾則不一定認識考試院，甚至存有誤解。

如欲提升考試院的形象，建構一般社會大眾對於考試院的信任度，則引進企業化精神，朝著獨立機關的方向邁進，似是一條可行之路。以下分從短期與長期兩方面提出改進建議：

（一）短期改進之道

行憲之際，考試委員人數之所以定為19人，據云是配合大法官17人，兩者總數共36人，是給35個行省再加海南特別行政區，保證每一省區至少有一頂尖優秀人士可以進入中央政府擔任特任官；然而時移勢轉，目前中華民國僅統治臺澎金馬地區。在憲政改革之後，大法官及監察委員人數已相應減少；惟考試委員人數，卻以學術領域分類日趨細密，在典試上有其必要為由，仍然不動如山。按每次考試而組成的典試委員會，雖應公正、獨立、客觀、專業的行使職權，但典試委員長、典試委員並非一定由考試委員擔任不可。故這次考試院組織法修正，將考試委員人數調降為7人至9人，尚稱合宜。不過在考試委員遴選上，實應遴選具有考銓專長的法政人士擔任，始能在考銓政策或法案審議時有所貢獻，發揮合議制功能；如仍以政治考量為主，以酬庸或分贓方式任命，則實質上僅能減少人事費用支出，而提升決策品質之效果仍屬有限。至於保訓會正、副主任委員均應修法明定為有任期保障之政務職，不隨選舉或政黨同進退，有關該會領導層之特殊現象才能改變，也往真正的獨立機關邁進。

（二）長期改進之道

如果「五權分立，但不必五院」、「真正的獨立行使職權」的理念可以被接受的話，則透過修憲方式拆解考試院並非不可行。首先將考選部改為考選委員會，移歸行政院管轄，以獨立機關及行政法人的組織型態辦理各種考試；其次保訓會只保留保障業務，只設專任委員，不設兼任委員，仿照美國功績制保護委員會，使之成為準司法機關。至於銓敘部與保訓會培訓業務部分，可以併入行政院人事行政總處；第一線的培訓工作可以成立行政法人繼續執行。而為辦理公務人員退休撫卹基金，成立兩個機關分別管理與監理，但

經營績效又不好，早已淪為笑柄；故退撫基金監理會與管理會早應合併，並以行政法人或公設財團法人的方式經營。在考試院所屬機關都改隸後，考試院本身自無存在必要。

要之，考試權雖然重要，考試院固然崇高，但以企業化精神與小而能政府角度觀之，考試院組織其實是龐大的，考試委員的職權行使雖稱得上獨立，但關於政策及法案審議是否需要獨立？有無專業能力？誠然值得重視。而所屬保訓會，名義上雖接近獨立機關，但其實也有很大的改善空間。

五、小結

考試院是考銓組織的龍頭老大，也是一個歷史悠久的老機關，除員額管理外，其他事項都不在這次政府改造的範圍。政府改造是一個已歷二十多年的重大工程，目前雖已達成百分之九十，但仍未竟其功。獨立機關在美國雖已年代久遠，但我國引進此一組織設計，不過才十幾年而已，所以其中的磨合與調適勢必不少。如從政府改造、獨立機關的角度檢視考試院及所屬機關的組織，發現的問題委實不少。

不過如果從組織的生態面言之，任何機關的設立與發展，都與當時的社會環境與政策考量脫離不了關係，有其實際需要時即可設立，業務萎縮或環境變遷時即應變更或予以裁撤。依功能最適原則，考銓組織不是不能調整改變的。

如上所言，想要改善考試院的決策品質，提升考試院的地位與形象，依政府改造的精神，朝獨立機關的方向邁進，應是一條可行的路徑。吾人且拭目以觀！

伍、災變中政府角色的省思

民國88年9月21日凌晨，臺灣中部地區發生一場芮氏規模達7.3級的強烈地震。各級政府、國軍部隊、民間團體、國際救援組織隨即投入救難救災的行列，先後救出被困的4,000多人，但不幸的，仍有2,400餘人喪生，8,000多人受傷，財物損失初估更達數千億元之鉅；史稱「九二一地震」。這場臺灣的世紀浩劫，既是天災，也是人禍。天災無可避免，卻因人禍增添許多傷亡損害。

說是天災，是因為地震的不可預測性，也是因為這次地震強度太大，既無法事先因應防範，也震得大家毫無招架抗拒之力。說是人禍，則是因為人為疏失與人謀不臧，使得災害更加擴張放大。如果說在大地震之前，大家具有危機意識，抱著「不怕一萬，只怕萬一」的想法，做好防災的相關準備，包括建築物按照規定施工，提高耐震強度，建立一套完整的救災體系，加強防災的模擬演練，充實防災的儀器設備，強化交通及通訊設施等等；如果說大地震發生之後，能夠在第一時間內馳赴現場救援，大家同心協力，使用先進的儀器設備，充分提高救災救難的效率，相信傷亡損害數字一定可以降低。

在救災過程中，一開始顯得有些慌亂與生疏，終究政府先前未有此一認知，也從無類似的處理經驗，但這卻無損於國軍部隊、民間宗教與慈善團體、社會熱心人士、國際救難組織等自發的、高效率的、有愛心的積極投入。在政府未能提供確切的資訊消息，未能有效的協調統合各種不同資源的情況下，他們選擇重點救災及照顧災民，適時填補政府不及照顧之處，卻也彰顯政府力有未逮的痛。平實言之，政府存在的基本目的就是要服務人民、照顧人民，因此政府面對救災工作必須是全方位的，沒有選擇性的，挑起全部責任。災民在哀慟親人罹難或受傷、家園嚴重毀損的情況下，不管政

府做得再好，他們都很難平靜的、理智的說聲感謝的話，更何況大眾媒體、學者專家迭迭批判政府做得不夠好呢？

大地震初發之際，由於交通中斷、通訊阻絕，加上災區地方政府本身受損嚴重，通報系統又告失靈，中央政府根本不曉得災區有多大，災情有多嚴重，也因此第一時間的救災救難行動只侷限於部分都市與城鎮地區，遼闊的山區幾乎無人聞問。而先進儀器設備的欠缺、救災人員土法煉鋼式的神勇與辛勞，較之外國救難組織，既令人汗顏，又感欽佩。相關政府首長不眠不休，僕僕風塵往返於臺北與各災區之間，旅途勞頓，費心又費力，此一精神雖然不能遮掩政府一開始救災工作的疏失與不足，卻也教人不忍多予苛責。隨著政府愈做愈好的腳步，原先「一切為救災」，因而隱忍於政府與民間、各級政府之間，乃至於政府各部門之間的矛盾與爭議，也不斷浮現出來。

按說政府是一體的，政府機關之間是業務職掌的分工合作關係，中央政府偏重在全國性與政策性事務，地方政府偏重在地區性與執行性事項，分工目的是為達成為民服務的效率，而非爭功諉過，互推責任。在這次救災的過程中，中央政府與縣市政府，縣市政府與鄉鎮公所之間的角力痕跡斑斑可見，事涉政黨利益與選舉考量，使得單純的救災工作轉變為政治事件，無怪乎在野的總統候選人只能乾瞪眼，頻為此一專門為執政黨候選人搭建的表演舞臺嚷嚷不已。而災後復建工程的重大利益，更觸動每一個有心人的心靈，黑道、白道都想分一杯羹，無怪乎時任中央研究院院長李遠哲有感而發的說：「黑道不可怕，白道才值得注意」。

這次大地震也震出許多政府體制上的嚴重缺陷，其中精省後的空檔未能適時填補，使得中央與縣市政府的對立衝突愈形嚴重。原來臺灣省省長充當第一線救災指揮官的角色，要人給人、要錢給

錢，既能發揮統合協調的功能，也頗有效率可言；縣市政府習於這
種仰望上級的的作業模式，而中央政府官員一向坐在辦公室裡做決
策，幾乎從無上第一線親自執行的經驗，更別提大型救災的經驗，
一旦上陣，神經末梢的觸覺難免較為遲緩。這也難怪中央政府一開
始的救災效率不佳，而縣市政府與鄉鎮公所從頭至尾幾無救災能
力，除反映災民意見外，只會與中央政府爭指揮權及救災物資經
費。

有人說這次救災行動，民間表現優於政府。因為民間完全出自
愛心與志願，而政府卻負有責任，也由於民間可視己力選擇重點進
行，但政府卻必須全面照顧。政府的本職角色是個沉重負擔，使得
政府的救災行動不論做得有多好，人民都不見得滿意。從傳統政治
觀點來看，政府已盡心盡力救災，似應予以肯定；但從危機處理觀
點來看，政府一開始的救災表現，頂多只在及格邊緣而已。

總之，這次大地震震垮許多建築物，也震出政府的許多缺失。
然而也因此激發出國人的愛心、凝聚力與反省能力。大地震雖能擊
倒我們，卻不能阻擋我們再站起來。不是嗎？

參考資料

1. 江岷欽（1993），組織分析。臺北：五南圖書公司。
2. 考試院（2020），中華民國考試院院史。臺北：考試院。
3. 行政院人事行政局（1998），中央政府機關總員額法草案說帖。臺北：行政院人事行政局。
4. 行政院人事行政局地方行政研習中心（2003），活力政府新思維。南投：行政院人事行政局地方行政研習中心。
5. 行政院人事行政局譯印（1993），日本小六法摘譯，行政機關職員定員有關之法律。臺北：行政院人事行政局。
6. 行政院主計總處（2019），國民所得統計年報。www.stat.gov.tw（2020/7/18檢索）
7. 行政院研究發展考核委員會（1993），行政機關組織通則草案之研究。臺北：行政院研究發展考核委員會。
8. 行政院研究發展考核委員會（2000），政府再造運動。臺北：行政院研究發展考核委員會。
9. 行政院研究發展考核委員會（2003），政府改造。臺北：行政院研究發展考核委員會。
10. 行政院經濟建設委員會（1999），行政院提升國家競爭力工作計畫辦理情形表。臺北：行政院經濟建設委員會。
11. 吳定等4人（1994），行政學（一）。新北：國立空中大學。

12. 吳剛（1999），行政組織管理。北京：清華大學出版社。

13. 吳瓊恩（2009），行政學。臺北：三民書局。

14. 呂學樟（2020），邁向進步效能的政府——組織改造紀實。臺北；商鼎數位出版公司。

15. 宋餘俠（2005），行政法人績效管理的探討。研考雙月刊第29卷第2期。臺北：行政院研究發展考核委員會。

16. 宋餘俠（2006），政府組織改造推動策略。政府審計季刊第27卷第1期。臺北：審計部。

17. 宋餘俠（2009），行政院組織改造設計原則與實務。研考雙月刊第33卷第3期。臺北：行政院研究發展考核委員會。

18. 李建良等人（2006），行政法入門。臺北：元照出版公司。

19. 李震山（2013），行政法導論。臺北：三民書局。

20. 周志宏（2006），我國獨立機關建制問題之研究。www.ntpu.edu.tw（2020/3/2檢索）

21. 姜占魁（1980），行政學。臺北：五南圖書公司。

22. 姜占魁（1990），組織行為與行政管理。作者自行出版。

23. 紀俊臣、紀和均（2019），臺灣獨立機關與行政法人定位與職權之法制設計。中國地方自治第72卷第5期。臺北：中國地方自治學會。

24. 孫中山（1981），孫文學說，國父全集第一冊。臺北：中國國民黨中央委員會黨史委員會。

25. 徐有守、郭世良（2019），考銓制度。臺北：五南圖書公司。

26. 財團法人國家政策研究基金會（2014），我國獨立機關組織定位、業務屬性及相關機關權責分工之研究。臺北：國家發展委員會。

27. 張金鑑（1979），行政學典範。臺北：中國行政學會。

28. 張家洋等3人（1992），行政組織與救濟法。新北：國立空中大學。

29. 張潤書（1988），組織行為與管理。臺北：五南圖書公司。

30. 張潤書（2010），行政學。臺北：三民書局。

31. 教育部（2019），教育統計。www.ndc.gov.tw（2020/7/18檢索）

32. 許文惠（1992），行政管理學。北京：紅旗出版社。

33. 陳新民（2005），行政法學總論。臺北：三民書局。

34. 傅肅良（1990），考銓制度。臺北：三民書局。

35. 黃錦堂（2005），行政組織法論。臺北：翰蘆圖書公司。

36. 黃錦堂（2012），地方制度法論。臺北：元照出版公司。

37. 臺灣行政法學會（2005），行政法人與組織改造、聽證制度評析。臺北：元照出版公司。

38. 臺灣行政法學會（2010），行政組織與人事行政法制之新發展。臺北：元照出版公司。

39. 繆全吉（1978），行政革新研究專集。臺北：聯合報社。

40. A. Etzioni (1961), A Comparative Analysis of Complex Organizations, N.Y.: The Free Press.

41. David Osborne & Ted Gaebler原著，劉毓玲譯（1996），新政府運動。臺北：天下文化公司。

42. Gerald E. Caiden (1991), Administrative Reform Comes of Age, Berlin: Walter de Gruyter.

43. Herbert A. Simon原著，雷飛龍譯（1964），行政學。臺北：正中書局。

44. Ralph P. Hummel原著，史美強譯（1997），官僚經驗——對現代組織方式之批評。臺北：五南圖書公司。

45. Robert B. Denhardt原著，張世杰等人合譯（1994），公共組織理論。臺北：五南圖書公司。

作者相關論著

1. 我國工會組織研究：國立臺北商專學報第37期，民國80年12月。
2. 行政革新的內涵與目的：考選周刊第347期，民國81年4月21日。
3. 論行政革新的困難：考選周刊第393期，民國82年3月16日。
4. 論行政組織的缺失與改進之道：考選周刊第403期，民國82年5月25日。
5. 論行政程序的缺失與改進之道：考選周刊第410期，民國82年7月13日。
6. 論現行法規的缺失與改進之道：考選周刊第423期，民國82年10月12日。
7. 論行政革新：政風季刊第3期，民國83年1月。
8. 泛談行政革新方案：考選周刊第437期，民國83年2月1日。
9. 論人的革新：考選周刊第443期，民國83年3月8日。
10. 從五權分立論考試權獨立行使：國立臺北商專學報第42期，民國83年6月。
11. 從考試權獨立論考試院組織法修正的時代意義：人事行政季刊第110期，民國83年8月。
12. 從公立學校的組織特性論教師任用的功能：考銓季刊第3期，民國84年7月。
13. 公立大專院校教師員額設置之探討：人事月刊第21卷第4期，民

國84年10月。

14. 論革新與革命：立法院新聞簡訊第265期，民國86年7月19日。

15. 論改革之道：立法院新聞簡訊第269期，民國86年8月16日。

16. 中央政府機關總員額法草案評析：人事行政季刊第125期，民國87年7月。

17. 革新漫談：立法院新聞簡訊第314期，民國87年7月6日。

18. 革新必先革心：考選周刊第665期，民國87年7月9日。

19. 談組織再造：公務人員月刊第28期，民國87年10月。

20. 中央政府機關組織基準法草案評析：人事行政季刊第126期，民國87年10月。

21. 從組織再造談中央政府機關組織調整的困境：立法院新聞簡訊第377期，民國88年9月27日。

22. 政府再造的意義與重要性：臺北商專校刊第33期，民國88年9月30日。

23. 論人力及服務再造：公務人員月刊第40期，民國88年10月。

24. 九二一震災中政府角色的省思：眾聲日報第4版眾聲論壇，民國88年11月16日。

25. 革故鼎新——進步的行政：五南圖書公司，民國89年。

26. 從變的觀點看政府再造：公務人力發展中心報導——游於藝第19期，民國89年1月1日。

27. 從行政革新到政府再造：立法院新聞簡訊第402期，民國89年3月27日。

28. 論法制再造：公務人員月刊第47期，民國89年5月。

29. 行政革新與政府再造的相關性：臺北商專校刊第39期，民國89年5月30日。

30. 從整體面看政府再造運動的缺失：立法院新聞簡訊第412期，民國89年6月5日。

31. 從中央政府機關總員額法草案論員額管理的發展趨勢：考銓季刊

第23期，民國89年7月。

32. 從組織再造看行政院組織架構的調整：國大簡訊第331期，民國89年9月。

33. 論政府機關員額管理的缺失：考選周刊第782期，民國89年10月19日。

34. 政府再造運動的觀念變革：國大簡訊第332期，民國89年10月。

35. 從中央政府機關總員額法草案到中央政府機關總員額管理法草案的轉變：考選周刊第785期，民國89年11月9日。

36. 從國父遺教論考試院組織再造：國立臺北商專學報第55期，民國89年12月。

37. 行政院組織法修正草案評析：人事行政季刊第141期，民國91年10月。

38. 淺論文化組織的調適與再造：臺北商業技術學院校刊第14期，民國92年4月30日。

39. 論行政法人的由來與建制：考選周刊第914期、第915期，民國92年5月22日及29日。

40. 論法人的種類：臺北商業技術學院校刊第15期，民國92年5月30日。

41. 釐清機關組織的定位與屬性：考選周刊第941期、第942期，民國92年11月27日及12月4日。

42. 從中央政府機關組織基準法草案到中央行政機關組織基準法：公務人員月刊第100期，民國93年10月。

43. 中央行政機關組織基準法之探討：人事行政季刊第149期，民國93年10月。

44. 行政法人組織特性之探討：臺北商業技術學院校刊第45期，民國96年3月30日。

45. 中央政府機關組織基準法施行後相關實務問題之探討：人事行政季刊第160期，民國96年7月。

46. 行政法人組織規範與相關課題之探討:國會月刊第35卷第12期,民國96年12月。

47. 從培訓機關組織法修正論培訓業務之發展趨勢:飛訊第92期,民國99年4月。

48. 省政府之組織與治理──臺灣與福建之比較:中國地方自治季刊第68卷第12期,民國104年12月。

49. 民主與法治的出路:商鼎出版公司,民國105年6月。

50. 從獨立機關的角度論考銓組織改造:銘傳大學公共事務學系第14屆轉型與治理國際學術研討會,民國109年3月27日。

附錄法規

一、中央行政機關組織基準法

民國99年2月修正公布

第一章　總則

第 1 條

　　為建立中央行政機關組織共同規範，提升施政效能，特制定本法。

第 2 條

　　本法適用於行政院及其所屬各級機關（以下簡稱機關）。但國防組織、外交駐外機構、警察機關組織、檢察機關、調查機關及海岸巡防機關組織法律另有規定者，從其規定。

　　行政院為一級機關，其所屬各級機關依層級為二級機關、三級機關、四級機關。但得依業務繁簡、組織規模定其層級，明定隸屬指揮監督關係，不必逐級設立。

第 3 條

　　本法用詞定義如下：

一、機關：就法定事務，有決定並表示國家意思於外部，而依組織法律或命令（以下簡稱組織法規）設立，行使公權力之組織。

二、獨立機關：指依據法律獨立行使職權，自主運作，除法律另有規定外，不受其他機關指揮監督之合議制機關。

三、機構：機關依組織法規將其部分權限及職掌劃出，以達成其設立目的之組織。

四、單位：基於組織之業務分工，於機關內部設立之組織。

第 4 條

　　下列機關之組織以法律定之，其餘機關之組織以命令定之：

一、一級機關、二級機關及三級機關。

二、獨立機關。

前項以命令設立之機關，其設立、調整及裁撤，於命令發布時，應即送立法院。

第二章　機關組織法規及名稱

第 5 條

機關組織以法律定之者，其組織法律定名為法。但業務相同而轄區不同或權限相同而管轄事務不同之機關，其共同適用之組織法律定名為通則。

機關組織以命令定之者，其組織命令定名為規程。但業務相同而轄區不同或權限相同而管轄事務不同之機關，其共同適用之組織命令定名為準則。

本法施行後，除本法及各機關組織法規外，不得以作用法或其他法規規定機關之組織。

第 6 條

行政機關名稱定名如下：

一、院：一級機關用之。

二、部：二級機關用之。

三、委員會：二級機關或獨立機關用之。

四、署、局：三級機關用之。

五、分署、分局：四級機關用之。

機關因性質特殊，得另定名稱。

第 7 條

機關組織法規，其內容應包括下列事項：

一、機關名稱。

二、機關設立依據或目的。

三、機關隸屬關係。

四、機關權限及職掌。

五、機關首長、副首長之職稱、官職等及員額。

六、機關置政務職務者，其職稱、官職等及員額。

七、機關置幕僚長者，其職稱、官職等。

八、機關依職掌設有次級機關者，其名稱。

九、機關有存續期限者，其期限。

十、屬獨立機關者，其合議之議決範圍、議事程序及決議方法。

第 0 條

　　機關組織以法律制定者，其內部單位之分工職掌，以處務規程定之；機關組織以命令定之者，其內部單位之分工職掌，以辦事細則定之。

　　各機關為分層負責，逐級授權，得就授權範圍訂定分層負責明細表。

第三章　機關設立、調整及裁撤

第 9 條

　　有下列各款情形之一者，不得設立機關：

・業務與現有機關職掌重疊者。

二、業務可由現有機關調整辦理者。

三、業務性質由民間辦理較適宜者。

第 10 條

　　機關及其內部單位具有下列各款情形之一者，應予調整或裁撤：

一、階段性任務已完成或政策已改變者。

二、業務或功能明顯萎縮或重疊者。

三、管轄區域調整裁併者。

四、職掌應以委託或委任方式辦理較符經濟效益者。

五、經專案評估績效不佳應予裁併者。

六、業務調整或移撥至其他機關或單位者。

第 11 條

　　機關組織依本法規定以法律定之者，其設立依下列程序辦理：

一、一級機關：逕行提案送請立法院審議。

二、二級機關、三級機關、獨立機關：由其上級機關或上級指定之機關擬案，報請一級機關轉請立法院審議。

機關之調整或裁撤由本機關或上級機關擬案，循前項程序辦理。

第 12 條

機關組織依本法規定以命令定之者，其設立、調整及裁撤依下列程序辦理：

一、機關之設立或裁撤：由上級機關或上級機關指定之機關擬案，報請一級機關核定。

二、機關之調整：由本機關擬案，報請上級機關核轉一級機關核定。

第 13 條

一級機關應定期辦理組織評鑑，作為機關設立、調整或裁撤之依據。

第四章　機關權限、職掌及重要職務設置

第 14 條

上級機關對所隸屬機關依法規行使指揮監督權。

不相隸屬機關之指揮監督，應以法規有明文規定者為限。

第 15 條

二級機關及三級機關於其組織法律規定之權限、職掌範圍內，基於管轄區域及基層服務需要，得設地方分支機關。

第 16 條

機關於其組織法規規定之權限、職掌範圍內，得設附屬之實（試）驗、檢驗、研究、文教、醫療、社福、矯正、收容、訓練等機構。

前項機構之組織，準用本法之規定。

第 17 條

機關首長綜理本機關事務，對外代表本機關，並指揮監督所屬機關及人員。

第 18 條

首長制機關之首長稱長或主任委員，合議制機關之首長稱主任委員。但機關性質特殊者，其首長職稱得另定之。

一級、二級機關首長列政務職務；三級機關首長除性質特殊且法律

有規定得列政務職務外，其餘應為常務職務；四級機關首長列常務職務。

機關首長除因性質特殊法規另有規定者外，應為專任。

第 19 條

一級機關置副首長一人，列政務職務。

二級機關得置副首長一人至三人，其中一人應列常任職務，其餘列政務職務。

三級機關以下得置副首長一人或二人，均列常任職務。

第 20 條

一級機關置幕僚長，稱秘書長，列政務職務；二級以下機關得視需要，置主任秘書或秘書，綜合處理幕僚事務。

一級機關得視需要置副幕僚長一人至三人，稱副秘書長；其中一人或二人得列政務職務，至少一人應列常任職務。

第 21 條

獨立機關合議制之成員，均應明定其任職期限、任命程序、停職、免職之規定及程序。但相當二級機關之獨立機關，其合議制成員中屬專任者，應先經立法院同意後任命之；其他獨立機關合議制成員由一級機關首長任命之。

一級機關首長為前項任命時，應指定成員中之一人為首長，一人為副首長。

第一項合議制之成員，除有特殊需要外，其人數以五人至十一人為原則，具有同一黨籍者不得超過一定比例。

第五章　內部單位

第 22 條

機關內部單位應依職能類同、業務均衡、權責分明、管理經濟、整體配合及規模適中等原則設立或調整之。

第 23 條

機關內部單位分類如下：

一、業務單位：係指執行本機關職掌事項之單位。

二、輔助單位：係指辦理秘書、總務、人事、主計、研考、資訊、法制、政風、公關等支援服務事項之單位。

第 24 條

政府機關內部單位之名稱，除職掌範圍為特定區者得以地區命名外，餘均應依其職掌內容定之。

第 25 條

機關之內部單位層級分為一級、二級，得定名如下：

一、一級內部單位：

（一）處：一級機關、相當二級機關之獨立機關及二級機關委員會之業務單位用之。

（二）司：二級機關部之業務單位用之。

（三）組：三級機關業務單位用之。

（四）科：四級機關業務單位用之。

（五）處、室：各級機關輔助單位用之。

二、二級內部單位：科。

機關內部單位層級之設立，得因機關性質及業務需求彈性調整，不必逐級設立。但四級機關內部單位之設立，除機關業務繁重、組織規模龐大者，得於科下分股辦事外，以設立一級為限。

機關內部單位因性質特殊者，得另定名稱。

第 26 條

輔助單位依機關組織規模、性質及層級設立，必要時其業務得合併於同一單位辦理。

輔助單位工作與本機關職掌相同或兼具業務單位性質，報經該管一級機關核定者，不受前項規定限制，或得視同業務單位。

第 27 條

一級機關、二級機關及三級機關，得依法設立掌理調查、審議、訴願等單位。

第 28 條

機關得視業務需要設任務編組,所需人員,應由相關機關人員派充或兼任。

第六章　機關規模與建制標準

第 29 條

行政院依下列各款劃分各部主管事務:

一、以中央行政機關應負責之主要功能為主軸,由各部分別擔任綜合性、統合性之政策業務。

二、基本政策或功能相近之業務,應集中由同一部擔任;相對立或制衡之業務,則應由不同部擔任。

三、各部之政策功能及權限,應盡量維持平衡。

部之總數以十四個為限。

第 30 條

各部組織規模建制標準如下:

一、業務單位設六司至八司為原則。

二、各司設四科至八科為原則。

前項司之總數以一百十二個為限。

第 31 條

行政院基於政策統合需要得設委員會。

各委員會組織規模建制標準如下:

一、業務單位以四處至六處為原則。

二、各處以三科至六科為原則。

第一項委員會之總數以八個為限。

第 32 條

相當二級機關之獨立機關組織規模建制標準如下:

一、業務單位以四處至六處為原則。

二、各處以三科至六科為原則。

前項獨立機關總數以三個為限。

第一項以外之獨立機關,其內部單位之設立,依機關掌理事務之繁

簡定之。

第 33 條

二級機關為處理技術性或專門性業務需要得設附屬之機關署、局。署、局之組織規模建制標準如下：

一、業務單位以四組至六組為原則。

二、各組以三科至六科為原則。

相當二級機關之獨立機關為處理第一項業務需要得設附屬之機關，其組織規模建制標準準用前項規定。

第一項及第三項署、局之總數除地方分支機關外，以七十個為限。

第 34 條

行政院及各級機關輔助單位不得超過六個處、室，每單位以三科至六科為原則。

第七章　附則

第 35 條

行政院應於本法公布後三個月內，檢討調整行政院組織法及行政院功能業務與組織調整暫行條例，函送立法院審議。

本法公布後，其他各機關之組織法律或其他相關法律，與本法規定不符者，由行政院限期修正，並於行政院組織法修正公布後一年內函送立法院審議。

第 36 條

一級機關為因應突發、特殊或新興之重大事務，得設臨時性、過渡性之機關，其組織以暫行組織規程定之，並應明定其存續期限。

二級機關及三級機關得報經一級機關核定後，設立前項臨時性、過渡性之機關。

第 37 條

為執行特定公共事務，於國家及地方自治團體以外，得設具公法性質之行政法人，其設立、組織、營運、職能、監督、人員進用及其現職人員隨同移轉前、後之安置措施及權益保障等，應另以法律定之。

第 38 條

　　本法於行政院以外之中央政府機關準用之。

第 39 條

　　本法自公布日施行。

　　本法中華民國九十九年一月十二日修正之條文，其施行日期由行政
院定之。

二、中央政府機關總員額法

民國108年12月修正公布

第 1 條

為管理中央政府機關員額,增進員額調配彈性,提升用人效能,特制定本法。

第 2 條

本法適用於一級機關及所屬各級機關(以下簡稱機關)。

前項所稱一級機關如下:

一、行政院。

二、立法院。

三、司法院。

四、考試院。

五、監察院。

一級機關所屬之各級機關,依其層級,稱為二級機關、三級機關、四級機關。

本法於總統府及國家安全會議準用之。

第 3 條

本法所稱員額,分為下列五類:

一、第一類:機關為執行業務所置政務人員,定有職稱、官等職等之文職人員,醫事人員及聘任人員。但不包括第三類至第五類員額、公立學校教職員及公立醫院職員。

二、第二類:機關依法令進用之聘僱人員、駐衛警察及工友(含技工、駕駛)。但不包括第三類及第四類員額。

三、第三類:司法院及所屬機關職員(含法警)、聘僱人員、駐衛警察及工友(含技工、駕駛)。

四、第四類:法務部所屬檢察機關職員(含法警)、聘僱人員、駐衛警察及工友(含技工、駕駛)。

五、第五類：警察、消防及海岸巡防機關職（警）員。

　前項員額，不包括軍職人員。

第 4 條

　機關員額總數最高限為十六萬零九百人。

　第一類人員員額最高為七萬四千六百人，第二類人員員額最高為四萬零一百人，第三類人員員額最高為一萬五千人，第四類人員員額最高為六千九百人，第五類人員員額最高為二萬四千三百人。

　本法施行後，行政院人事主管機關或單位每四年應檢討分析中央政府總員額狀況，釐定合理精簡員額數，於總預算案中向立法院提出報告。

　本法施行後，因組織改制或地方政府業務移撥中央，中央機關所增加原非適用本法之員額，不受本法規定員額高限限制。

　因應國家政治經濟環境變遷，或處理突發、特殊或新興之重大事務，行政院於徵詢一級機關後，得在第一項員額總數最高限之下彈性調整各類人員員額最高限。但第二項所定第三類人員員額最高限不得調降。

第 5 條

　司法院以外各一級機關及所屬各級機關員額配置，依以下方式辦理：

一、各一級機關及所屬各級機關配置員額之總數，由行政院在前條第二項所定各類人員員額最高限內，徵詢一級機關後定之。

二、各二級機關及所屬各級機關配置員額之總數，由該管一級機關就前款分配之總數定之。

三、各三級以下機關配置之員額數，由該管二級機關擬訂，報請一級機關就前款分配之總數定之。

　司法院及所屬機關配置之員額數，由該院就前條第二項第三類員額最高限內定之。

　各機關應將實際員額數及人力類型，編入年度總預算案。年度中機關改隸、整併或調整之員額，應報請該管一級機關核定之。

　第二條第四項準用機關各年度員額數及人力類型，應會商行政院後編入年度總預算案。

第6條

　　機關組織除以法律定其職稱、官等、職等及員額者外，應依公務人員任用法第六條規定，就其職責程度、業務性質及機關層級，依職務列等表，妥適配置各官等職等之人員，訂定編制表。

　　前項編制表，其有關考銓業務事項，不得牴觸考銓法規，並應函送考試院核備。

　　本法施行後，除本法、各機關組織法規及編制表外，不得以作用法或其他法規規定機關之員額。

第7條

　　機關業務移撥其他機關或地方政府，現職人員應隨同業務移撥或依相關規定辦理退休、資遣。

　　機關改制為法人型態或民營化時，現職人員應隨同業務移轉，原機關公務人員不願隨同移轉者，由主管機關協助安置或於機關改制之日，依相關規定辦理退休、資遣。

　　前二項應隨同業務移撥、移轉之人員，應依公務人員任用法、公務人員保障法及相關法規等處理現職人員之權益問題。

　　依第一項及第二項規定應精簡之員額，得由一級機關於精簡員額最高百分之二十範圍內，配合次年度預算審查核定分配予該管二級機關運用。

第8條

　　各機關應定期評鑑所屬人力之工作狀況，並依相關法令對於不適任人力採取考核淘汰、資遣、不續約、訓練、工作重新指派等管理措施。

　　機關新增業務時，應先就所掌理業務實際需要及消長情形，調整現有人力之配置；有下列情形之一者，其員額應予裁減或移撥其他機關：
一、機關或內部單位裁撤或簡併。
二、業務及功能萎縮。
三、現有業務由民間或地方辦理較有效率或便利。
四、完成國家重大建設、專案業務或計畫等階段性任務。
五、實施組織及員額評鑑所為裁減或調整移撥員額之決議。
六、實施分層負責、逐級授權，或推動業務資訊化、委任、委託、外包

及運用社會資源節餘之人力。

七、其他因政策或業務需要須為裁減或調整移撥之情事。

　　一級機關每兩年應評鑑所屬二級機關員額總數之合理性；二級機關每兩年應評鑑所屬三級機關員額總數之合理性。員額合理性之檢討，應特別著重機關策略和業務狀況配合程度，評鑑結果可要求員額應予裁減或移撥其他機關，移撥員額時，現職人員不得拒絕，但得依相關規定辦理退休、資遣。

　　前項員額評鑑，應本獨立專業原則，由一級機關或二級機關指派高級職員及遴聘學者專家，以任務編組方式為之。

　　移撥人員，應由受撥機關或有關主管機關實施專長轉換訓練。

　　裁減人員，必要時得由有關主管機關提供轉業訓練。

第 9 條

　　行政院應指定專責機關或單位，掌理各機關員額管理之規劃、調整、監督及員額評鑑等事項；其員額管理、第二條第四項準用機關準用本法之範圍及其他相關事項之辦法，由行政院定之。

　　司法院及所屬機關員額管理之規劃、調整、監督及員額評鑑等事項，由司法院參照前項規定辦理，並函知行政院指定之專責機關或單位。

第 10 條

　　為增進人力精簡之效果，行政院得不定期採取具有時限性之人員優惠離職措施，並應以自願申請方式進行；其辦法，由行政院定之。

第 11 條

　　本法施行日期，由行政院會同考試院定之。

　　本法修正條文自公布日施行。

三、行政院組織法

民國99年2月修正公布

第 1 條

本法依憲法第六十一條制定之。

第 2 條

行政院行使憲法所賦予之職權。

第 3 條

行政院設下列各部：

一、內政部。

二、外交部。

三、國防部。

四、財政部。

五、教育部。

六、法務部。

七、經濟及能源部。

八、交通及建設部。

九、勞動部。

十、農業部。

十一、衛生福利部。

十二、環境資源部。

十三、文化部。

十四、科技部。

第 4 條

行政院設下列各委員會：

一、國家發展委員會。

二、大陸委員會。

三、金融監督管理委員會。

四、海洋委員會。

五、僑務委員會。

六、國軍退除役官兵輔導委員會。

七、原住民族委員會。

八、客家委員會。

第 5 條

行政院置政務委員七人至九人，特任。

政務委員得兼任前條委員會之主任委員。

第 6 條

行政院設行政院主計總處及行政院人事行政總處。

第 7 條

行政院設中央銀行。

第 8 條

行政院設國立故宮博物院。

第 9 條

行政院設下列相當中央二級獨立機關：

一、中央選舉委員會。

二、公平交易委員會。

三、國家通訊傳播委員會。

第 10 條

行政院院長綜理院務，並指揮監督所屬機關及人員。

行政院院長因事故不能視事時，由副院長代理其職務。

第 11 條

行政院院長得邀請或指定有關人員列席行政院會議。

第 12 條

行政院置秘書長一人，特任，綜合處理本院幕僚事務；副秘書長二人，其中一人職務比照簡任第十四職等，襄助秘書長處理本院幕僚

事務。

　行政院置發言人一人，特任，處理新聞發布及聯繫事項，得由政務職務人員兼任之。

第 13 條

　行政院各職稱之官等職等及員額，另以編制表定之。

第 14 條

　行政院為處理特定事務，得於院內設專責單位。

第 15 條

　本法自中華民國一百零一年一月一日開始施行。

四、考試院組織法

民國108年12月修正公布

第1條

本法依憲法第八十九條制定之。

第2條

考試院掌理憲法增修條文第六條第一項所定事項及憲法所賦予之職權。

第3條

考試院考試委員之名額，定為七人至九人。

考試院院長、副院長及考試委員之任期為四年。

總統應於前項人員任滿三個月前提名之；前項人員出缺時，繼任人員之任期至原任期屆滿之日為止。

考試委員具有同一黨籍者，不得超過委員總額二分之一。

第4條

考試委員應具有下列各款資格之一：

一、曾任大學教授十年以上，聲譽卓著，有專門著作者。

二、高等考試及格二十年以上，曾任簡任職滿十年，成績卓著，而有專門著作者。

三、學識豐富，有特殊著作或發明者。

前項資格之認定，以提名之日為準。

第5條（刪除）

第5-1條

考試委員不得赴中國大陸地區兼職。

違反前項規定者，即喪失考試委員之資格。

第 6 條

考試院設考選部、銓敘部、公務人員保障暨培訓委員會、公務人員退休撫卹基金監理委員會;其組織另以法律定之。

第 7 條

考試院設考試院會議,以院長、副院長、考試委員及前條各部會首長組織之,決定憲法所定職掌之政策及其有關重大事項。

前項會議以院長為主席。

考試院就其掌理或全國性人事行政事項,得召集有關機關會商解決之。

第 8 條

考試院院長綜理院務,並監督所屬機關。

考試院院長因事故不能視事時,由副院長代理其職務。

第 9 條

考試院置秘書長一人,特任,承院長之命,處理本院事務,並指揮監督所屬職員。副秘書長一人,職務列簡任第十四職等,承院長之命,襄助秘書長處理本院事務。

秘書長及副秘書長應列席考試院會議。

第 10 條

考試院設秘書處、組、室分別掌理下列事項:

一、關於本院會議議程及紀錄事項。

二、關於本院綜合政策、計畫之研擬事項。

三、關於各機關函院案件之擬辦事項。

四、關於各機關之協調、聯繫及新聞發布事項。

五、關於文書收發分配、撰擬、編製、保管等事項。

六、關於各種報告、資料之審編、考銓法規、圖書之蒐集出版及資訊管理事項。

七、關於證書發給及證書資料之建立及保管事項。

八、關於印信典守事項。

九、關於出納、庶務事項。

十、關於其他事項。

考試院得應業務需要，於院內設各種委員會；所需工作人員，由院長就所屬人員中指派兼任之。

第 11 條

考試院置處長一人，職務列簡任第十二職等至第十三職等；組長三人，由參事兼任；副處長一人，職務列簡任第十一職等；專門委員八人，職務列簡任第十職等至第十一職等；科長十七人，職務列薦任第九職等；秘書十二人，職務列薦任第八職等至第九職等，其中六人，職務得列簡任第十職等至第十二職等；專員二十人，職務列薦任第七職等至第九職等；科員三十一人，職務列委任第五職等或薦任第六職等至第七職等；助理員九人，職務列委任第四職等至第五職等，其中四人，職務得列薦任第六職等；書記六人，職務列委任第一職等至第三職等。

現職護士一人，得繼續留任原級別之職務至其離職時為止。

本法修正施行前僱用之現職雇員得繼續僱用至其離職時為止。

第 12 條

考試院置參事六人，職務列簡任第十二職等至第十三職等；掌理關於考選、銓敘等法案、命令之撰擬、審核事項。

第 13 條（刪除）

第 14 條

考試院設人事室、會計室、統計室及政風室，依法律之規定，分別辦理人事、歲計、會計、統計及政風事項。

人事室、會計室、統計室及政風室各置主任一人，職務列簡任第十職等至第十一職等，其餘所需工作人員應就本法所定員額內派充之。

第 15 條（刪除）

第 16 條（刪除）

第 17 條（刪除）

第 18 條

考試院會議規則及處務規程，由考試院定之。

第 19 條

本法自公布日施行。

本法修正施行前已在任之院長、副院長及考試委員，得依本法修正前之規定行使職權至原任期屆滿時為止。

五、行政法人法

民國100年4月制定公布

第一章　總則

第1條

　　為規範行政法人之設立、組織、運作、監督及解散等共通事項，確保公共事務之遂行，並使其運作更具效率及彈性，以促進公共利益，特制定本法。

第2條

　　本法所稱行政法人，指國家及地方自治團體以外，由中央目的事業主管機關，為執行特定公共事務，依法律設立之公法人。

　　前項特定公共事務須符合下列規定：

一、具有專業需求或須強化成本效益及經營效能者。

二、不適合由政府機關推動，亦不宜交由民間辦理者。

三、所涉公權力行使程度較低者。

　　行政法人應制定個別組織法律設立之；其目的及業務性質相近，可歸為同一類型者，得制定該類型之通用性法律設立之。

第3條

　　行政法人之監督機關為中央各目的事業主管機關，並應於行政法人之個別組織法律或通用性法律定之。

第4條

　　行政法人應擬訂人事管理、會計制度、內部控制、稽核作業及其他規章，提經董（理）事會通過後，報請監督機關備查。

　　行政法人就其執行之公共事務，在不牴觸有關法律或法規命令之範圍內，得訂定規章，並提經董（理）事會通過後，報請監督機關備查。

第二章　組織

第 5 條

　　行政法人應設董（理）事會。但得視其組織規模或任務特性之需要，不設董（理）事會，置首長一人。

　　行政法人設董（理）事會者，置董（理）事，由監督機關聘任；解聘時，亦同；其中專任者不得逾其總人數三分之一。

　　行政法人應置監事或設監事會；監事均由監督機關聘任；解聘時，亦同；置監事三人以上者，應互推一人為常務監事。

　　董（理）事總人數以十五人為上限，監事總人數以五人為上限。

　　董（理）事、監事，任一性別不得少於三分之一。但於該行政法人個別組織法律或通用性法律另有規定者，從其規定。

第 6 條

　　董（理）事、監事採任期制，任期屆滿前出缺，補聘者之任期，以補足原任者之任期為止。董（理）事、監事為政府機關代表者，依其職務任免改聘。

　　有下列情事之一者，不得聘任為董（理）事、監事：

一、受監護宣告或輔助宣告尚未撤銷。

二、受有期徒刑以上刑之判決確定，而未受緩刑之宣告。

三、受破產宣告尚未復權。

四、褫奪公權尚未復權。

五、經公立醫院證明身心障礙致不能執行職務。

　　董（理）事、監事有前項情形之一或無故連續不出席董（理）事會議、監事會議達三次者，應予解聘。

　　董（理）事、監事有下列各款情事之一者，得予解聘：

一、行為不檢或品行不端，致影響行政法人形象，有確實證據。

二、工作執行不力或怠忽職責，有具體事實或違反聘約情節重大。

三、當屆之行政法人年度績效評鑑連續二年未達監督機關所定標準。

四、違反公務人員行政中立法之情事，有確實證據。

五、就主管事件，接受關說或請託，或利用職務關係，接受招待或餽贈，致損害公益或行政法人利益，有確實證據。

六、非因職務之需要，動用行政法人財產，有確實證據。

七、違反第七條第一項、第二項利益迴避原則及第八條第一項前段特定
交易行為禁止之情事，有確實證據。

八、其他有不適任董（理）事、監事職位之行為。

董（理）事、監事之資格、人數、產生方式、任期、權利義務、續聘次數及解聘之事由與方式，應於行政法人個別組織法律或通用性法律定之。

第 7 條

董（理）事、監事應遵守利益迴避原則，不得假借職務上之權力、機會或方法，圖謀本人或關係人之利益；其利益迴避範圍及違反時之處置，由監督機關定之。

董（理）事、監事相互間，不得有配偶及三親等以內血親、姻親之關係。

本法所稱關係人，指配偶或二親等內之親屬。

第 8 條

行政法人之董（理）事、監事或其關係人，不得與其所屬行政法人為買賣、租賃、承攬等交易行為。但有正當理由，經董（理）事會特別決議者，不在此限。

違反前項規定致所屬行政法人受有損害者，行為人應對其負損害賠償責任。

第一項但書情形，行政法人應將該董（理）事會特別決議內容，於會後二十日內主動公開之，並報監督機關備查。

第 9 條

行政法人設董（理）事會者，置董（理）事長一人，由監督機關聘任或提請行政院院長聘任；解聘時，亦同。

董（理）事長之聘任，應由監督機關訂定作業辦法遴聘之。

董（理）事長對內綜理行政法人一切事務，對外代表行政法人。

董（理）事長以專任為原則。但於該行政法人個別組織法律或通用性法律另有規定者，從其規定。

行政法人設董（理）事會者，得置執行長一人，負責行政法人營運

及管理業務之執行，並由董（理）事長提請董（理）事會通過後聘任；解聘時，亦同。其權責及職務名稱，應於行政法人之個別組織法律另為規定。

董（理）事長及執行長初任年齡不得逾六十五歲，任期屆滿前年滿七十歲者，應即更換。但有特殊考量，經行政院核准者，不在此限。

第六條第二項、第三項前段、第四項、第七條、第八條及第十五條第六款有關董（理）事之規定，於第五項所置執行長準用之。

第 10 條

董（理）事會職權如下：

一、發展目標及計畫之審議。

二、年度營運（業務）計畫之審議。

三、年度預算及決算之審議。

四、規章之審議。

五、自有不動產處分或其設定負擔之審議。

六、其他重大事項之審議。

董（理）事會應定期開會，必要時，得召開臨時會議，由董（理）事長召集，並擔任主席。

監事或常務監事，應列席董（理）事會議。

第 11 條

監事或監事會職權如下：

一、年度營運（業務）決算之審核。

二、營運（業務）、財務狀況之監督。

三、財務帳冊、文件及財產資料之稽核。

四、其他重大事項之審核或稽核。

第 12 條

董（理）事、監事應親自出席董（理）事會議、監事會議，不得委託他人代理出席。

第 13 條

兼任之董（理）事、監事，均為無給職。

第 14 條

　　行政法人置首長者，應為專任，由監督機關聘任或提請行政院院長聘任；解聘時，亦同。

　　第六條、第七條、第九條第二項、第三項、第六項、第十五條第五款及第六款有關董（理）事之規定，於前項所置首長準用之。

　　行政法人置首長者，依第四條、第十八條第二項及第十九條第一項所訂定之規章、年度營運（業務）計畫與預算、年度執行成果及決算報告書，應報請監督機關核定。

第三章　營運（業務）及監督

第 15 條

　　監督機關之監督權限如下：

一、發展目標及計畫之核定。

二、規章、年度營運（業務）計畫與預算、年度執行成果及決算報告書之核定或備查。

三、財產及財務狀況之檢查。

四、營運（業務）績效之評鑑。

五、董（理）事、監事之聘任及解聘。

六、董（理）事、監事於執行業務違反法令時，得為必要之處分。

七、行政法人有違反憲法、法律、法規命令時，予以撤銷、變更、廢止、限期改善、停止執行或其他處分。

八、自有不動產處分或其設定負擔之核可。

九、其他依法律所為之監督。

第 16 條

　　監督機關應邀集有關機關代表、學者專家及社會公正人士，辦理行政法人之績效評鑑。

　　行政法人績效評鑑之方式、程序及其他相關事項之辦法，由監督機關定之。

第 17 條

　　績效評鑑之內容如下：

一、行政法人年度執行成果之考核。

二、行政法人營運（業務）績效及目標達成率之評量。

三、行政法人年度自籌款比率達成率。

四、行政法人經費核撥之建議。

第 18 條

行政法人應訂定發展目標及計畫，報請監督機關核定。

行政法人應訂定年度營運（業務）計畫及其預算，提經董（理）事會通過後，報請監督機關備查。

第 19 條

行政法人於會計年度終了一定時間內，應將年度執行成果及決算報告書，委託會計師查核簽證，提經董（理）事會審議，並經監事或監事會通過後，報請監督機關備查，並送審計機關。

前項決算報告，審計機關得審計之；審計結果，得送監督機關或其他相關機關為必要之處理。

第四章　人事及現職員工權益保障

第 20 條

行政法人進用之人員，依其人事管理規章辦理，不具公務人員身分，其權利義務關係，應於契約中明定。

董（理）事、監事之配偶及其三親等以內血親、姻親，不得擔任行政法人總務、會計及人事職務。

董（理）事長或首長，不得進用其配偶及三親等以內血親、姻親，擔任行政法人職務。

第 21 條

行政法人由政府機關或機構（以下簡稱原機關（構））改制成立者，原機關（構）現有編制內依公務人員相關任用法律任用、派用公務人員於機關（構）改制之日隨同移轉行政法人繼續任用者（以下簡稱繼續任用人員），仍具公務人員身分；其任用、服務、懲戒、考績、訓練進修、俸給、保險、保障、結社、退休、資遣、撫卹、福利及其他權益事項，均依原適用之公務人員相關法令辦理。但不能依原適用之公務人

員相關法令辦理之事項,由行政院會同考試院另定辦法行之。

前項繼續任用人員中,人事、主計、政風人員之管理,與其他公務人員同。

前二項人員得依改制前原適用之組織法規,於首長以外之職務範圍內,依規定辦理陞遷及銓敘審定。

第一項及第二項人員,得隨時依其適用之公務人員退休、資遣法令辦理退休、資遣後,擔任行政法人職務,不加發七個月俸給總額慰助金,並改依行政法人人事管理規章進用。

第 22 條

原機關(構)公務人員不願隨同移轉行政法人者,由主管機關協助安置;或於機關(構)改制之日,依其適用之公務人員退休、資遣法令辦理退休、資遣,並一次加發七個月之俸給總額慰助金。但已達屆齡退休之人員,依其提前退休之月數發給之。

前項人員於退休、資遣生效日起七個月內,再任有給公職或行政法人職務時,應由再任機關或行政法人收繳扣除離職(退休、資遣)月數之俸給總額慰助金繳庫。

前二項所稱俸給總額慰助金,指退休、資遣當月所支本(年功)俸與技術或專業加給及主管職務加給。

第 23 條

原機關(構)現有依聘用人員聘用條例及行政院暨所屬機關約僱人員僱用辦法聘用及約僱之人員(以下簡稱原機關(構)聘僱人員),其聘僱契約尚未期滿且不願隨同移轉行政法人者,於機關(構)改制之日辦理離職,除依各機關學校聘僱人員離職儲金給與辦法規定辦理外,並依其最後在職時月支報酬為計算標準,一次加發七個月之月支報酬。但契約將屆滿人員,依其提前離職之月數發給之。其因退出原參加之公教人員保險(以下簡稱公保),有損失公保投保年資者,並發給保險年資損失補償。

前項人員於離職生效日起七個月內,再任有給公職或行政法人職務時,應由再機關或行政法人收繳扣除離職月數之月支報酬繳庫。所領之保險年資損失補償於其將來再參加公保領取養老給付時,承保機關應代扣原請領之補償金,並繳還原機關(構)之上級機關,不受公教人員保

險法第十八條不得讓與、抵銷、扣押或供擔保之限制。但請領之養老給付較原請領之補償金額低時，僅繳回所領之養老給付同金額之補償金。

前二項公保年資損失補償，準用公教人員保險法第十四條規定之給付標準發給。

原機關（構）聘僱人員於機關（構）改制之日隨同移轉行政法人者，應於改制之日辦理離職，並依各機關學校聘僱人員離職儲金給與辦法發給離職儲金，不加發七個月月支報酬，並改依行政法人人事管理規章進用。其因退出原參加之公保，有損失公保投保年資者，依前二項規定，發給保險年資損失補償。

原機關（構）現有依行政院暨所屬機關約僱人員僱用辦法約僱之人員，其適用勞動基準法者，不適用第一項及前項所定發給離職儲金之規定，並依勞動基準法及勞工退休金條例相關規定發給退休金或資遣費。

第 24 條

原機關（構）現有依各機關學校團體駐衛警察設置管理辦法進用之駐衛警察（以下簡稱原機關駐衛警察），不願隨同移轉行政法人者，由主管機關協助安置；或於機關（構）改制之日依其適用之退職、資遣法令辦理退職、資遣，並一次加發七個月之月支薪津。但已達屆齡退職之人員，依其提前退職之月數發給之。

前項人員於退職、資遣生效日起七個月內，再任有給公職或行政法人職務時，應由再任機關或行政法人收繳扣除離職（退職、資遣）月數之月支薪津繳庫。

前二項所稱月支薪津，指退職、資遣當月所支薪俸、專業加給及主管職務加給。

原機關駐衛警察於機關（構）改制之日隨同移轉行政法人者，應於改制之日依其原適用之退職、資遣法令辦理退職、資遣，不加發七個月月支薪津，並改依行政法人人事管理規章進用。

第 25 條

原機關（構）現有之工友（含技工、駕駛）（以下簡稱原機關（構）工友），不願隨同移轉行政法人者，由主管機關協助安置；或於機關（構）改制之日依其適用之退休、資遣法令辦理退休、資遣，並一次加發七個月之餉給總額慰助金。但已達屆齡退休之人員，依其提前退

休之月數發給之。

前項人員於退休、資遣生效日起七個月內，再任有給公職或行政法人職務時，應由再任機關或行政法人收繳扣除離職（退休、資遣）月數之飾給總額慰助金繳庫。

前二項所稱飾給總額慰助金，指退休、資遣當月所支本（年功）飾及專業加給。

原機關（構）工友於機關（構）改制之日隨同移轉行政法人者，應於改制之日依其原適用之退休、資遣法令辦理退休、資遣，不加發七個月飾給總額慰助金，並改依行政法人人事管理規章進用。

第 26 條

原機關（構）改制所需加發慰助金及保險年資損失補償等相關費用，得由原機關（構）、原基金或其上級機關在原預算範圍內調整支應，不受預算法第六十二條及第六十三條規定之限制。

第 27 條

曾配合機關（構）、學校業務調整而精簡、整併、改隸、改制或裁撤，依據相關法令規定辦理退休、資遣或離職，支領加發給與者，不適用本法有關加發慰助金、月支報酬或月支薪津之規定。

第 28 條

休職、停職（含免職未確定）及留職停薪人員因原機關（構）改制行政法人而隨同移轉者，由原機關（構）列冊交由行政法人繼續執行。留職停薪人員提前申請復職者，應准其復職。

前項人員於依法復職或回職復薪，不願配合移轉者，得準用第二十二條規定，由主管機關協助安置，或辦理退休、資遣，並加發慰助金。

第 29 條

第二十一條、第二十二條、第二十六條至前條規定，於原機關（構）依教育人員任用條例規定聘任人員準用之。

第 30 條

行政法人之個別組織法律或通用性法律規定有關現職員工權益保障事項，不得與第二十一條至第二十五條、第二十七條至前條規定相

牴觸。

　　前項規定，國防部及所屬之聘用及僱用人員不在此限。

第五章　會計及財務

第 31 條

　　行政法人之會計年度，應與政府會計年度一致。

第 32 條

　　行政法人之會計制度，依行政法人會計制度設置準則訂定。

　　前項會計制度設置準則，由行政院定之。

　　行政法人財務報表，應委請會計師進行查核簽證。

第 33 條

　　行政法人成立年度之政府核撥經費，得由原機關（構）或其上級機關在原預算範圍內調整因應，不受預算法第六十二條及第六十三條規定之限制。

第 34 條

　　原機關（構）改制為行政法人業務上有必要使用之公有財產，得採捐贈、出租或無償提供使用等方式為之；採捐贈者，不適用預算法第二十五條及第二十六條、國有財產法第二十八條及第六十條相關規定。

　　行政法人設立後，因業務需要得價購公有不動產。土地之價款，以當期公告土地現值為準。地上建築改良物之價款，以稅捐稽徵機關提供之當年期評定現值為準；無該當年期評定現值者，依公產管理機關估價結果為準。

　　行政法人以政府機關核撥經費指定用途所購置之財產，為公有財產。

　　第一項出租、無償提供使用及前項之公有財產以外，由行政法人取得之財產為自有財產。

　　第一項無償提供使用及第三項之公有財產，由行政法人登記為管理人，所生之收益，列為行政法人之收入，不受國有財產法第七條第一項規定之限制；其管理、使用、收益等相關事項之辦法，由監督機關定之。

公有財產用途廢止時，應移交各級政府公產管理機關接管。

行政法人接受捐贈之公有不動產，不需使用時，應歸還原捐贈機關，不得任意處分。

第 35 條

政府機關核撥行政法人之經費，應依法定預算程序辦理，並受審計監督。

政府機關核撥之經費超過行政法人當年度預算收入來源百分之五十者，應由監督機關將其年度預算書，送立法院審議。

第 36 條

行政法人所舉借之債務，以具自償性質者為限，並先送監督機關核定。預算執行結果，如有不能自償之虞時，應即檢討提出改善措施，報請監督機關核定。

第 37 條

行政法人辦理採購，應本公開、公平之原則，並應依我國締結簽訂條約或協定之規定。

前項採購，除符合政府採購法第四條所定情形，應依該規定辦理外，不適用該法之規定。

前項應依政府採購法第四條規定辦理之採購，於其他法律另有規定者，從其規定。

第 38 條

行政法人之相關資訊，應依政府資訊公開法相關規定公開之；其年度財務報表、年度營運（業務）資訊及年度績效評鑑報告，應主動公開。

前項年度績效評鑑報告，應由監督機關提交分析報告，送立法院備查。必要時，立法院得要求監督機關首長率同行政法人之董（理）事長、首長或相關主管至立法院報告營運狀況並備詢。

第六章　附則

第 39 條

對於行政法人之行政處分不服者，得依訴願法之規定，向監督機關

提起訴願。

第 40 條

　　行政法人因情事變更或績效不彰，致不能達成其設立目的時，由監督機關提請行政院同意後解散之。

　　行政法人解散時，繼續任用人員，由監督機關協助安置，或依其適用之公務人員法令辦理退休、資遣；其餘人員，終止其契約；其賸餘財產繳庫；其相關債務由監督機關概括承受。

第 41 條

　　本法於行政院以外之中央政府機關，設立行政法人時，準用之。

　　經中央目的事業主管機關核可之特定公共事務，直轄市、縣（市）得準用本法之規定制定自治條例，設立行政法人。

第 42 條

　　本法自公布日施行。

六、獨立機關建制原則

行政院94年1月3日院臺規字第0930092748號書函

一、獨立機關應依據法律獨立行使職權，自主運作，除法律另有規定外，不受其他機關指揮監督。

二、獨立機關之設置條件：

（一）獨立機關之業務職掌，應兼顧權力分立及責任政治原則，審慎規劃設計，且僅有決策及執行特別需要專業化、去政治化或必須充分顧及政治與社會多元價值之公共事務，始得交由其處理。

（二）獨立機關除為超然行使職權所為之政策規劃執行外，僅負責提供裁決性、管制性或調查性之公共任務，不宜兼負政策諮詢或政策協調統合之功能。

三、獨立機關之組織：

（一）應採合議制；除有特殊需要外，委員人數以五人至七人為原則，其中一人為首長、一人為副首長；委員具有同一黨籍者不得超過一定比例，並應為專任。

（二）委員之任命，應配合政務職位制度之設計，依中央行政機關組織基準法第二十一條第一項規定辦理；委員受有任期保障，並採交錯任期制，其任職期限及任命程序應於法律中明定。

（三）獨立機關之首長，非為內閣之閣員，毋需參與內閣之政務運作及行政院院會。

（四）獨立機關之委員皆為政務人員，其職位之決定應考量獨立機關之地位及規模。

（五）委員之選任，應著重其專業性，並得規範其應具備之專業資格。

（六）相當二級機關者，其業務單位以設四處至六處為原則，其他獨立機關業務單位之設立，依機關掌理事務之繁簡定之；至於輔

　　助單位，皆不得超過六個處、室。各內部單位以設三科至六科
　　為原則。

（七）相當二級機關者，為處理技術性專門性業務需要，經依法設置
　　附屬機關局時，其業務單位以四組至六組為原則，輔助單位不
　　得超過六個室，各組、室以三科至六科為原則。

（八）員額規模及所屬人員職等之編制，得依機關所負業務繁簡，為
　　不同規範。但不得牴觸中央考銓法規。

（九）得依業務實際需要，自行決定如何調整其內部組織及進用具備
　　一定之專業證照或經驗之專業人員，其薪資並應有相關配套措
　　施。

（十）會計、政風、人事等輔助性事務及一般性之庶務，必要時得合
　　併於同一單位辦理。

（十一）獨立機關之組織應以法律定之，其業務職掌並應於組織法中
　　　具體明確規定。

四、獨立機關之職權行使：

（一）主要決策應經委員會議通過；委員會議之議事程序及其決議方
　　法應於組織法中明確規定。

（二）負責專業管制性業務之獨立機關於訂定法規命令或作成行政處
　　分時，應踐行行政程序法所定之相關程序。

（三）應依所負業務性質，依法公開資訊。

五、對獨立機關之監督：

（一）獨立機關所為決策不受行政院或其他行政機關之適當性及適法
　　性監督。

（二）對獨立機關所為決定不服者，應直接提起行政訴訟；法院得就
　　繫屬案件中獨立機關所為決定為適法性之監督。

（三）立法院得藉由立法規範及預算之審議，對獨立機關為監督。獨
　　立機關之預算於交付立法院審查時應提出業務報告，並接受立
　　法委員就其業務績效所提出之質詢。但其首長或主任委員得拒
　　絕回覆立法委員就繫屬於該機關行政程序之個別、具體案件所
　　提出之質詢。

（四）獨立機關或其成員如有行政違失，監察院得對之行使糾正權、

　　糾舉權或彈劾權；獨立機關之預算執行情形，亦受監察院之審計監督。但監察院就涉及獨立機關之案件所得行使之調查權限，應受必要之限制，以避免侵及獨立機關之自主決策空間。

（五）各獨立機關應就其業務執行狀況，定期（每季或每年）公布「工作報告」，俾促進公眾與輿論之監督。

七、行政法人建制原則

行政院91年11月22日院臺規字第0910091654號書函

一、行政法人之設置條件：

（一）具有下列情形之一者：

1. 國家之公共任務不具強制性、適合積極採行企業化管理經營措施，而無由國家親自執行之必要者。

2. 國家之公共任務有去政治化之強烈需求，不宜由國家親自執行者。

3. 國家之公共任務基於兩岸或外交關係之特別考量，不適合民營化者。

4. 國家之公共任務適合民營化，但因無法自給自足或其他因素，基於過渡階段之考量者。

（二）統一定性為行政法人，即於國家、地方自治團體之外具公法性質之法人。不採有關財團法人及社團法人之區分，亦不創設營造物法人之類型。

（三）應制定行政法人設置基準或通則性法律作為行政法人之一般性規範依據，特質特殊者並得制定個別組織法律；另屬同類型者，例如大學、博物館、圖書館等得制定通用性組織法律。

二、行政法人之設置程序：

（一）現由政府捐助以民法財團法人型態成立者，如符合前述設置條件，得訂定一定期限進行檢討，決定改採政法人或維持民法財團法人。

（二）配合政府組織改造計畫，政策決定新設或就舊有組織改制行政法人者，應依行政法人設置基準或通則性法律或組織法律設置之。

（三）未來如有擬新設或就舊有組織改制為行政法人者，由行政院成立任務編組之評估委員會進行審核評估後，依行政法人設置基

準或通則性法律或組織法律設置之。

三、行政法人之組織：

（一）原則上應設董事會，惟情形特殊者，得另作規範；設董事會者，董事人數以十一人至十五人為原則，其人選得依政策及專業性之需要，分作不同之規範，並得由目的事業主管機關（以下簡稱監督機關）選任（派），其中一定比例以上之董事得為專任；有關董事之積極（消極）資格、任期等重要事項，於行政法人設置基準或通則性法律或組織法律中予以規範。

（二）代表人（董事長）之選（解）任，宜採行由監督機關首長或監督機關提請行政院院長聘任（解聘）方式為之，代表人原則上並應為專任。

（三）基於行政法人自主性、專業性之考量，在人事及組織編制方面，可別於一般行政機關，使其具有一定人事自主權，尤其改制後新進用之人員不再具有國家公務人員身分；其內部單位、重要職員及編制員額，得視行政法人之業務性質，由各該行政法人自行訂定人事規章規範，並報請監督機關核定。

四、行政法人之權限及營運（業務運作）：

（一）具有一定之自治權能，並得訂定自治規章及作成行政處分；於訂定自治規章或作成行政處分時，應踐行行政程序法所定之相關程序；訂定自治規章時，應報請監督機關核定。

（二）行政法人之營運經費，由監督機關透過預算程序捐助。

（三）應擬具營運計畫（包括營運目標、執行規劃、經費等），報請監督機關核定。監督機關應定期對行政法人之營運績效作評鑑，並依評鑑結果決定其捐助數額及為其他處置（如：解除董監事之職務、解散或已能自給自足予以民營化等）。

（四）具有一定財務自主權，其財務收支均由行政法人自行審核通過後，報請監督機關核定。

五、行政法人之監督：

（一）監督機關對於行政法人原則上僅為適法性監督，不得為適當性監督，但對於委託事項，得為適法及適當性監督。

（二）行政法人之預算編列，由董事會負責審議後，報請監督機關核

定,不送立法院審查;其代表人亦無庸到立法院備詢。

（三）監察院不得對於行政法人及其代表人、職員行使彈劾、糾舉或糾正之權,僅能透過監督機關間接監督之。

（四）為達成經營彈性及追求效率之設立目的,行政法人應建置一套內部監督機制（設監察人或監事會）,並建立健全會計制度,採權責發生制及一般公認會計原則。

（五）行政法人應將營運狀況,向監督機關提送年度報告,並定期主動公開相關資訊,俾促進公眾輿論之監督。

六、公有財產之處理:

（一）舊有組織改制為行政法人業務上必需使用公有財產者,採行捐贈、無償提供使用、出租方式為之。

（二）行政法人設置後,因業務有需要使用公有土地者,得按當期公告土地現值價購。

（三）行政法人對於有關公有財產之管理、使用、收益等事項,應於相關法律中明文規範。

七、過渡措施（現職人員權益之處理）:

（一）未隨同移撥之人員,由有關機關遇缺協助安置,或依相關法令規定辦理退休（職）、離職或資遣。

（二）隨同移撥之人員,相關權益保障事項由行政院會商考試院於相關法律中予以明定,其中具有國家公務人員身分者,原則上自改制之日起五年內（此部分未定案）,仍維持原來之身分,其俸（薪）給、福利、退休、資遣、撫卹等事項,依原適用之相關法令規定辦理。

但得考量業務規模、人員意願及處理成本等因素,為特別之設計。

八、其他事項:

（一）對行政法人所為之行政處分不服者,得適用訴願法、行政訴訟法之規定,提起行政救濟。

（二）行政法人經監督機關解散後,其賸餘財產歸屬國庫。

國家圖書館出版品預行編目資料

革新與組織改造／劉昊洲著. -- 初版. -- 臺北
市：五南, 2020.10
　　面；　公分.
　　ISBN 978-986-522-321-2（平裝）

1.行政管理　2.行政改革　3.政府再造

572.9　　　　　　　　　　109016136

4P84

革新與組織改造

作　　　者 ―	劉昊洲（348）
發 行 人 ―	楊榮川
總 經 理 ―	楊士清
總 編 輯 ―	楊秀麗
副總編輯 ―	劉靜芬
責任編輯 ―	黃郁婷、吳肇恩
封面設計 ―	王麗娟
出 版 者 ―	五南圖書出版股份有限公司

地　　　址：106 台北市大安區和平東路二段 339 號 4 樓
電　　　話：(02)2705-5066　　傳　　真：(02)2706-6100
網　　　址：https://www.wunan.com.tw
電子郵件：wunan@wunan.com.tw
劃撥帳號：01068953
戶　　　名：五南圖書出版股份有限公司

法律顧問　林勝安律師事務所　林勝安律師

出版日期　2020 年 10 月初版一刷
定　　　價　新臺幣 480 元

※版權所有‧欲利用本書內容，必須徵求本公司同意※

五 南
WU-NAN

全新官方臉書

五南讀書趣

WUNAN
Books since1966

Facebook 按讚

1 秒變文青

★ 專業實用有趣
★ 搶先書籍開箱
★ 獨家優惠好康

 五南讀書趣 Wunan Books

不定期舉辦抽獎
贈書活動喔！！

經典永恆・名著常在

五十週年的獻禮 —— 經典名著文庫

五南，五十年了，半個世紀，人生旅程的一大半，走過來了。
思索著，邁向百年的未來歷程，能為知識界、文化學術界作些什麼？
在速食文化的生態下，有什麼值得讓人雋永品味的？

歷代經典・當今名著，經過時間的洗禮，千錘百鍊，流傳至今，光芒耀人；
不僅使我們能領悟前人的智慧，同時也增深加廣我們思考的深度與視野。
我們決心投入巨資，有計畫的系統梳選，成立「經典名著文庫」，
希望收入古今中外思想性的、充滿睿智與獨見的經典、名著。
這是一項理想性的、永續性的巨大出版工程。
不在意讀者的眾寡，只考慮它的學術價值，力求完整展現先哲思想的軌跡；
為知識界開啟一片智慧之窗，營造一座百花綻放的世界文明公園，
任君遨遊、取菁吸蜜、嘉惠學子！